ドイツ王侯コレクションの文化史

禁断の知とモノの世界

森 貴史〔編〕

勉誠出版

Kulturgeschichte der königlichen und adligen Sammlungen Deutschlands

Welt des verbotenen Wissens und der geheimen Schätze

まえがき

本書のテーマであるドイツのコレクションのことを語るまえに、ドイツと日本の分邦体制に関して、まず記したい。

ドイツと日本がさまざまな点で似ていることは巷間で取りざたされているが、その類似しない特徴については、自明としてあまり言及されないようだ。近代以前、ドイツも日本も領邦国家であって、それぞれ独立した300ほどの諸国によって構成されていた。つまり、おなじ「国」ではあったとしても、国家という大きな概念としての「国」と自分が暮らす地方の「国」が並立していたわけである。その後、ドイツではプロイセンによる国家統一がなされる一方、日本では明治維新後、一気に中央集権化が推進されて、東京への一極集中化が進んだ。

編者の考えでは、このあと、ドイツと日本の「都市と地方」についての考えかたが大きく変容したと思われる。「都市と地方」というのは、日本においては敵対的な構図を連想させるが、ドイツ人にとってはどうやら、それほど大きな対立ではないらしいのだ。

この理由は政治制度の差異にも起因する。ドイツはいまなお分邦制がしかれており、16の州ごとに自治がおこなわれ、州の独立性が強固で、法律も異なるばあいがあるのに対して、日本では、いわば政府が地方をすべて統括する政治体制である。

こうした差異は、人びとの生活や精神にも大きく影響をあたえている。たとえば、ドイツの新聞は、全国紙と地方紙という2種に大別されて、人びとはこの両紙に眼をとおす。郷土愛ということについても、日本人と比較すると、ドイツ人のほうがかなり上回っているようである。日本のばあいだと、沖縄の米軍基地問題などにみられるように、地方と政府の対立は日常化しており、都市部への人口集中率は、ドイツの比ではないだろう。

神聖ローマ帝国時代のドイツ皇帝は、選帝侯という選挙権をもつ有力君主の投票によって選ばれていたし、戦争や政治抗争によって領地の交換や略取がおこなわれると、領主が変わるのは日常的であったため、自身の領地に一度も足を踏み入れたことのない領主もふつうであったのである。日本の明治維新では、武士階級の解体と同時に、東京の明治政府への一極化が急進的におこなわれた。一方、1914年のドイツ革命後に国民議会が開会されたのはベルリンではなく、ヴァイマルであった。その地で可決された憲法にちなんで、ヴァイマル共和国が誕生したが、その憲法でも連邦制の存続が承認された。一時的ではあったが、地方都市が国の名に冠されたのである。

要するに、現代まで維持された〈分邦〉という特徴ゆえに、16世紀から18世紀にわたって、百花繚乱の文化が独自に発展した都市がドイツに多く誕生した。現在では、世界遺産に登録されないかぎり、日本からのツアールートに組み入れられることもないが、18世紀には、多くの知識人や貴族が訪問せずにはいられないほどの高度な文化を誇り、その名がヨーロッパ諸国に知られた町がたくさんあったのだ。

日本でも、地方の城下町で高度な文化が発展した例が少なからずあるが、本書で言及するのは、かつての〈文化的中心地〉であったドイツの地方都市とその華やかなりし文化である。現在でも、これらの都市をおとずれると、かつての栄華の面影を伝えるモノは少なからず残っている。たとえば近年、ドイツの諸都市が力を入れて再興しつつあるのが、ヴンダーカンマー（Wunderkammer）である。日本語にすると、「驚異の部屋」となるだろうか。同様の語に、クンストカンマー（Kunstkammer）、ラリテーテンカビネット（Raritätenkabinett）などがある。

これらの語を説明すると、ヴンダーカンマーの「ヴンダー」は英語のワンダーだ。「カンマー」は「部屋」という意味であるので、「シュトゥーベ」、「シュトゥープライン」、「カビネット」などの類義語でも呼ばれた。

クンストカンマーの「クンスト」（Kunst）は、人工物、美術品、人間の技芸で加工されたモノをいう。その対照語が「ナトゥラーリエン」（Naturalien）で、自然の産物一般や、人工ではない自然の珍奇なモノを指す。そして、「ラリテーテン」（Raritäten）は、希少品、珍品のことである。これらの語は組み合わされて使用されていたために、当時からさまざまな呼びかたがなされたが、総合的な名称と概念として、現在ではヴンダーカンマーが一般的に用いられている。

ヴンダーカンマーはいわば、17世紀から18世紀に流行した領邦君主の道楽コレクションである。現代の視点からすると、無秩序・無造作にところ狭しと陳列されたガラクタの山にみえるかもしれない。非ヨーロッパ世界の産物が珍奇このうえない時代にあっては、きわめて高価な価値を有すると重宝されたり、迷信深かった時代ゆえに、特殊な霊力を発揮するアイテムとして崇《あが》められたりしたモノばかりなのだ。ちなみに、ミシェル・フーコーの『言葉と物』（１９６６）によれば、ヴンダーカンマーの陳列物には、ちゃんと秩序や配列があって、現在はそれが認識できないだけということのようだ。

本書では、ヴンダーカンマーを筆頭に、興味深いモノやコレクション群の描写に意を注ぎながら、それを擁する地方都市の歴史と文化の関連をつまびらかに紹介する。

各章の都市史を理解するうえで一助となるドイツ史の概略をいくらか記しておこう。

中世末期から近代にかけて、ドイツの諸都市をゆさぶった歴史的大事件はとりわけ、マルティン・ルターの宗教改革（１５１７）による動乱、これに端を発する30年戦争（１６１８―48）、フランス革命（１７８９）と連動するナポレオン戦争（１７９９―１８１５）である。それぞれの事件は16世紀、17世紀前半、18世紀末期から19世紀初頭に勃発しており、近代３００年間の各世紀で、ドイツ国内は戦場となり、多くの都市は甚大な戦災に蹂躙されてきた。

本書で取り上げる都市の歴史にも、これらの戦禍が大きな影を落としている。ルターの提唱する宗教改革が戦乱のトリガーとなって、多くの農民戦争が勃発したほか、30年戦争の主戦場となったドイツの国土は荒廃をきわめる。

「30年戦争」という呼称は、その期間の長大さばかりが強調されるが、カトリックとプロテスタントの差異はかくも激烈であって、じっさいに壮絶な宗教戦争であった。全人口が3分の1まで減少したといわれるほどの戦災をこうむったドイツの都市は、フランスのプロテスタントであるユグノーを受け入れることで、立ち直っていく。さらに、18世紀後期のフランス革命、おなじく末期からのナポレオン戦争がつづく。ナポレオンの登場はドイツの土台骨を揺るがし、神聖ローマ帝国を実質上、滅亡させるにいたるのである。最終的には、20世紀前半の第2次世界大戦がドイツ最大の災禍であったことは、言を俟《ま》たないだろう。

くわえて、おもに18世紀の学術や文化の点で触れておきたいのは、いわゆる啓蒙主義である。人間の理性を正しく使用することで、迷信から解放されて、よりよい人間へと発展すると同時に、知の増大もまた人間の幸福に寄与するという考えかたである。この啓蒙主義の思想こそが、この時代のドイツ都市の君主たちを、その領地における知の普及へと駆使させたのだった。

また、かれらの美の基準として大いに流行したのが、古典主義であることも忘れてはならない。ポンペイ遺跡の発掘が1763年から開始されたこともその契機のひとつであった。古代ギリシア・ローマの文学や思想のみならず、建築や美術といった文化一般に対する憧憬もまた、ルネサンス以来の一大流行となった。すなわち、ドイツの都市を領する君主たちの思想の2大源泉は、啓蒙主義と古典主義であったといえるだろう。中世以来の都市史が縦軸とすれば、啓蒙主義と古典主義が織りなす文化は横軸として、18世紀ドイツの多種多様な都市とその固有の文化を醸成したのであった。

本書の各章において、領邦君主のエピソードが語られることが多いために、同名の人物が多く登場する煩瑣さのみは免れようもない。とはいえ、これさえ受け流してくだされば、読者諸氏が色とりどりの都市およびその文化としてのコレクションの特色をお楽しみいただけることは、保証できると考えている。

森　貴史

［目次］

コラム

0
200
400
km
シュレースヴィヒ
デッサウ
カッセル
ハレ
ゲルリッツ
ゴータ
ルードルシュタット
マンハイム
カールスルーエ
シュトゥットガルト
ランツフート

ドイツ王侯コレクションの文化史——禁断の知とモノの世界

1. シュレースヴィヒ
ゴットルフ城の巨大地球儀

シュレースヴィヒ市のゴットルフ城

本章のメインテーマであるところのシュレースヴィヒ市のゴットルフ城（Schloß Gottorf）は、シュレースヴィヒ・ホルシュタイン州に属しており、北部がデンマーク領で南部がドイツ領というユトランド半島南側のバルト海の入り江シュライ湾最奥の島にある。少しわかりにくいのであるが、かつて公国であったシュレースヴィヒ地方に、シュレースヴィヒ市があり、この市内の入り江にある島一帯がゴットルフ城である（図1）。

ゴットルフ城と聞いて、すぐにその位置がわかる日本の方は、かなり少ないのではないだろうか。そして、ドイツに詳しい方にとっ

図1　ゴットルフ城

ても、そう多くはなさそうである。どちらかといえば、大学がある州都キールや、ゴットルフよりもさらに北に位置する最北端の都市フレンスブルクのほうが、ビールの銘柄などでよほど知られているだろう。

シュレースヴィヒ・ホルシュタインという州名の「ホルシュタイン」は、牛の品種名で日本でも知られているだろうが、シュレースヴィヒのほうは、州名の後半分とは比較にならないほど、知名度が低いように思われる。とはいえ、国境を接するデンマークとの関連で考えれば、シュレースヴィヒ地方は、ドイツとデンマークの2国間でユトランド半島をめぐるきわめて複雑な領土問題を中世から内包してきた。事実、19世紀後半まではデンマーク領であった。ゴットルフ城そのものが、すでに中世において、「デンマーク全体の鍵と錠」と位置づけられていたのである（図2）。

すなわち、ドイツ最北の州シュレースヴィヒ・ホルシュタインは、ドイツの全16州のなかでは、地理的な性質において、他州とはかなり異なる歴史と文化を築きあげてきたといえよう。

最近では、この州で音楽祭が毎夏に開催されていることで、音楽ファンには知られているだろうか。州都キールやリューベックなどの州内のみならず、隣州のハンブルクとも共催で、30カ所以上の都市で150ものコンサートが上演されるという規模を誇っている。

その音楽祭の主役をになうシュレースヴィヒ・ホルシュタイン祝祭管弦楽団のメンバーは、指揮者で作曲家であったレナード・バーンスタインが1987年に設立したオーケストラ・アカデミーで育成されている。同州のリューベック音楽大学のマイスタークラス、合唱アカデミーとも勇名をはせているため、札幌のパシフィック・ミュージック・フェスティバル（PMF）、アメリカのタングルウッ

図2　デンマークとシュレースヴィヒ・ホルシュタインの国境

MARE
ARABICVM
INDICVM
SINVS
BARBARICVS

ド音楽祭とともに、世界3大教育音楽祭として知られている。
筆者がゴットルフをおとずれた最初の理由は、かつて著名であったクンストカンマーに興味があったからだが、現地に到着してみると、もっと興味深くて、学術と芸術の結晶ともいうべきものに出会った。ゴットルフ城の巨大地球儀である（図3）。

この直径3・1メートルもある法外な大きさの地球儀は、目的のクンストカンマーのあるゴットルフ宮殿から、500メートルほど北に位置するバロック庭園にあった。庭園は細長い長方形をしており、その南端部分に池があり、池の上部には、シンメトリックな幾何学模様が美しい花壇があるのだが、その花壇上部の中心に、風変わりな縦長の建物があった。これが「地球儀の館」を意味するグローブスハウス（Globushaus）であり、壁面の大きな窓からは、巨大地球儀をのぞきみることができた（図4）。

建物の内部自体も、地球儀をめぐる小博物館となっており、それもなかなか知的好奇心をくすぐるものであったが、なかでも感動的だったのは、この巨大地球儀が回転するということだ。しかも、その内部に入ることができるのだ。内部は凹型の天球儀、一種のプラネタリウムになっており、その回転によって、星の運行を体験でき

→図3　ゴットルフの巨大地球儀

図4　「地球儀の館」（グローブスハウス）、窓から巨大な地球儀がみえる

るのである（図5）。

もちろん、この地球儀は21世紀に現代の技術で新造されて、2005年に完成したものだが、そのアーキタイプとコンセプトはこの北方の地で、かつて17世紀中葉に考案、建造されていたということも、驚愕の事実ではないだろうか。すなわち、この地球儀内部で21世紀の筆者が体験したことは、かつてこの地に住んでいた人たちがすでに一様に体験していたのであって、しかも当時は水力で回転したというのである（図6）。

こんな巨大な地球儀がなんの役に立つのかという問いは、いまでは至極まっとうで、この現代では、なかなかその存在価値をみいだすことはできないかもしれない。

しかし、世界地図にまだ空白部分が多く残っていた時代、くわえて、航海途中に海上で自身の位置を特定する方法、つまり経度を精巧に測定する技術がなかったゆえに、恒星の運行の観測こそが唯一の信頼がおける航海術であった17世紀中盤という時代を考慮すれば、地球の自転と天空の運行の体験を可能にしたその巨大な地球儀（しかも天球儀の機能も有している！）が当時最高の学芸と技術を結晶させた〈知のシンボル〉であることが納得できるであろう。

図5　巨大地球儀の内部

そのような地球儀を建造した人物とは何者であったのか、それを可能にしたゴットルフとはどんな城であったのか。巨大地球儀とゴットルフ城をめぐる物語は、まさしく本書最初の章としてふさわしい。

デンマークとゴットルフ城

ゴットルフ城およびシュレースヴィヒとデンマークの関係を語ることは、じつは非常に困難である。なぜなら、この地方にはいまでもデンマーク人とドイツ人が雑居しており、当然ながら、デンマークとドイツ両国の歴史的主張がそれぞれ存在するからである。本書ではドイツ語読みで「ゴットルフ」と表記するが、デンマーク史の本では「ゴットープ」、「シュレースヴィヒ」「スレースヴィ」と書かれていたりする。しかも、両国間での国境や領土の帰順は、歴史的につねに流動的であった。

ドイツとデンマークの国境は現在、フレンスブルク市を北端とする中部シュレースヴィヒ以南を区分するように引かれているが、それは第1次世界大戦でのドイツ敗北をうけて、ベルサイユ条約にもとづき、1920年に住民投票による国境画定がおこなわれた結果

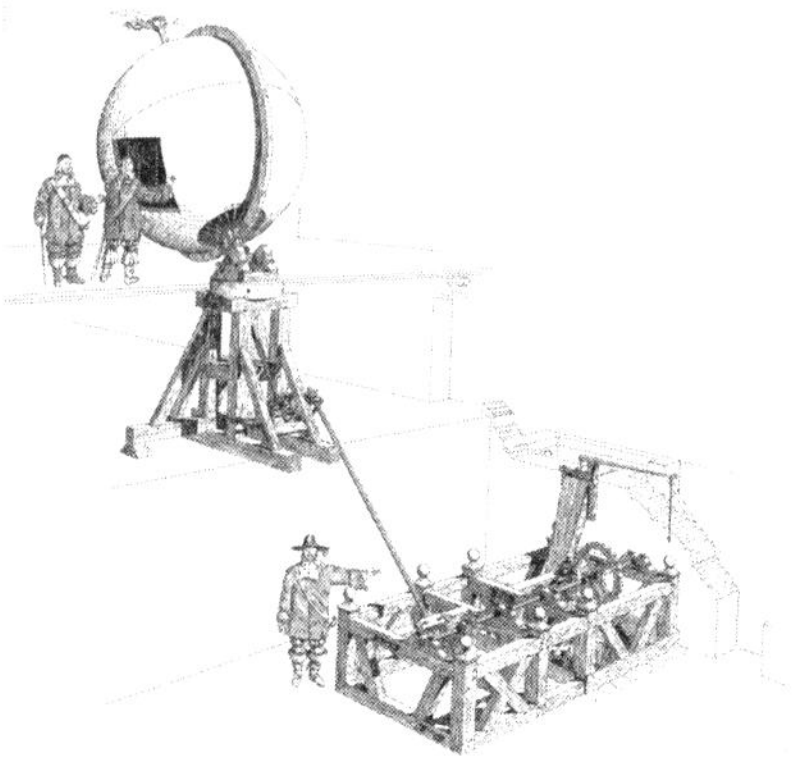

図6　地球儀の動力ギミック

である。しかし、この年以前は、北部シュレースヴィヒもふくめて、シュレースヴィヒ全体がドイツ領であった。それも、もともとは1864年の第2次シュレースヴィヒ戦争で勝利したプロイセンが、いわばデンマークから切り取ったものであった。

ユトランド半島北部を中心とするデンマークにしても、現在は北欧の小国という立場に甘んじているが、19世紀初頭にフランスのナポレオン軍と同盟した結末として、敵対するイギリス、ロシア、スウェーデンに敗北し、ノルウェーを奪われるまでは、スカンジナヴィア半島南部の大国であった。それまでは、同半島北部の宿敵スウェーデンと堂々とわたりあいながら、イギリス、フランス、ドイツ、ロシアを相手に、北ヨーロッパの覇権を争っていたのである。

とりわけ、デンマークとシュレースヴィヒのゴットルフの関係を複雑にしていたのは、ゴットルフ公爵家の特殊事情である。ゴットルフ公爵家はデンマークとスウェーデンの王家双方と縁戚であるのにくわえて、シュレースヴィヒ、ホルシュタインにまたがる領地を所有していたために、この公爵領の統治権を主張するデンマーク王とはつねに対立していた。

そのうえ、15世紀中期から19世紀中期にいたるまでのデンマーク王家は、ドイツのオルデンブルク伯爵家に由来するオレンボー朝であった（「オレンボー」は「オルデンブルク」のデンマーク語読み）。1448年、それまで継続していた王家の血統が断絶したために、オルデンブルク伯爵家出身のクリスティアンがデンマーク王クリスティアン1世に、つまりオレンボー朝の始祖として即位するのである。

1458年には、このクリスティアン1世の叔父ホルシュタイン伯爵が嗣子なく死去したために、その伯爵領の相続権を有するクリスティアンが伯爵の地位につくが、このとき、かれはシュレースヴィヒとホルシュタインが「永遠に分離されない」関係にあるという協定を締結している。両地域にまたがって領地をもつ貴族たちがその分断を恐れたからだが、この条件もシュレースヴィヒ・ホルシュタイン地方の問題をより複雑にしているのである。

そのような歴史を背景とするデンマークとゴットルフ城の領土問題は複雑きわまりないものであるので、専門外の筆者はこれ以上、立ち入らないことにしたい。

ゴットルフ公フリードリヒ3世

記録によると、シュレースヴィヒ司教オッコが、シュライ湾内の地勢が優れた島に司教座を置いたのが、1161年のことである。その司教座の所在地は城塞であったことが明らかになっている。それから約100年後の1268年に、この城塞はシュレースヴィヒ公のものとなった。中世当時のゴットルフ城塞がどのような外観であったかは、現在でも大部分が不明であるが、その周壁の遺構は発見されている。

1460年、デンマーク王クリスティアン1世が、シュレースヴィヒ公爵職とホルシュタイン伯爵職を獲得するとともに、ゴットルフを居城とした。その息子シュレースヴィヒ公フリードリヒ1世(1523年からデンマーク王、1524年からノルウェー王)が1492年の火災後や1530年ごろに2棟ほど増築した城館が、現在の外観の基礎となっている。その後も、シュレースヴィヒ公爵領の継承者たちによる増改築が繰り返されて、最終的には、フリードリヒ4世による1702年の手入れによって、現在の後期バロック風外観へと整備されていった。ちなみに、この人物の祖父にあたるフリードリヒ3世の1616年から1659年にわたる治世がゴットルフの黄金時代と呼ばれている。

それもそのはず、あの巨大地球儀建造を決定したのは、このゴットルフ公フリードリヒ3世（1597―1659）であるからだ（図7）。30年戦争時代のこのうえなく英明な君主であったと伝えられている。1637年から新たに造成予定の「ノイヴェルク庭園」（新造成庭園の意）の後期ルネサンス式の壮麗な園亭《えんちん》のなかに、この巨大地球儀を設置することになっていたのだ。

厳密にいうと、巨大地球儀は、フリードリヒ3世が召し抱えていた学者アダム・オレアリウス（1599―1671）が中心となって制作した（図8）。

あのような地球儀をつくらせたような人物であるのだから、フリードリヒ3世の知性の高さはうかがい知れるだろう。18歳のときには、世界を知るためのグランドツアーを体験した。ドイツの諸都市やシュトラースブルク、パリなどフランスの大都市にも滞在している（旅の途上、イタリアまで足を伸ばそうとしていた矢先、父の訃報が届いて、急遽、帰国し、その地位を長男として継承するのだが）。

このような世界体験があったからだろう、開明的なフリードリヒ

図7　ゴットルフ公フリードリヒ3世

3世は、この当時はトルコ経由でおこなわれていた西欧とペルシア間の絹交易を、ロシアおよびホルシュタインを経由しておこなう海運航路を開拓しようと試みた。もしこれが実現すれば、イギリス、オランダのほか、北欧・西欧諸国にとっても利することが多いものとなる。

じっさい、フリードリヒ3世はロシア皇帝に使節団を派遣している。そういう実行力をもちあわせていた。この使節団はしかし、モスクワにも、この時代のペルシア首都イスファハンにも到達することはなかった。使節を主導したハンブルク商人オットー・ブルッグマンの実行力欠如がすべての原因である。1633年に出発して以来、数度の難破によって、高価な進物や信任状も失われて、約4年後にほぼなんの成果もないまま、ゴットルフにむなしく帰還したのだった（ちなみに、ブルッグマンはその1年後に処刑されている）。

とはいえ、唯一の成果といえるものもあった。それはこの航海に公爵秘書として同行していたオレアリウスが出版した旅行記である。この旅行記は、初版が1647年、増補第2版が1665年に上梓されて、当時のベストセラーになった。オレアリウスはそれゆえ、ドイツの科学旅行記の祖といわれている。ジェームズ・クック

図8 アダム・オレアリウス

の世界航海に同行して、そこで獲得した知見を航海記として出版した18世紀後半のゲオルク・フォルスター（第2章カッセル、第6章デッサウ参照）や、南米を探検し、おなじく探検の成果を多数の旅行記にあらわした19世紀前半のアレクサンダー・フォン・フンボルトたちの偉大なる先人に目される。

ところで、このような壮大な交易を企図したフリードリヒ3世には、ヴァイキングならではの冒険者の気概が受け継がれているように感じられる。少し話がそれてしまうが、ここでヴァイキングによるアメリカ発見の逸話を紹介しておこう。

一般的には、1492年に東インド諸島に到達し、アメリカを発見した人物とされているのは、コロンブス（コロン）で、1499年から数度の航海をおこなったアメリゴ・ヴェスプッチが新大陸であることを発見し、自身の名からアメリカと名づけたことになっている。しかし、それよりも以前の10世紀末から11世紀初頭にかけて、すでにヴァイキングの開拓者たちがスカンジナヴィア半島から出発し、アイスランド、グリーンランドを経由して、現在のニューファンドランド島に到達していたのである。

ヴァイキングのアメリカ発見史は、かなり不名誉なエピソードをともなった親子3代が主役である。960年ごろ、トクヴァルは息子のエリック（のちの赤毛のエリック）とともに、ノルウェー南部のヤーレンからアイスランドへ入植した。理由はトクヴァルが暗殺事件に連座していたからである。さらに息子のエリックもまた、父から継承した気質ゆえか、985年ごろに殺人事件2件に関与し、無法者の生活に耽溺していたが、さらに西に知らない地があることを耳にする。

3年後の986年、赤毛のエリックは航海に出発し、グリーンランドを発見し、その沿岸に入植したという。さらにその約14年後には、その息子のレイフ・エリクスンが南方航海の途上でヘルラント、マークランド、ヴィンランドを発見したとされている。

これらの土地がどこを指しているのかは諸説あるが、いまでは北米大陸東岸とされてはいる。しかし、北米大陸北東部はおびただしい数の島が海岸線にそって点在している地形であるために、いまだに確定はしていない。一説によると、ヘルランドは現在のニューファンドランド、マークランドが現在のノヴァスコシア、ヴィンランドはその内陸部と考えられている。また、グリーンランドのヴァイキング入植地は1450年ぐらいまで存続し、ヴィンランドの入植地は約1300年前後まであったといわれる。

ちなみに、ヴィンランドはVinlandと綴るが、vinはフランス語のヴァンと発音する「ワイン」(ブドウ)ではなく、古代スカンジナヴィア語では「牧草(地)」を意味する。この混同は、この物語を伝えるサガ(アイスランドの散文物語)の作者が、「約束された地」へ送った斥候が大きなブドウの房をもって戻ってきたという旧約聖書のヨシュアの物語を加味したからというのが、真相のようである。

ともあれ、北極圏周辺からアメリカ大陸へ到達したとされるヴァイキングのこのような冒険者の気風が、一流の学者に匹敵するほどの頭脳と結合した君主として体現したのが、フリードリヒ3世という人物だったのであろう。

その治世期間にあたる17世紀前半のドイツ北端一帯は、30年戦争のみならず、スカンジナビア半島や周辺諸国とのあいだで、血気盛んな封建領主たちが覇権を争っていた。このような時代にあって、フリードリヒ3世は、温和にして慈悲深く、そして鋭敏な君主であった。旧約聖書をヘブライ語で読み、とりわけ数学を学ぶのを好むインテリ領主だったという。それゆえ、かれの統治期間には、俊英な公爵秘書オレアリウスの手腕もあって、ゴットルフのクンストカンマーのコレクションや、フリードリヒ3世の父ヨーハン・アドルフ公が城館に設置した図書館の蔵書の名声は、頂点を極めた(図9)。

またこの時代には、シュレースヴィヒ市内の聖堂学校が改善されたし、キール近郊のボルデスハイムのギムナジウムも新しく設立されている。大学設置も計画されたが、度重なる戦争によって実現しなかった。しかし、かれの息子クリスティアン・アルブレヒトに計画は継承されて、息子の手で1665年に設立された大学は、キール大学として現在も世界に名を轟かせている。

かれの宗教がプロテスタントであったのも、その性格をあらわしているだろう。旧弊固陋なカトリックよりも、進取の気性あふれる新教に傾いていたと考えられる。

とはいえ、フリードリヒ3世の治世は、あいつぐ戦乱にくわえて、自然の災厄が猛威をふるった時代でもあった。1634年10月、激しい暴風津波がシュレースヴィヒ・ホルシュタインに襲来した。北海(バルト海)沿岸は壊滅的な被害を受け、おびただしい数

図9 ゴットルフ城内のクンストカンマー

の人命や財産が失われた。肥沃で豊かであった西海岸部は、ほぼ荒野と化してしまったのである。住民の大部分は、貧困のなかで寄るべもないまま、見知らぬ土地へと放浪しなければならず、新たな堤防を構築するために、オランダの専門技術者を招来することでようやく、耕地を取り戻したのだった。

このときの復旧工事の形跡は、かれの居城都市シュレースヴィヒにも残っている。復旧工事によって、シュレースヴィヒ市に新地区が造成されたのだが、フリードリヒ3世の名をとって、「フリードリヒスベルク」と名づけられたのである。

デンマーク・スウェーデン戦争にまきこまれて、自身のゴットルフ城で最期をむかえることができなかったフリードリヒ公であるが、その遺体はシュレースヴィヒ大聖堂の内陣北の礼拝堂に埋葬された。石棺には、かれが重用したオレアリウス撰による墓碑銘が刻まれている。

公爵秘書オレアリウス

巨大地球儀制作のいっさいをまかされたアダム・オレアリウスは、17世紀という時代の限界もあるのだろうが、『一般ドイツ伝記』(*Allgemeine Deutsche Biographie*)などをひもといても、生誕地や出生の異説があるように、出自があまりはっきりしない人物である。フリードリヒ3世に拾ってもらうまでの経歴でわかっているのは、ライプツィヒ大学で学び、その地のニコライ学校の副校長職、日本の文学部にあたる哲学部の試補(見習い期間を終えた教員採用候補者)へ1632年に任じられていたことぐらいである。

実質的にはなんの益もなかったあの4年間の航海から帰還したのちは、公爵家の宮廷図書館司書、宮廷御用数学者の地位についた。当時の公爵家には、自慢の知的財産の双璧があった。ひとつは、高度な分類を誇る図書館だが、オレアリウスはこの図書館の蔵書を増大させる一方で、もうひとつの名高いクンストカンマーのコレクションを拡充している。くわえて、ポーランドの天文学者ヨハネス・ヘヴェリウスの指導で望遠鏡を制作したり、自身の旅行記の図版作成のために、彫刻と木版画の技術を習得したり、はたまたラテン語やドイツ語で詩作したりという才人なのだ。こうしたオレアリウスの才能を見抜き、登用するフリードリヒ3世も、名伯楽といった名君ぶりを発揮しており、まさしく君臣水魚の交わりといったところである。そして、ゴットルフのあの巨大地球儀の設計と建造作業を監督したのが、オレアリウスであった。

30年戦争を終わらせたウェストファリア条約締結後、オレアリウスの力をかりて、フリードリヒ3世は前代未聞のプロジェクトを実行しようとしていた。後世、「ゴットルフの地球儀」と呼ばれる当時最高の知を集積した構造物である。人間が内部に入れるような巨大地球儀であり、しかも天球儀(現在でいうところのプラネタリウム)のシステムを併有するゆえに、天体の運行を追体験することが可能になるのだ。

17世紀は、地図学《カルトグラフィー》が絶えざる発展と改善を重ねていた時代である。探検家たちが未知の地域へ足を踏み入れることで、少しずつ詳細な地理情報が地図や地球儀に反映されていく。そうした地球儀の外面にくわえて、地球儀の内面には、すべての恒星が投影された天球儀の機能が要求された。やはり、当時の天文学の知の総和が反映されたものである。

その当時としては考えられないほどのスケールを誇る巨大地球儀の制作がいつ開始されたのかは、明確には判明していないが、1650年代初頭からのようだ。この壮大なプロジェクト実現にさいして、最新の知識と技術が不可欠であった。つまり、地理学と天文学の知識と、同時代最高の工業技術と、同時に新技術を開発する能力である。

1556年に出版した旅行記の増補版第2版で、ごくわずかだが、オレアリウスは自身がたずさわっている巨大地球儀について言及している。地球儀が現時点で未完成であること、銅を原材料に使用していること、その内部では、1基の円形作業台周辺の台座に腰かけた10人もの作業員は、星座がそれぞれの中心から蝕《しょく》の進行にならって移動し、上下に動くのを観測できること、外面部は陸地、都市、海流などが描きこまれていること、ほかには、山から引いた水源を動力とする巨大歯車によって、巨大地球儀が天体の運行と同様に回転することなどである。

巨大地球儀をつくる

ゴットルフの地球儀は、そのサイズゆえに、制作方法も特殊であった。ゴットルフ城の北部に造成中であった庭園内に、もともとは領主の名をとって「フリードリヒスブルク」と呼ばれていた園亭「グローブスハウス」（地球儀の館）を建築しながら、その室内で同時に建造するという方法をとった。

現在であるならば、ほかのやりかたもあっただろうが、このあたりが当時の技術と発想の限界だったのだろう。それゆえ、地球儀を設置し、管理するためのグローブスハウスには、当初から搬出、搬入のための扉や窓はつけられていなかった。それゆえ、時代がくだって、地球儀がロシアの戦利品として略取されるさいには、壁を取り壊さなければならなかったのである。

綿密な建設計画と予算編成といった建設工事全体の統括者であったオレアリウスは、時計職人のアンドレアス・ベッシュを地球儀制作現場の実務監督として抜擢した。このベッシュは、「地球儀のマイスター（匠）」として史料に伝わっている。『ザウアー芸術家百科事典』を参照すると、「1620年の史料で確認されるリューネブルク（?）出身の時計・銃器製造職人。1650年から57年にゴットルフの巨大地球儀のメカニズムを制作した人物」とある。巨大地球儀をゴットルフで建造したことがベッシュの主要事績になっているくらいであるから、当時はよほど知られていた人物だったことがうかがえる。

すなわち、オレアリウスが建設計画全体の調整役を引き受ける一方で、ベッシュは現場での建造作業に従事したのである。かれは原材料の銅の使用法に長けており、機械技術にも精通していた。ベッシュのほかには、鉄板職人、銅細工、時計職人、銅版彫刻家、足場組立職人、パイプオルガン製作者、水車大工といった職人が召集されており、ゴットルフに召換されたこれら最高のマイスターたちは、かれの指揮下で巨大地球儀を回転させる駆動装置をつくりあげるのだ。

1652年にいちおう竣工したグローブスハウスは、外装と内装が未完成のままの状態であった。しかし、この時期はいまだ、肝心の地球儀の駆動系の要となる鉛管類は敷設されてはいない。これらの鉛管を経由することで、グローブスハウスの裏手にある、のちに「ノイヴェルク庭園」と呼ばれるバロック庭園から引いてきた水を動力源とし、地球儀を回転させる予定であった。

地球儀が銅製の球体として完成すると、いよいよ彩色が開始される。この球体の外面と内面にカンヴァスが張りめぐらされたのである。当時最新の世界地図が細部まで描きこまれていく外面に対して、内面にはさまざまな星座が描画されていった(図10)。

それぞれの星の位置には、先端を宝石のごとく研磨した銀製もしくは金製のピンが打ちつけられた。これは、地球儀内部の照明がろうそく2本だけという明るさであるため、乏しい光でも効果的に反射するように、金や銀であつらえたピンの先端を磨き上げるという工夫なのである。

ところが、フリードリヒ3世にとっては運命的な1656年、巨大地球儀造成事業は中断してしまう。再度、この年に戦争が勃発し、諸外国の軍隊がシュレースヴィヒに侵入してきたからである。身の安全を確保するため、後ろ髪を引かれながら、フリードリヒ3世はゴットルフを離れなければならなかった。しかも、ゴットルフの居城や庭園、そして巨大地球儀をかれが眼にすることは、もはやなかった。歴代ゴットルフ公のなかでおそらくもっとも優れた領主と称賛されるフリードリヒ3世は、3年後の1659年にノルトフリースラントの北海沿岸のテニング要塞で、ついにその生涯を終えるのである。

図10 地球儀内の天球図

この不世出の君主の人物評価をうかがえる感動的な逸話が残っている。フリードリヒ3世が戦時中にテニング要塞に避難していたときのことである。敵対するフリードリヒ・ヴィルヘルム・フォン・ブランデンブルク選帝侯が4日間だけ、ゴットルフ城にやってきた。くだんの巨大地球儀を眼前にして感激したブランデンブルク侯は、このような地球儀をつくっていた領主と戦争しなければならないことをひどく嘆いたという。

巨大地球儀の完成

父の名跡を継承した新公爵クリスティアン・アルブレヒトは、先代ほど学術に深い造詣を抱いていたわけではなかったが、父が残した事業の地球儀建設と庭園造成は続行させた（図11）。この息子もまた、公爵領をめぐって、デンマーク王と対立し、ゴットルフを離れて、ハンブルクで亡命生活を数年間過ごさなければならない運命であった。

しかしながら、クリスティアン・アルブレヒトは、地球儀とともに、グローブスハウスが置かれたバロック庭園「ノイヴェルク庭園」を完成させ、さらに1665年にキール大学を創設したこと

図11　クリスティアン・アルブレヒト

で、その名を残した。キール大学の正式名称は、キール・クリスティアン・アルブレヒト大学である。巨大地球儀と切り離せない関係にある「ノイヴェルク庭園」については後述する（図12）。

息子の代になって、ゴットルフの地球儀がようやく完成をみたのは、1664年のこととされている。この完成年は、地球儀の銘板にかつて記されていたが、現存していない。とはいえ、1691年に出版された文献資料に、ラテン語で書かれた銘文の内容を知ることができる。

天地をつくりし者である神に敬意を表し、ノルウェー王国継承者にして、シュレースヴィヒ、ホルシュタイン、シュトルマルン、ディトマルシェンの公爵、オルデンブルクとデルメンホルストの伯爵にして、やんごとなき殿下フリードリヒが、数学と天文学を比類なく好まれたゆえに、神の不滅の名声を祝して永遠なる記念碑を建てるべく、この奇跡の造成物を現実世界の似姿として神に贈ることを望まれた。1654年に着手し、デンマーク・スウェーデン戦争時に中断したが、かれの高貴なる子息クリスティアン・アルブレヒトが1664年に完成させた

図12 ノイヴェルク庭園

ものである。アンハルト出身のアダム・オレアリウス総指揮、リンブルク出身のアンド［レアス］・ブッシュ《ママ》制作、フーズム出身のクリスティアンとアンドレアスのロートギーサー兄弟装飾。

この銘文は、地球儀建造開始の年が１６５４年になっていたり、現地の建設作業の総監督ベッシュが「ブッシュ」となっていたりするが、完成の年を１６６４年とする根拠となっている。ちなみに、装飾を担当したとされるロートギーサー兄弟の出身地フーズムは、シュレースヴィヒ・ホルシュタインの都市で、19世紀ドイツの詩人テオドール・シュトルムの故郷でもある。

１６６４年に巨大地球儀が完成して以来、ゴットルフ公国は、北ヨーロッパでもっとも壮麗な居城のひとつを有することとなった。地球儀は、多くの出版物で言及されて、「世界の不思議」とたたえられた。世にいうところの「世界の７不思議」は、エジプトのピラミッド、バビロンの空中庭園、アレキサンドリアの灯台、ロードス島の巨像などの地中海沿岸やオリエントに存在した７つの驚異的な古代建造物を指していたから、17世紀北ヨーロッパの驚異の人工物という意味では的外れではないだろう。

グローブスハウスは、内部の巨大地球儀の保護や管理するだけの建築物ではなかった。この建物には、10メートル以上の長大な避雷針が設置されているが、その上部は月をシンボル化した球体になっている。屋内の地球儀の大きさと距離に即して、この月のサイズと距離が決定されており、現実の地球と月の距離を３億分の１スケールで再現するものだ。16世紀後期デンマークの天文学者ティコ・ブラーエ、17世紀前期ドイツの天文学者ヨハネス・ケプラーによる最新の天体研究が活用されているのである（図13）。

懸案事項であった水力による駆動装置の機能は、現在でも不明な部分があるものの、地球儀を地球の自転に同調させて回転させるものであったのは、まちがいないようだ。地球儀内部にいる人びとは、実際には24時間かかる360度の回転を狭く暗い空間で過ごさなければならなかったゆえに、水力のほかに、クランクによる手動の駆動装置も実装されていた。これによって、地球儀の回転速度が抜本的に高められたことも記録されている。

ゴットルフ城の北に位置するグローブスハウスをおとずれる栄誉を獲得した人びとは、地球儀をながめながら、その周囲をめぐったあとで、小さな出入口から、12名が着席できた内部へ入る。そして、天空の星々がどのように自分たちを周回するのかを体験したら、いったいどんな印象を受けただろうか。それは、いわば科学の実演であり、ほかではいっさい不可能な特別な体験であったにちがいない。

領主の豪奢にして洗練された宮廷生活は、その時代ごとのその領国の価値観を反映する。天空と地上の世界を動かし、それを体験するという特権はなによりもまず、アルブレヒト公その人に帰属する

図13　グローブスハウスのポール上部の球体が月を表現している

ものであったわけだが、ゴットルフの地球儀はとりわけ、その公爵領を代表するもっとも重要な価値を有していただろう。

ゴットルフをおとずれた学者、教養人、名士たちは、この驚異の建造物の意義を正しく理解していた。1665年刊のキール大学のパンフレット『キール大学ホルシュタイン新文芸』には、ゴットルフの地球儀はキール周辺のアトラクションとして記されている。

しかし、ゴットルフがその繁栄をことほぐ日々は長くはつづかなかった。かつてのブランデンブルク選帝侯とおなじく、ロシア皇帝ピョートル1世（大帝）がゴットルフ公国の交戦国君主として登場するのは、1713年のことである。デンマーク王フリードリヒ4世の同盟者として、大帝ピョートルはともにシュレースヴィヒに侵攻し、このふたりの王はつれだってゴットルフ城を視察した。

「ロシア皇帝はとりわけ地球儀がお気に召したので、おふたりはその内部に座して、熱心に観察された」と、同時代の史料に伝えられるほど、ピョートル大帝はゴットルフの地球儀に惚れこんでしまう。この〈奇跡の建造物〉を、建設後ようやく10年が経過したばかりのロシア帝国首都サンクトペテルブルクに見合うものとして、かれは是が非でも持ち帰りたくなったのだ。

ピョートルはフリードリヒ4世にその旨を依頼すると、すんなりと譲渡が決定する。それもそのはず、フリードリヒ4世はすでに同様の地球儀を所有していた。ゴットルフ城の地球儀を模造させていたからである。かくして、ゴットルフ城の巨大地球儀は、1713年にロシア皇帝ピョートルの所有物となったのだった。それにしても、周囲の大国に翻弄される小国の悲哀は、やりきれないものである。

とはいえ、ロシア側はじっさいに地球儀を運び出すこともままならない。既述のように、グローブスハウスには、もともと巨大地球儀が通過できる窓も扉も最初から考慮していないために、壁を破壊しなければならなかった。

おまけに、一路、ペテルブルクまでバルト海を海上輸送できれば、まだしもよかったかもしれないが、当時の敵国スウェーデンとイギリスの艦隊を回避するために、陸路を進むしかなかった。そのうえ、直径3・1メートルの巨大な銅製球体である。これを安置する輸送用木箱も巨大化せざるをえず、総重量は4トンにもなった。ノイヴェルク庭園からシュレースヴィヒ港まで輸送するのでさえ、巨大なソリを用いなければならなかった。

それでも、ケーニヒスベルクまではなんとか帆船で海路を輸送し、あとは陸路でリガ、エストニアの首都タリンを経由し、ペテルブルクまで300キロの距離をまたもや巨大ソリで運びつづけた。もちろん、木々を切り倒し、道を切り拓いての土木作業が随時おこなわれたのはいうまでもない。ゴットルフの地球儀がペテルブルクに到着したのは、3年半後の1717年3月のことであった。

1713年にゴットルフの地球儀がロシアに強奪されてから、都市シュレースヴィヒの没落がはじまった。同年、デンマーク王が公爵領ならびに封土を没収したほか、ゴットルフ城が誇ったコレクションや調度品も、デンマーク首都コペンハーゲンに移送されてしまう。ゴットルフ城に住むのはいまや、デンマークの代官になってしまった。

19世紀中葉の数年間は、デンマークの兵営になっていたが、1864年の第2次シュレースヴィヒ戦争でデンマークがプロイセン・オーストリア軍に敗北し、シュレースヴィヒ公爵領がプロイセンの領有となると、今度はプロイセン軍の兵営となった。この時期に、バロック時代の周壁、城門、稜堡とともに、古い隣接建築物も取り壊されて、騎兵隊のための建物が新たに建てられたために、城のかつての面影はなくなった。1871年の火薬庫爆発、1888年と1917年の大火がさらに追い打ちをかけた。

ようやくゴットルフ城が華やかなりし時代の姿を回復するのは、20世紀後期にゴットルフ城敷地に郷土博物館設立が決定してからのことである。

ノイヴェルク庭園

現在、グローブスハウスをおとずれると、その周囲に展開するシンメトリーが美しいバロック庭園に思わず眼をうばわれる。前方に広がる長方形の池とその中心に配置された《レルネのヒュドラと戦うヘラクレス》像にも自然と視線が向くだろう（この池は像にちなんで、ヘラクレス池という）。グローブスハウス後方には、雛壇状平地があって、そのつど高さを増して、遠くに伸長していくのが視認できる。巨大地球儀を回転させる動力として水力を提供したノイヴェルク庭園である。

1637年にフリードリヒ3世がこの庭園造成を依頼した宮廷庭師は、ヨハネス・クローディウスである。庭師としてローマやフィレンツェで活動していたという経歴のもち主であった。ところで、なぜ「ノイヴェルク」（新造成）とわざわざ呼ばれているかというと、ゴットルフにそれまでに存在した庭園がふたつともルネサンス様式であったからで、フリードリヒ3世が新規に造成した庭園はバロック様式で、前者の2庭園との差異を明示することを目的にしたネーミングなのである。

17世紀という時代は一般にバロック時代ともいわれるが、その前期においては、いまだルネサンス様式の庭園が幅をきかせていた。それゆえ、アルプス以北でイタリア由来の最初の雛壇式庭園（テラッセンガルテン）であり、中欧最初のバロック庭園であったことこそ、ゴットルフのノイヴェルク庭園の斬新さを示していた。フリードリヒ3世の宮廷庭師クローディウスは、イタリアでの造園経験を活用して、シュレースヴィヒの地にイタリアの雛壇式庭園を誕生させたのである。こうした造園の発想からも、フリードリヒ3世の広範な知見や洗練された趣味が看取できるだろう。

バロック庭園とは元来、イタリア・ルネサンス庭園を発展させたものであるが、思想的に封入された生れているのは、人間の手によって加工され、支配された自然の姿といえよう。きっちり剪定された生垣、計画的な植樹にもとづく並木道、建築学の応用によって創出される幾何学の外観は、自然に対する人間の優位さを表現しており、ひれ伏した自然こそが支配者としての人間を礼賛するのである。

ノイヴェルク庭園のバロック庭園としての特徴は、ヘラクレス像が中心に設置されたヘラクレス池と、その上部中央を支点に展開する半円状の植え込みで、ちょうどオレンジの輪切りを二分したような形状である。この扇の支点位置にはかつて、8角形の東屋《あずまや》（パヴィリオン）が建てられていたが、現在は再建されていない。ちなみに、《レルネのヒュドラと戦うヘラクレス》像の神話的な意味であるが、人間に達成できない12の偉業のひとつがヒュドラ退治とされているから、この庭園で建設していた巨大地球儀に対するフリードリヒ3世の気概が込められていると思われる（図14）。

この扇状の平面部分よりも一段高くなった平面には、幾何学的模様の植え込みが左右対称に2対ずつ、さらに中央には噴水も造成されており、この高低差がある造りこそが雛壇式庭園とされるゆえんである。肝心のグローブスハウスはその半円形の頂点部分にそびえており、上下2段の平面をまたがるように建てられている。

ヘラクレス像、8角形パヴィリオン、グローブスハウス、雛壇部分の噴水はそれぞれがノイヴェルク庭園中央に直列に配置されていることで、左右対称をかたちづくっており、1650年から建設が始まったとされるグローブスハウスが意図的にノイヴェルク庭園の中心になるように配慮された設計になっているのだ。

巨大地球儀の名声も呼び水となって、このバロック庭園の評判もまたたく間に広がった。そこで、フリードリヒの後継者クリスティアン・アルブレヒトは、クローディウスの後継者である宮廷庭師ミヒャエル・タッターに命じて、さらに5段の雛壇を追加造成し、ノイヴェルク庭園を拡張させた。

最上段の雛壇には、1672年にもう1軒の東屋を建てたが、デンマーク王女フリーデリケ・アマーリエ公爵夫人の名にちなんで、「アマーリエンブルク」と名づけられた。また、それぞれの雛壇庭園上部が隣接する段差部分の斜面中央には、階段状の人工滝を設け、各雛壇平面の中心部には、噴水を設置した。その両サイドにはもちろん、生垣で囲われた幾何学模様の花壇が整備された。しか

図14　ノイヴェルク庭園のヘラクレス像

も、一連の花壇に植えられていたのは、約1200種のこの地方に自生しない異国の植物であって、最高の造園術と植物学を導入して、入念に手入れされていたのである。

庭園全体を俯瞰すると、ヘラクレス像、8角形パヴィリオン、グローブスハウス、噴水の先に、滝と噴水が4基ずつ直線状に並んでおり、この直線によって花壇の両列がシンメトリーを形成するようになっているため、庭園を拡張したにもかかわらず、庭園全体の統一性はみごとに維持されているのが理解できる。

現在、よく眼にする庭園図は、上方の雛壇になるほど先細りになっていく縦長の庭園を描いており、このクリスティアン・アルブレヒト時代のものである。壇を重ねるごとに、面が一段ずつ高くなり、面積が狭くなっていくのを、池に隣接した最下層の雛壇から見上げるように遠望すると、遠近法の効果で、最上段に建てられた東屋がじっさいよりもはるか遠くにみえたはずだ（図15）。

クリスティアン・アルブレヒトは、偉大なる父の陰に隠れて、キール大学創設の事績以外では評価されることが少ないようだが、その父が企図した巨大地球儀を完成させ、ノイヴェルク庭園の拡張を立派にやりとげた手腕を顧慮すると、かなり有能な領主であったと考えられるのではないだろうか。

17世紀後半、巨大地球儀とともに、名声を博したノイヴェルク庭園であったが、1713年にロシアが地球儀を運び出したさいのグローブスハウスの破損はいちじるしく、シュレースヴィヒ市と没落をともにすることとなった。グローブスハウスとアマーリエンブルクはそのまま放置されて、池のヘラクレス像も経年劣化ゆえの自重で倒壊した。19世紀後期にゴットルフ城が兵営になってからは、ノイヴェルク庭園は馬場として使用される始末であった。

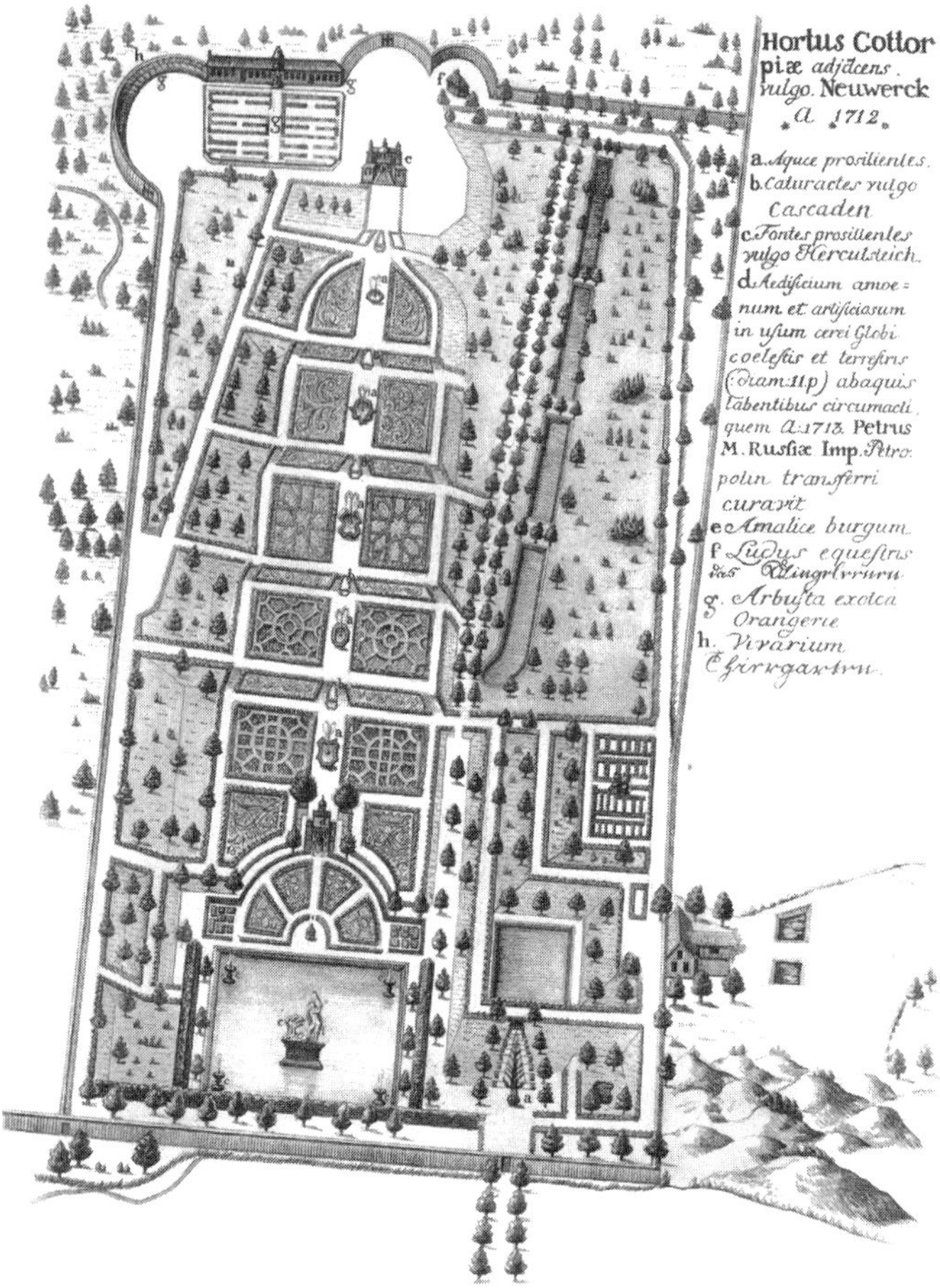

図15　ノイヴェルク庭園の地図（1715年ごろ）

しかし21世紀になって、城館や巨大地球儀とともに、ノイヴェルク庭園は再造成の機会に恵まれることになったのである。

地球儀と庭園の再興

ゴットルフからサンクトペテルブルクに運び出された巨大地球儀のオリジナルは、ペテルブルクのクンストカンマーに現存している。建物中央に建つ塔の最上部分に設置されていて、外観の一部となっている。ピョートル大帝が1725年に世を去ってからも、管理者や保管場所はつぎつぎと変わり、ときには大火に見舞われながらも、修復作業が重ねられてきた。最近の修復が終了したのは1986年である。学術的な価値はすでに失われて、巨大な古美術品になってしまったが、あのオリジナル地球儀がいまなお現存しているのは、驚嘆に値する。それゆえ、ゴットルフの地球儀再建をゆだねられた責任者や技術者一行が2003年にペテルブルクで現物を直接、調査できたのだった（図17）。

最後に、ゴットルフ城の地球儀をめぐる第2次世界大戦中のエピソードを紹介して、本章を終えることにしたい。じつは、巨大地球儀は大戦中に一度だけ、ホルシュタイン地方のノイシュタットまで

図16　現在のノイヴェルク庭園

戻ってきたことがある。この当時、ゴットルフの地球儀は、ソビエト連邦北西部サンクトペテルブルク州の州都サンクトペテルブルク南郊の都市プーシキンで保管されていた。

そんな状況下、ドイツ軍は1941年秋にプーシキン市に侵攻、占領は900日間に及び、当地にあった巨大地球儀もドイツ軍が押収した。そこへやってきたのは、芸術作品保護局である。かれらの任務は芸術品を鑑定し、めぼしいものをドイツへ移送することであったが、それはなんとシュレースヴィヒ出身の文化財保護官ヘルムート・ペルゼケの命令によるものだった。

この時期にはすでに、ゴットルフの庭園を再造成し、地球儀をもとの場所へ再設置するという計画が存在したというが、このペルゼケからドイツへの巨大地球儀移送を依頼されたのが、おなじく地元出身のヒンリヒ・ローゼで、リガの国家弁務官にしてシュレースヴィヒ・ホルシュタインの大管区長官で知られた人物であった。この任務遂行のために、最高レベルで組織が動いた結果、1942年にレニングラード・リューベック間の特別列車が編成されて、巨大な木箱に封入された地球儀は、リューベック経由でホルシュタイン州のノイシュタットへ到着したのである。戦後にゴットルフへ返還

図17 ペテルブルクのクンストカンマー、頭頂部にあるのがオリジナルのゴットルフ地球儀

される予定で厳重に保管されていたが、ついにその機がおとずれることはなかった。

さて、ドイツ敗戦の半年後に、イギリスの略奪美術品返還委員会所属のイギリス人士官が地球儀を発見し、ただちにリューベックへ搬送した。さらに転送されたハンブルクで、イギリス軍からソ連軍に移管された地球儀は、北西端部の都市ムルマンスクまで海路を進み、そこからはソ連の特別列車でまたもやレニングラードまで戻された。

ゴットルフの巨大地球儀は、スウェーデン、ロシアなどの近隣大国の趨勢に左右された。とりわけ、デンマークとの領土問題といったシュレースヴィヒ地方の複雑な歴史のなかで周辺諸国の政治力学に翻弄されて、数奇な運命をたどってきたが、建造から300年近くが経過した世界大戦にあっても、地元シュレースヴィヒの人びとがこの地球儀を忘れることはなかったのだ。

21世紀の科学技術をもってしても、バロック時代の巨大地球儀を再現することの困難さは並大抵のことでなかったようだが、地球の自転を再現する回転機能もしっかりと電動で実装された（図18）。

2代目の巨大地球儀は、城館およびバロック庭園とともに、17世

図18　巨大地球儀の構造

紀ドイツ北方で開花した学術と自然科学のシンボルとして、ノイヴェルク庭園の中心に堂々と座している。このゴットルフ城をおとずれる者は、ドイツ北方の小領主たちが築いた偉大な知の世界のあとを確実に感じ取ることができるのである。

（森　貴史）

2. カッセル
グリム童話の町の「木の百科文庫」

グリム童話発祥の都市

ドイツ中部フルダ河畔のヘッセン選帝侯居城都市カッセルは、「グリム兄弟の町」にして、「グリム童話発祥の町」である。というのも、兄ヤーコプ（1785―1863）と弟ヴィルヘルム（1786―1859）のグリム兄弟が生涯でもっとも多くの時間を過ごし、『子どもと家庭の童話集』、いわゆる『グリム童話』の初版第1巻（1812）、第2巻（1815）を出版したのは、この町なのだから。カッセルの薬屋ヴィルト家の6人姉妹、ヘッセン地方の高官ハッセンプフルーク家の3姉妹や、近郊の村の農家の女性ドロテーア・フィーメンニンから、かれら兄弟は昔話を聞き書きしたのである。

それゆえ、カッセルにはグリム兄弟に関連する建物や施設が点在している。たとえば、この兄弟が15年間、司書官として勤務していた図書館フリーデリチアヌムは、いまは現代美術館となっており、世界的な現代美術展覧会「ドクメンタ」が5年に1回開催されている（図1）。ちなみに、グリム兄弟博物館（シェーネ・アウスズィヒト2番地）に所蔵されている『グリム童話』初版や第2版の貴重な5冊が、２００５年にユネスコの世界記憶遺産に登録された（図2）。

それとならんで、２０１３年6月に、市街地西部のヴィルヘルムスヘーエ丘陵公園（Bergpark）が世界文化遺産として承認されている。カッセルは庭園の町でもある。

この町の東西２ヵ所に大きく広がる美しい庭園があるのだが、世界文化遺産に認定された西部の丘陵庭園が、その中心部の城とおなじくヴィルヘルムスヘーエと呼ばれている。これに対するのが、東部のカールスアウエ庭園である。シェーネ・アウスズィヒト２番地と先述したグリム兄弟博物館の住所であるが、「シェーネ・アウスズィヒト」は「美しい眺望」という意味である。その周辺は高台になっていて、夏場には広大な緑が織りなされるカールスアウエ庭園を文字どおりに一望できる。

ちなみに、このふたつの庭園を中心にして、町が形成されたわけではないのだろうが、カッセルは東西で位置関係を把握しやすい都市である。大学町でもあるカッセルのシンボルである大学は、カールスアウエの北方に位置している。最寄り駅も、カッセル中央駅

図1　図書館フリーデリチアヌム

(Kassel Hauptbahnhof) とカッセル・ヴィルヘルムスヘーエ駅 (Kassel Wilhelmshöhe) があって、それぞれが市の東西に開かれた玄関口に相当する。

いずれにせよ、カッセル所蔵のグリム童話稀覯本と丘陵庭園が世界遺産に指定されるというふたつの栄誉によって、文化都市としての面目躍如、かつてのヘッセン選帝侯居城都市の栄光を取り戻したといえよう。

18世紀カッセルの栄光

都市カッセルが史料に登場するのは913年のことで、フルダ河畔にあった王宮がドイツ皇帝コンラート1世によって言及されている。その後、フルダ川左岸で発展したのがカッセルの旧市街区で、1189年にすでに都市としての権利を獲得し、1277年にはヘッセン方伯の居城都市となる。さらに「新市街」(1283)、「自由区」(1330)が誕生し、1330年にこれまでに建設された3つの市街区が統合されて、現在のカッセルの原型になった(図3)。

宗教改革の嵐が吹き荒れたとき、ヘッセン=カッセル方伯フィリップ寛大王は、ルター派にくみし、その居城都市は宗教改革派に

図2 グリム兄弟博物館所蔵のグリム童話初版本

よって結成されたシュマルカルデン同盟の最重要都市となった。カッセルは堅固な城塞を誇ったために、30年戦争で占領されることはなかったが、市民たちは戦災と疫病にこのうえなく苦しめられたのだった。

転機がおとずれたのは、カール方伯（1670－1730）の治世である。30年戦争で荒廃したドイツの諸都市とおなじく、フランスのプロテスタントであるユグノーの亡命をカッセルは受け入れた。これによって、市内の人口増加と殖産興業をはかったのだ。こうして、18世紀後半の啓蒙主義の牙城カッセルの基礎がつくられたのである。

ナチス時代のカッセルは、やはりほかの大都市と同様に、辛酸をなめずにはいられなかった。機関車や貨車を製造する工業都市の繁栄に、ナチスが目をつけたために、1933年に大管区都市と兵器産業都市となる。だが、それゆえ、連合軍から約40回の爆撃を受け、都市の80％が破壊される

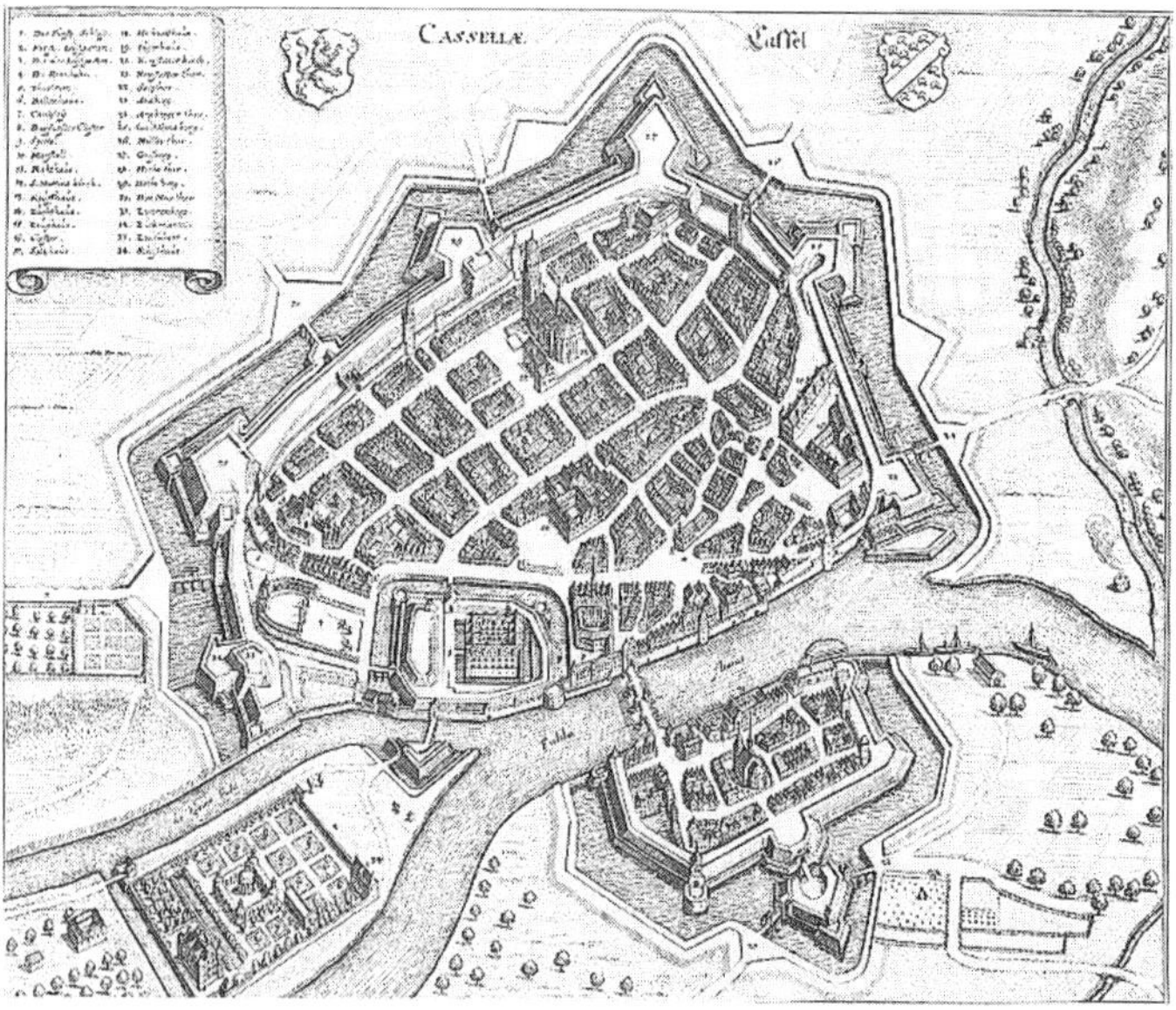

図3　17世紀中期のカッセルの地図（1648年）

惨禍をこうむった。1943年10月22日の爆撃だけで、1万人以上の死者を出し、町の中心部のほとんどが灰燼《かいじん》と帰したのだった。

本章でとりあげる「ヴィルヘルムスヘーエ庭園」と「木の百科文庫」は、ともに18世紀カッセルの所産であり、とりわけ前者は、歴代の領主たちがそれぞれに手をくわえてきた庭園である。それゆえ、この世紀のカッセルの領主たちについて、似たような名前ばかりで煩瑣で恐縮だが、いくらか記しておきたい。

筆頭としては、前述のカール方伯である（図4）。当時としては異常ともいえる76年の長寿をまっとうし、1730年に亡くなった。ドイツ国内全体が30年戦争で荒廃したように、カッセルも例外ではなかったが、かれの53年間の治世は学芸、交易、産業を促進した結果、辺境の後進国カッセルを戦災から再建し、財力ゆたかな近代的国家へと発展させることに成功した。

その後継のヴィルヘルム8世（1682—1760）も長命を誇った方伯だが、何度も外国へ亡命するという苦杯を喫した（図5）。ヨーロッパ列強をまきこんだプロイセンとオーストリアの7年戦争（1756—63）によって、またもや戦禍をこうむったからである。オーストリアの同盟国フランスがカッセルを占領すること4度、か

図4　カール方伯

図5　ヴィルヘルム8世

れの宮廷都市は戦後、廃墟さながらであった。

その一方で、ヴィルヘルム8世は絵画収集においてはすばらしい功績を残した。高級士官としてオランダでの長期滞在経験をもつかれは、その地でフランドル画家たちの最高級作品を学んだ。父カールの代から絵画の蒐集は継続してなされてきたが、ヴィルヘルム8世はレンブラント、ルーベンス、ヨルダーンス、フランス・ハルスなどの絵画を精力的に買い集め、カッセル宮廷の絵画コレクションをさらに充実させたのである。これらは、第2次世界大戦の空襲も逃れて、現在はカッセルの比類なき財産として、ヴィルヘルムスヘーエ庭園内のヴィルヘルムスヘーエ城でみることができる。

ところが、このヴィルヘルム8世は、後継者問題で予想さえしなかった苦悩を抱えることになる。なんと、継承予定の愛息フリードリヒ2世（1720―1825）がカトリックへ改宗したのである。30年戦争の原因を想起すると明白であるように、当時としては国を滅ぼしかねない深刻な政治スキャンダルであった。しかも、ヘッセン=カッセルの歴代領主たちはプロテスタント同盟国の雄として名を馳せたフィリップ寛大王が直系の先祖なのだ。

だが、歴史とはおもしろいものである。7年戦争で廃墟同然と

図6　フリードリヒ2世

なったカッセルを18世紀後半にふたたびこのうえない繁栄へと導くのは、そのフリードリヒ2世なのだから。

カール方伯の孫で唯一の男性であったフリードリヒ2世は1760年、逆風のなかで方伯を継承する（図6）。逆風とは、このときのカッセルがフランス軍に占領されていたことと、そのカトリック信仰ゆえに父親から疎まれていたことである。

18世紀のカトリック信仰やイエズス会は、啓蒙主義者に攻撃されるような旧弊固陋《きゅうへいころう》にして迷信深いイメージがあるが、かれはまったく正反対の啓蒙専制君主であった。フリードリヒ2世はジュネーヴのアカデミー（現ジュネーヴ大学）で有名教授たちに学び、7年戦争にはイギリス軍やフリードリヒ2世（大王）のプロイセン軍に従軍し、軍事経験を積んでいる。かれは8歳年長の同名のプロイセン王を尊敬していた一方で、この王も同名のヘッセン＝カッセル方伯を中将および副司令官に任ずるほど信頼を寄せていた。つまり、方伯フリードリヒ2世は、啓蒙専制君主として名高いプロイセン王のポツダムの宮廷で直接、啓蒙主義の理念を身につけたのである。

事実、カッセルのフリードリヒ2世の統治は、同時代のフランス啓蒙主義哲学者ヴォルテールからも称賛された。年の市を、フランクフルトに先駆けるような14日間の見本市に拡大した。現在でいう商工会議所の設置によって、製造業者をカッセルに集め、生地、革、紙、銅、真鍮、金銀などの各種のマニュファクチュア（工場制手工業）を林立させて、経済の活性化をはかったのである。カッセルは以後150年間、ドイツの繊維工場の中心となった。

城塞都市として堅固な市壁を誇ったカッセルであるが、フリードリヒ2世は市壁を撤去し、堀を埋め立てさせた。新しく誕生した平地は、広場と新図書館の敷地になった。施政者にあやかって、それぞれフリーデリチアヌムとフリードリヒ広場と名づけられた。本章冒頭で紹介したとおり、フリーデリチアヌムは、次世紀にグリム兄弟が司書として勤めており、現代ではドクメンタ開催施設でもある。

また、フリードリヒ2世は政治行政のみならず、文化面でも有能な人材の登用に腐心した。ドイツの芸術家一族ティッシュバイン家のヨーハン・ハインリヒ・ティッシュバインやヨーハン・アウグスト・エーレを招聘し、1777年に設立した絵画彫刻アカデミーで教えさせている。この芸術学校はのちに建築学も増設されて、造形芸術アカデミーに改組された。

音楽の導入にも力を入れた。先代ヴィルヘルム8世のときには宮廷楽団や宮廷劇場はなかったが、フリードリヒ2世は1760年3月、当時のドイツでは唯一の宮廷楽団を設立した。フランスやイタリアの演奏家や歌手を多数雇用して、最大時には30名が所属したオーケストラであった。1769年には、王子の宮殿に、大人数のイタリアオペラを上演することもできるほどの大舞台を設置し、劇場へ改装させている。

学術と教育機関の刷新にも尽力する。カッセルには17世紀前半に設立されたコレギウム・カロリヌムという高等教育機関があったものの、ヘッセン地方にはドイツ最古のプロテスタント系大学、マールブルク大学があり、つねにその後塵を拝していたのである。フリードリヒ2世はコレギウム・カロリヌム改革のために、優れた学者たちを招聘した。博物学担当はイギリス海軍のジェームズ・クックの世界航海に参加したゲオルク・フォルスター、歴史学にはスイス史研究で有名なヨハネス・フォン・ミュラーを、建築学には図書館フリーデリチアヌムを建てたシモン・ルイ・ドゥ・リー、解剖学にはのちにドイツ最高の解剖学者と称されるザムエル・トーマス・フォン・ゼメリングなどである。

コレギウム・カロリヌムをギムナジウムと大学の接続をはかる教育機関と位置づけて、講義内容は、専門知識よりも該博な教養を中心にし、市民全体の教育水準の底上げを目的としていた。それゆえ、若者だけではなく、聴講を望んだ商人、法律家、士官たちも殺到した。

さらに、のちに「ギムナジウム・フリーデリチアヌム」となるコレギウム・カロリヌムの付属学校を1779年に設立した。フリードリヒ2世は、その校舎裏の広大な地所にクワ農園を経営し、生徒たちに樹木栽培、養蚕、養蜂の実地体験をさせた。高等教育の基礎知識ばかりでなく、現在でいうところの自然の体験教育を実践していたのである。

貧しい人びとのための慈善病院や、乳児殺し防止を企図した捨て子養育所の設置など、市民が潤えば、国も潤うという施政理念をかかげるフリードリヒ2世の善政は、カッセルの随所で多方面に浸透していた。日本の江戸時代の「名君」と呼ばれた藩主の施政と類似するものが感じられる。

世界文化遺産の庭園

ちなみに、本章冒頭でカッセルを「ヘッセン選帝侯居城都市」と記したが、はじめてヘッセン選帝侯になったのは、1785年10月末に世を去ったフリードリヒ2世の名跡を継承した長子ヴィルヘルム9世（1743―1821）である（図7）。選帝侯とは、神聖ローマ帝国の皇帝を選ぶ権利をもつドイツの有力諸侯であるが、最高裁判権や関税徴収権など広範な特権を承認された権威の高い地位である。

このヴィルヘルム9世は1803年に選帝侯になったさいに、ヴィルヘルム1世と改称するが、3年後の1806年に、皇帝ナポレオンによって神聖ローマ帝国が解体されると、選帝侯の身分そのものが無意味になるという悲劇を味わう。さらに不幸はつづき、カッセルは1810年から4年間、ナポレオンの弟ジェロームが統治する臣従国家ヴェストファリア王国の首都にされてしまった。1813年にナポレオンが退位に追い込まれると、カッセルはようやく、ヘッセン選帝侯ヴィルヘルム1世の都市として復旧したのだった。

市民に愛された父フリードリヒ2世とは異なり、ユーモアにとぼしい吝嗇な領主ヴィルヘルム1世であったが、その父から受け継いだ最大のものは造園趣味であった。世界文化遺産「ヴィルヘルムスヘーエ庭園」は、最初のヘッセン選帝侯によって広範に拡張された。それゆえ、現在は「ヴィルヘルムスヘーエ」(ヴィルヘルム丘陵という意)と呼ばれる城と庭園だが、1798年に城の改築と庭園の拡張を実施したヴィルヘルム9世(選帝侯になる以前の公称)の名にあやかって、改称されたのである(図8)。

この庭園の最大の特徴は、丘陵庭園(Bergpark)といって、山の斜

図7　のちに選帝侯になったヴィルヘルム9世

面を利用して造成されていることであって、頂上からの眺望のすばらしさはもちろんいうまでもない。

だが、その最高の醍醐味は、夏場の水曜・日祝日14時半に山頂のヘラクレス像から放出される水である。この大量の水は、それまで登ってきた階段のあいだを流れ落ちていくのだが、これが滝となって、長大な水路に変貌していく。下方のヴィルヘルムスヘーエ城の池をめざして、カスカーデ（階段状の滝）を疾駆する奔流が、最後は池で噴水となって、空高くほとばしる。この水勢ゆたかな噴水は、夏場の観光に一服の涼をあたえてくれる（図9、10）。

庭園景観の急速な変化と精巧な噴水技術の妙を眼前で味わいながら、山上からこぼれ落ちる水が下方のヴィルヘルムスヘーエ城の池までたどりつくまでを追いかけていくという鑑賞法は、ほかの庭園ではみられない典雅さとエンターテイメント性があるだろう。

17、18世紀の裕福な封建領主にとって、庭園造成は大いなる娯楽にして、自身の権力の強大さと趣味のよさを誇示する巨大なアイテムである。前述したように、この庭園を、歴代のカッセル領主たちはそれぞれに手をくわえて、楽しんできた。

この庭園が位置する山林地域はもともと「ヴァイセンシュタイ

図8　ヴィルヘルムスヘーエ城

ン」（白い岩）と呼ばれていて、現在のヴィルヘルムスヘーエ城南翼部にみられる白い岩塊がその名称の起源であった。中世には修道院があったが、その場所にモーリッツ方伯が狩猟用離宮を建てた1606年から庭園としての歴史がはじまった。

この地を丘陵庭園として最初に造成したのは、30年戦争の被害からカッセルを復興させたカール方伯である。1699年から1700年のイタリア旅行で眼にした別荘庭園の噴水やカスカーデに驚嘆したかれは、わざわざイタリアの建築家を招聘してまで、カッセルで再現しようとしたのだった。

8角形の岩城オクタゴンや長大なカスカーデの建設は一筋縄ではいかなかったが、岩城頭頂部のピラミッド上部にヘラクレス像を設置することで、1717年に庭園造成は未完成ながらも、いちおうのひと区切りをつけた。ちなみに、ヘラクレス像はゴットルフ城の庭園（第1章シュレースヴィヒ参照）にも設置されているように、18世紀に流行した彫像モチーフであった（図11）。

1730年のカール方伯の死後、この壮大な庭園事業に手をつける後継者はしばらくいなかった。ふたたび大規模造成に乗り出すのは、7年戦争で破壊された廃墟から啓蒙主義の華やぐ都へと急発展

図9　カスカーデ

させた名君フリードリヒ2世である。

フリードリヒ2世は、幾何学模様に彩られたバロック庭園にくわえて、自然の風景を意識させる当時流行のイギリス式庭園を中心に、古代神話や啓蒙主義の理念をモチーフにしたさまざまな施設を城の周囲に造成している。とりわけ、この啓蒙専制君主が愛好する中国趣味でつくられた村「ムーラン」は、現在もこの庭園の特色のひとつである（図12）。

そして、ヴィルヘルム9世（のちのヘッセン選帝侯ヴィルヘルム1世）がこの庭園のさらなる拡張と新しい城の建築をおこない、以後はヴィルヘルムスヘーエの名をもって、庭園と城が呼ばれるようになったのは、前述のとおりである。このときに新規に造成された新ゴシック様式の城「レーヴェンブルク」は、かれの愛人の住居として知られる。かれの後継者たちも、ヴィルヘルムスヘーエ庭園に手をくわえていくのだが、現在の庭園の原型は、ヴィルヘルム9世の造成に由来しているといえよう。

ヴィルヘルムスヘーエ庭園とその城は、ヴェストファーレン王国時代には、ナポレオンの弟ジェロームの居城であったし、ヘッセン＝カッセルのプロイセン併合後には、ドイツ皇帝の所有となり、夏

図10　ヴィルヘルムスヘーエ城の噴水

図11　オクタゴン（修復中）の登頂部にヘラクレス像が建っている

には皇帝一家が離宮として滞在した。そうした歴史的事実が、世界文化遺産に指定された庭園の高い完成度を如実に物語っている。

「木の百科文庫」とは

ヴィルヘルムスヘーエ庭園が、カッセルを領していた君主たちによるマクロ的サイズの啓蒙主義の成果であるのに対して、「木の百科文庫」は、等身大サイズの啓蒙主義的な知の結晶といえるだろう（図13）。本章の目玉として言及したいのは、この「ホルツビブリオテーク」（Holzbibliothek）といわれる樹木のコレクションである。日本語に訳すと、「木の百科文庫」となるだろうか。

ちなみに、「ホルツビブリオテーク」というドイツ語の同義語には「クシロテーク」（Xylothek）という語が存在する。「本のかたちで制作された標本および描写によるさまざまな樹木のコレクション」（ドゥーデン・ドイツ語辞典）という意味だが、参考文献をひもとくかぎり、ふたつの語の使用法に区別はないようである。本章では便宜的に「ホルツビブリオテーク」の訳語としての「木の百科文庫」で統一しておく。

図版をみれば、一目瞭然なのだが、ひとことでいうと、樹木の蒐

図12　中国趣味の村「ムーラン」のパゴーダ

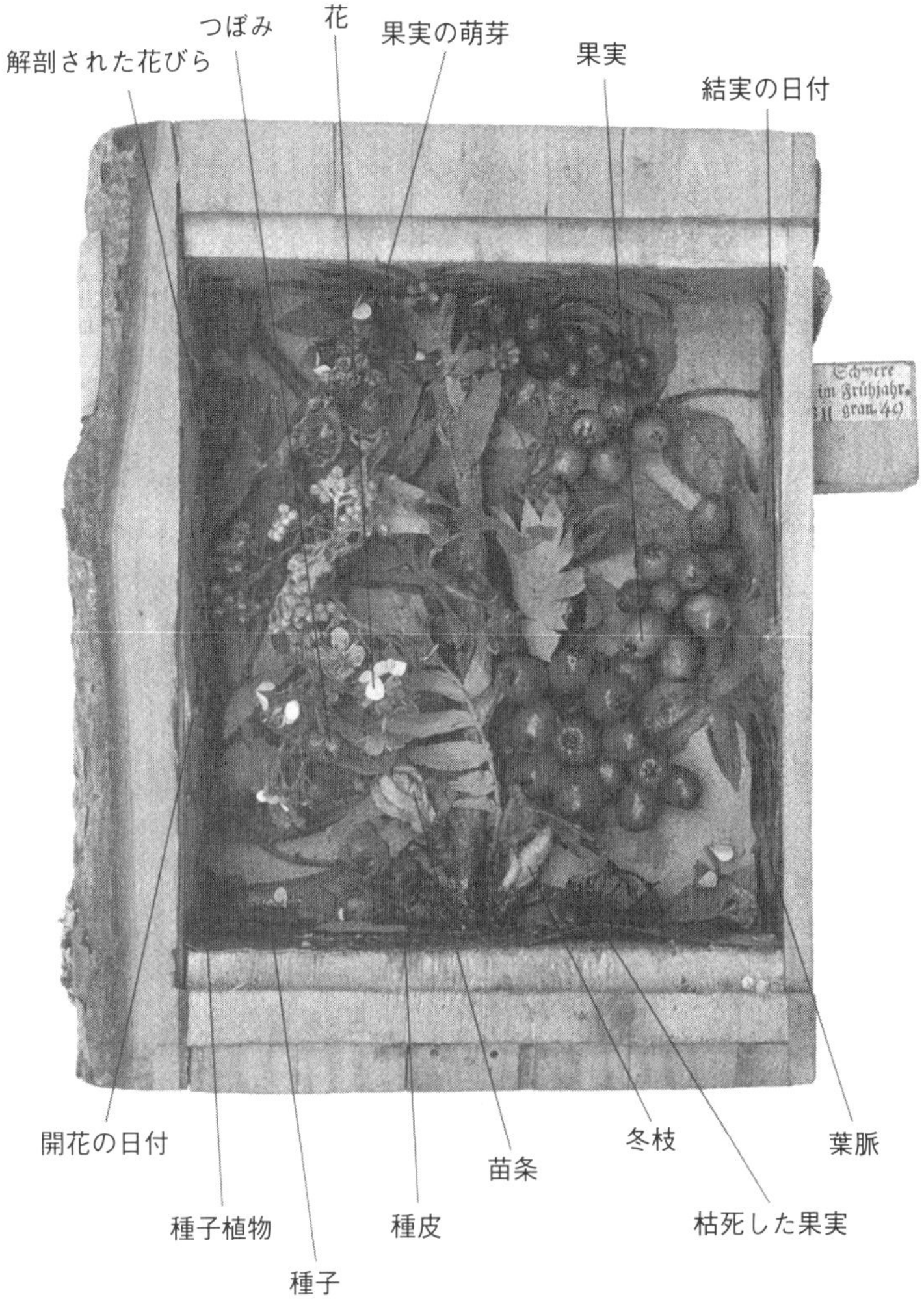
解剖された花びら
つぼみ
花
果実の萌芽
果実
結実の日付
開花の日付
種子植物
種子
種皮
苗条
冬枝
枯死した果実
葉脈

集と本のかたちをした標本が結合したものである。材木や樹皮でつくられた本で、内部には、その木になる花、果実、葉の標本を収納している。解説文のシートも蓋部分の裏にはりつけられていて、その樹木に関する当時の森林植物学の知識が文字情報で掲載されている（図14）。

「本」のかたちをしたこの奇妙な木片は、じっさいに「本」のかたちはしているものの、「本」ではない。「本」ではなくて、「木」なのである（漢字で書くと、横棒が1本あるかないかの差異で、見誤ってしまいがちだが）。もちろん、「木」の名称など最低限の文字情報はあるものの、この「本」の形状をしている対象は、それじたいが「木」の標本なのである。これによって、文字やイラストなどの文字や図版といった2次元の情報からではなく、その樹木の密度や重量、樹皮の質感を触れて、体験することができるのだ。現実の「木」の標本そのものによって、対象の知識を経験的に知ることが可能なのである。

ただの「木片でつくられた本」という外観の「木の百科文庫」は、単純でありながら、じつは周到に、百科事典、博物標本を結合するという斬新なコンセプトをもっている。すなわち、ワンセットでよ

図13「木の百科文庫」

うやく体をなすという、この奇妙なコレクションは展示物でありながら、「本」なのだ。「本」でありながら、その内部には果実や葉などの標本を収納するケースでもある。樹木の触感や重量の差異も直接に触れることで体験できるという複合的なコンセプトでもある。

この「木の百科文庫」は、視覚教育用教材としてばかりではなく、美術展示物としても重用された。修道院、王族、貴族、教養市民階層たちが所蔵していた自然標本陳列室の一種で、とりわけ18世紀から19世紀初頭まではヨーロッパ全土で流行していた博物学コレクションであった。

もちろん、植物標本そのものは中世から制作されてきたが、樹木の蒐集は18世紀になってようやく、自然標本陳列室《ナチュラル・キャビネット》の一環として、「樹木標本」という名目でおこなわれるようになった。当初は純粋な蒐集対象物であったが、博物学者カール・フォン・リンネの分類学と啓蒙主義隆盛の影響でいっそうの体系化が進んだ。現代となっては、当時の森林の実態を再現した記録にして貴重な標本でもある。森林全体を構成する樹木・草木類をそれぞれ個別に認識、分類しながらも、樹木と植物を全体として考える理念から、18世紀の「木の百科文庫」が誕生したといえよう。

図14 「木の百科文庫」の内部

カッセルの「木の百科文庫」の特徴

「オットネウム」と呼ばれるカッセル自然史博物館には、現在でも530種の「木の百科文庫」が保存されている。このコレクションを制作したのは、カール・シルトバッハ（1730?―1817）である。1780年には制作が開始されていたらしい。かれの「木の百科文庫」は緻密な細工で知られているので、その特徴について記しておきたい。

ケース状になっている「本」の中身は、その樹木の生命周期がわかるように、葉、つぼみ、花、果実がそれぞれ有機的な時間の連関で結合しながら、保存加工された標本で再現されている。つまり、葉が育ち、つぼみが芽生え、花が咲き、その花が果実を結ぶという過程が、「木の百科文庫」のケース内部にすべて表現されている。しかも、それらはイラストではなく、標本で再現されているのは、驚嘆すべき技術である。

シルトバッハの「木の百科文庫」は、樹木の成長過程を描きつつも、そのケース内に全過程の状態を詰めこんでいるために、現代のマンガにあるようなコマ割りによるストーリー進行のごとく、わかりやすく時系列的に表現されてはいない。しかしながら、ひとつの樹木の成長段階すべてを、1片の「木」で視覚、触覚、ときには嗅覚の駆使によって知覚的に学ぶという体験教育を可能にしているのである。たとえば、ドイツ東部の都市ハレの神学者で教育者であったアウグスト・ヘルマン・フランケも、その孤児たちの教育に作業場や仕事道具の精巧なミニチュアをみせることで、さまざまな職業を教えていたのだが、それと同様のコンセプトといえるだろう（第5章ハレ参照）。

森林学者カール・シルトバッハ

シルトバッハの来歴についてはわずかしか知られていない。１７３０年ごろ、ザクセン地方で生まれて、１８１７年７月末にカッセルで87歳のときに亡くなっている。「退職選帝侯国経済局長」という肩書であった。ゴータの芸術家一家シルバッハ（シルトバッハ）の後裔であるとも伝わっており、史料では証明されていないが、クリスティアン・フリードリヒ・ハインリヒ・シルバッハの血縁であるという可能性がないわけではない。シルバッハの鳥類図は、博物学者ヨーハン・マテーウス・ベヒシュタインが同時期に出版した『博物誌』に使用されているからである。ところが、シルバッハはテューリンゲン地方のアルテンブルクの宮廷画家として活動しており、出身もロンネブルクであるために、これも蓋然性は低そうである。

ともあれ、１７７１年、41歳であったカール・シルトバッハは、カッセル方伯フリードリヒ２世に雇用された。最初は動物園監視役であったが、１７７３年から動物園管理人へと昇格し、カールスアウエの方伯動物園の世話をするようになった。

シルトバッハにとって、カッセルは、自然標本陳列室の施設を実現するのに最適な場所であった。ヘッセン地方特有の自然事象、鉱物学や動植物相を、歴史もふくめて、できるだけ完全に記録するという遠大な計画を構想していた。

出費のかさむ動物園が１７８６年に廃止されると、シルトバッハは、グート・ヴァイセンシュタイン（かつての修道院所領で、庭園つきの離宮、１７９８年にヴィルヘルムスヘーエとなる）の管理人、のちに運営支配人となって、中国趣味で造成された「ムーラン」に移住した。1794年にはアンネ・マルガレーテ・シュトリニングスと結婚している。

68歳のとき、病みがちであったかれは引退を決意した。そのさいに、これまで精力的に蒐集してきた自然物・工芸品コレクションを売ることで、経済的なたつきとしようと考えた。1798年に、シルトバッハは自分のコレクションを方伯ヴィルヘルム9世に買ってくれるよう、打診している。それと引き換えに、これまでの恩給をあきらめて、毎年100ピストール（約860万円）を保証してくれることを願い出た。

しかし驚嘆すべきは、この人物が蒐集していた自然標本の総数は2000種をはるかに超えていたことだ。450種を誇る樹木コレクション「木の百科文庫」も、かれの蒐集物全体の一部でしかなかったのである。シルトバッハ自身による明細リストによれば、かれの自然標本コレクションは、動物界、植物界、鉱物界、人工物という4領域に分類される。

自然標本コレクションの領域で現在残っているのは、「木の百科文庫」だけである。シルトバッハは自身のコレクションを8447ターラー18アルブス8ヘラー（約1220万円）と評価したが、450種の「木の百科文庫」という1品目のみで4218ターラー24アルブスと見積もっており、総額の半分に匹敵した。史料から推定すると、「木の百科文庫」だけが方伯陳列室関係者の興味を惹いたようであった。結局のところ、コレクション全部の評価を考慮したあと、毎年450ターラー（約65万円）が年金として支払われることが決定した。シルトバッハは1799年から450ターラーの年金を受給することになり、1817年に亡くなるまで恩寵に浴したので、総額7200ターラー（約1

040万円）もらったことになる。

こうして、方伯陳列室にくわわったシルトバッハの自然標本コレクションは、それまでのカッセルの君主たちの蒐集物とともに、図書館フリーデリチアヌムで一般公開された。このことは、ドイツで最初に市民たちに公開された博物館事業として、カッセルが誇る歴史であるといえるだろう。

ヴィルヘルムスヘーエ周辺の方伯領の叢林やカールスアウエの植物園から、シルトバッハは「木の百科文庫」の素材を蒐集したわけだが、18世紀末期の啓蒙化が進んだカッセルが、シルトバッハの個人コレクションに寄与したのは、自然標本の素材だけではない。当時のカッセルには名だたる知識人がつどっていたことも、忘れてはならない。

かれに予備知識を提供し、援助したと思しき人物としては、ふたりの名が考えられる。ひとりは植物学教授クリストフ・ハインリヒ・ベッティガーで、1777年にカールスアウエの立ち木について詳細な叙述を残している。もうひとりは、フォルスター退職後に方伯自然標本陳列室の管理を引き継いだコンラート・メンヒである。ヴィルヘルムスヘーエ丘陵に自生する草木リスト作成で知られており、シルトバッハの樹木リストをメンヒのものと比較すると、広範な一致がみられるからである。

さらに、解剖学者ゼメリングや博物学者フォルスターらも助力をおしまなかった。シルトバッハがコレギウム・カロリヌムで動物の標本を作製するときには、ゼメリングが手伝った。フォルスターの1779年9月6日付のゼメリング宛書簡にシルトバッハの名前があがっていることからも、フォルスターとも個人的面識があって、その影響を受けていた跡がみられる。〈成長と死〉という自然のダイナミズムは、フォルスターが自然全体を考察するさいのテーゼであるが、それは、樹木の成長いっさいを再現しようとした「木の百科文庫」にもみることができよう。

シルトバッハは生前、すでに同時代の学者や知識人から評価されていた。かれらはカッセルにシルトバッハをたずねると、いくばくかの見学料を支払って、その自然標本陳列室を鑑賞させてもらうのがつねであった。リンネと双璧をなすフランスの博物学者ビュフォンは、シルトバッハをパリに招聘しようとしたし、ロシアの女帝エカテリーナ2世は、「木の百科文庫」を2000ゴールドターラー（約2888万円）で買いつけようとした。物理学者で文筆家ゲオルク・クリストフ・リヒテンベルクの4歳上の兄で、ゴータ宮廷で秘書をしていたルートヴィヒ・クリスティアン・リヒテンベルクの編集する『物理学最新ニュースマガジン』誌上でも、シルトバッハとその自然標本陳列室が紹介されたりと、カッセルの名士として知られていたのである。

ところで、なぜシルトバッハや同時代人が樹木にこれほどの関心を抱いていたのかについては、現代ではわかりにくいかもしれない。もちろん、自然と人間の結びつきや関係を解明しようとつとめる時代であったこともあげられるが、その一方で18世紀末から19世紀初頭という1800年前後のヨーロッパの生活事情を知る必要がある。

いわゆるアンシャン・レジーム期には生活水準が向上し、生活の快適さが高く評価されるようになった。たとえば、暖かい部屋、温かい飲み物といったものに対する嗜好が高まってくると、新しいタイプの家具や食器が発展することになる。その結果、新規のマニュファクチュア（工場制手工業所）が台頭し、木材や木炭の需要が高まるのであって、木材は建築材、家具材、燃料としては貴重で高価になったのである。

不足がちの原料としての木材は需要な経済活動の要因となる。それゆえ、木材資源を確保するために、成長の早い新種の外国産樹木をドイツの森で栽培しようとする経済活動が盛んになった。ここにいたって、森林学者や林務官といった専門家は、教育的な啓蒙活動に従事することになる。

そのため、農耕の改良を推進する学会である「農業学会」が、農業、産業、商業、手工業の活発な振興を目的として1773年に設立された。

しかし、シルトバッハは貴族ではなかったために、この学会には入会できなかった。それでも、フォルスターがかれに知識の教示を求めたほどに、シルトバッハがこの領域についての知識を多く所有しており、情報を提供したことが現代では知られている。

「木の百科文庫」のヴァリエーション

現在でも、西欧各地の博物館で数種の「木の百科文庫」が保管、展示されているが、ドイツ国内で知られているのは、カッセルのオットネウム所蔵のほかには、ゲルリッツ文化史博物館（Das Kulturhistorische Museum Görlitz）とバイエルンのカンディート・フーバー制作のものがあげられる。

ゲルリッツ文化史博物館には、2種類の木の百科文庫が所蔵されている（図15）。この2種はそれぞれ、貴族にして自然研究者であったアドルフ・トラウゴット・フォン・ゲルスドルフ（1744－1807）に起因するものである（第7章ゲルリッツ参照）。

ひとつは、ツヴィカウのラテン語学校長クリスティアン・クローディウス（1694－1778）が制作したものである。樹木の専門家クローディウスであるが、1000種もの樹木のコレクションを所有していた。この一部をザクセン選帝侯フリードリヒ・アウグスト1世が買い取っているが、ゲルスドルフもおなじく、1769年のエルツ山地調査旅行のさいに、クローディウスから入手した。元来は100種のコレクションであったが、現在は80種類が伝えられている。

もう1種の「木の百科文庫」は、ゲルスドルフがエアフルトの専門家ヨーハン・バルトロメウス・ベラーマン（1765―1833）から購入したとされているタイプである。現在は「ベラーマンの木の百科文庫」と呼ばれており、ぜんぶで60種が残っている。

ゲルリッツの文化史博物館が所蔵するこれら2種の「木の百科文庫」は、同時代のものと比較すると、非常に簡素なものである。というのも、クローディウス制作の「木の百科文庫」は、約50×100×5ミリの統一フォーマットでカッティングされており、背表紙の面が樹皮部分になるように設定されているといったぐあいである。この背表紙に紙がはられて、カール・フォン・リンネ由来の命名法にもとづく樹木名称が記入されている（ベラーマンのほうは、ドイツ語とラテン語の名称が手書き）。

ちなみに、同時代的には、「木の百科文庫」はそれほど独創的ではないようだ。フランスの『百科全書』、『ツェードラー百科事典』などの流行と、知識を蒐集し、それを実践して普及させて、社会を

図15　ゲルリッツの「木の百科文庫」の1種

よりよくしようとする啓蒙主義の思想が時代背景にあるのにくわえて、前述のように、木材の需要と有用性が高かった時代であったことに起因する。

バイエルンはエーバースブルクのベネディクト会修道士、カンディート・フーバー（1747―1813）が「木の百科文庫」の予約注文の広告を世に出したのが1791年であるが、それよりも以前に、シルトバッハは「木の百科文庫」の試作品を公示していた。

フーバーの「木の百科文庫」は、シルトバッハのものとフォーマットが異なる。フーバーによる「エーバースベルクの木の百科文庫」は、10ツォル（約25センチ）から4ツォル（約10センチ）まで7段階の大きさがあり、同時代の森林学者フリードリヒ・アウグスト・ルートヴィヒ・フォン・ブルクスドルフの『森林ハンドブック』（1788および96）の影響を強く受けている（図16）。自然標本陳列室の本棚に配架可能にするために、一般の「本」とおなじ大きさの標本ケースとして「本」の形状をしているのであって、標本ではあっても、やはりイメージ的には「教科書」として考えられているゆえであろう。

フーバーもまた、樹木を素材に、そのまま「本」のかたちで収納

図16 カンディート・フーバー制作の「エーバースブルクの木の百科文庫」

ケースとなるように加工していて、開くと、内部には乾燥させた植物を観察できるようになっている。フーバーもまた、樹木の収集と標本を結合させる発想をもっていたのである。

ニュルンベルクのベシュテルマイヤー商会も、1798年に80種の「ドイツの木の百科文庫」(Deutsche Holz-Bibliothek)を売りに出した(図17)。これもまたシルトバッハの発想にもとづいた「木の本」という形式を踏襲しており、「博物学と実践的林学を非常に熟知したひとりの男性によって制作された」とうたっている。

周辺史料から察するに、制作者はカール・フォン・ヒンターラング、フリードリヒ・アレクサンダー・フォン・シュルームバッハ、ヨーハン・ゴラー、リュス森林監査官の4人と目されている。かれらによって制作されたシリーズはすべてが、約19・4×12・8センチという同一のサイズと厚さで規格統一されていた。

シルトバッハの「木の百科文庫」と、後者2種との構造上の差異は明白である。シルトバッハのものは、蓋をスライドさせて、内部をみるというスライド式であるが、後者のものは中割れ式で、蓋はなく、本を開くように展開することで、内部は左右に分割されている(図18)。

図17 ニュルンベルクのベシュテルマイヤー商会の「木の百科文庫」

標本と木材見本を結合させたのが、「木の百科文庫」のスタイルであるが、それは植物学の領域において、樹木蒐集の過程で誕生した〈発明〉である。その過程で、乾燥させた植物標本、多種多様なサイズの木材の小板、本の形状をした木製ケースといったヴァリエーションが生み出された。シルトバッハのスライド式ケースと、ベシュテルマイヤー商会の中割れ式ケースというタイプの差異はあるものの、シリーズ一式もので制作されたワンオフモデルである点は同様だ。ここで紹介したほかにも、この時代には、さまざまな制作者の手による「木の百科文庫」が、ヨーロッパにもっと数多く存在していたのである。

「木の百科文庫」の時代的意義を考えるとすれば、シルトバッハの時代においては、樹木は「エコノミー」(経済)のテーマであったのだが、現代では「エコロジー」(生態学)のテーマになったといえるだろうか。

啓蒙主義と百科事典の時代

現在、一般的に「啓蒙」というと、たいていはイマヌエル・カントの『啓蒙とは何か』(1784)という小論がまずとりあげられる。「啓蒙とは人間がみずから招いた未成年状態を脱することで

図18　中割れ式のベシュテルマイヤー商会「木の百科文庫」

ある。未成年状態とは、他者に導かれることなく自分の理性を使う能力が欠如していることである。［…］。自分の理性を自分で用いる勇気をもて！というのがしたがって啓蒙主義の標語である」（三島憲一訳）と説明される。また『広辞苑』（第6版）の「啓蒙思想」の項には、「［…］人間的・自然的理性（悟性）を尊重し、［…］正しい立法と教育を通じて人間生活の進歩・改善、幸福の増進を行うことが可能であると信じ、［…］各方面にわたって旧慣を改め新秩序を建設しようとした」と記載されている。

しかしながら、18世紀には、「啓蒙」の意味そのものが確定していなかった。ドイツの諸都市には、その町を代表する知識人が在住しており、かれらはみな、「啓蒙」ということばの意味を考えていた。カントが主張する「啓蒙」の概念に対して、たとえばベルリンのユダヤ人哲学者モーゼス・メンデルスゾーン、ミュンスターの哲学者ヨーハン・ゲオルク・ハーマンは異なる意見をとなえた。

そして、同時代のカッセルは、カントの論敵でもあった博物学者フォルスター、のちに世界的権威となった解剖学者ゼメリング、「木の百科文庫」を制作した森林学者シルトバッハという知識人を擁していた。カッセルもまた独自の「啓蒙」をもち、それを実践していたのである。それゆえ、この選帝侯国にも、ドイツ啓蒙専制君主の残した誇るべき足跡をみることができよう。

こうしたドイツの啓蒙主義の成立に大きな役割をはたしたもののひとつは、フランスの『百科全書』である。ドゥニ・ディドロ（1713―84）とジャン・ダランベール（1717―83）を共編者とする『百科全書』が、「木の百科文庫」の祖型のひとつであるのはまちがいない。1751年に開始したこの出版事業が完結するまで、20年以上のあいだ、何千人もの執筆者、印刷工、植字工が寄与した。ふたつ折り版の本論部17巻、図録集11巻という圧倒的ボリュームを誇り、この同時代すでに小型版や縮約版といった再編集版も上梓されて、版を重ねていた。『百科全書』は自国フランスだけでなく、オランダ、ドイツ、イタリアでもよく売れたのである。

18世紀において、『百科全書』が知識を提供するメディアとしての百科事典という「本」に対する信仰を確立したとすれば、それを樹木の「標本」というメディアと融合させたのが「木の百科文庫」であっただろう。すなわち、「木の百科文庫」もまた、『百科全書』という本による知識の普及をめざす啓蒙主義の書籍メディアの影響で誕生したのである。

21世紀では、本というメディアの価値そのものが意義を喪失したかのような感があるが、本は電力を必要としなければ、ウィルスによるデータへの干渉もない。本を閉じても、中身のデータが消失することもない。「木の百科文庫」は、アナログメディアとしての「本」のよき性質も受け継いでいて、これを思い出す契機をあたえてくれる。

「本」という意味のドイツ語「ブーフ」(Buch)は本来、ブナ属の樹木をあらわす「ブーヘ」(Buche)が語源であるとされる。また、この語はワックスを表面に糊塗した木板プレートを意味していて、ゲルマン人にとって、ラテン語のアルファベットを書きつける最古の筆記用具でもあったという。そんな先祖ゲルマン人の遺伝子も、「木の百科文庫」誕生に作用していたのかもしれない。

(森　貴史)

▼博物学

Natural History（英）、Naturgeschichte（独）という語はそのまま訳すと、「自然史」に相当するが、これを「博物学」と訳すのが慣例である。しかし、博物学とはまさしく、「多種多様な自然の事象・事物すべての大いなる歴史」を読み解く学問であるといっても、まちがいではない。

荒俣宏『大博物学時代』（工作舎、１９８２年）のことばを借用すると、生物学、動物学、鉱物学、地質学、進化論、分類学、気象学などの無数の学問ジャンルを包括する大時代的な体系ということになるだろう。18世紀に開花し、19世紀に全盛をむかえた博物学を構成していたこれらの学問は現在、個別化と専門化が進んだ結果、それぞれが独立した専門領域となっている。

18世紀博物学の２大巨頭として知られるカール・フォン・リンネとジョルジュ＝ルイ・ルクレール・ビュフォンのみならず、当時の知識人たちは博物学をたしなんだ。たとえば、ドイツの文豪ゲーテは動植物、鉱物、地質学に関する多くの論文を残し、フランスの思想家ルソーも『植物学講義』や『植物学辞典断章』を記すほど、自然の研究に没頭していた。

そもそも、古代ローマの時代に総項目数２万の全37巻におよぶ百科全書『博物誌』を単独であらわしたプリニウスもまた、文筆家にして博物学者でありながら、軍人にして政治家でもあったことを思いめぐらせると、博物学とはすなわち、文系や理系といった区別がなかった時代の学問であって、スペシャリスト（専門家）ではなく、ジェネラリスト（万能家）の学問でもあったといえるだろう。

（森　貴史）

3. ゴータ　忘れ去られた名家の遺産

フリーデンシュタイン城博物館

「ゴータ」(Gotha) の名を聞いて、すぐにテューリンゲン地方にある都市を思い浮かべることができる日本人は少ないだろう。ドイツとは無縁な人生を送っている筆者の友人などは「ゴーダ」(Gouda) とまちがえて、「ああ、チーズで有名な……」などと答える始末だ。ちなみに、ゴーダはオランダの町で、ドイツですらない。

もっとも、ドイツ史に詳しい方なら、マルクスによって批判された社会主義労働者党（現在の社会民主党の前身）の「ゴータ綱領」(1875) で、その名を眼にしたことがあるだろう。また、ゴータは、長らく自然科学や出版業、とくに地図出版の中心地だったし、現在

図1　フリーデンシュタイン城からみたゴータ市

では保険業界最大手のゴータ生命があるので、その道の人には親しい名前かもしれない。

しかし、この章でとりあげるのは、近世以降、ゴータ市のシンボルとなってきたフリーデンシュタイン城（Schloss Friedenstein）の歴史である（**図1**）。現在は博物館としてわれわれに知識と経験を提供しているこの城では、かつて、貴族たちが日常生活を営んでいた。そして、博物館としてのこの城の歴史も、さかのぼってみれば、お殿さまたちの優雅な、あるいは息詰まるような日々にその起源がもとめられる。

「ヨーロッパ貴族の居城」と聞くと、多くの日本人は、いくつもの塔が立ち並ぶ荘厳な外観を想像し、心ときめかせることだろう。もしも、ゴータを訪れる観光客が、そうした「シンデレラ城」のようなものを想像していたならば、フリーデンシュタイン城をみたら、失望してしまう。というのは、この城を建てたエルンスト1世（1601―75）は、熱心なルター派信者として「敬虔公」と呼ばれたほどの人物で、質実剛健を美徳とするプロテスタント信者らしく、その居城も華美を避け、実用性を重んじていたからだ。したがって、城の壁面はつるりとした白壁で、城だと知らずに訪れた

図2　庭園側からみたフリーデンシュタイン城

ら、由緒あるホテルかなにかだと思うことだろう。また、城だけに、東西の端にちゃんと見張り用の塔があるのだが、居住区の上に少しだけ丸屋根が突き出たその姿にはまるで威厳がなく、むしろかわいらしいくらいである（図2）。

おそらく、「敬虔公」の時代には、内装もまたこの外観と同様に質素だったにちがいない。しかし、その後280年ちかくも公爵の居城だったことから、改装がおこなわれ、美術品が運び込まれたりしたため、現在では、数々の絵画や装飾品で飾られた絢爛豪華な内装となり、観光客の目を楽しませている（図3）。

フリーデンシュタイン城前史

ザクセン=ゴータ公国は、1640年、ザクセン=ヴァイマル家の公子だったエルンスト1世が分割相続して成立した領邦だが、そのかれが居城として建設させたのが、現在は博物館となっているフリーデンシュタイン城だ。なお、エルンスト1世は、その後、断絶したザクセン=アルテンブルク家の領土の一部を獲得したため、かれやその後継者は「ザクセン=ゴータ=アルテンブルク公」と呼ばれている。フリーデンシュタイン城の一角は、1928年以降、

図3　公爵家の生活をしのばせる豪華な内装と調度品

「歴史博物館」とよばれる郷土資料館としても利用されており、こうしたゴータの歴史を知ることができる。

「グルムバッハ紛争」

フリーデンシュタイン城がある場所には、かつて、グリメンシュタイン城（Burg Grimmenstein）が建っていた。この城がドイツ史の表舞台に登場するのは、宗教改革に端を発した戦乱期（16世紀半ば）に、プロテスタント勢の拠点となってからだ。そして、いわゆる「グルムバッハ紛争」では、この城が主戦場となった。

プロテスタント勢力の中心人物だったザクセン選帝侯ヨーハン・フリードリヒ1世（1503―54）は、神聖ローマ帝国軍とのシュマルカルデン戦争（1546―47）にやぶれ、選帝侯位を失った。そして、このことは、その息子で、グリメンシュタイン城主になったヨーハン・フリードリヒ2世（1529―95）に、父が失った地位と領土を奪回するという分不相応な野心を抱かせることになる。

かれとその取り巻きが引き起こした紛争は、「グルムバッハ紛争」と呼ばれている。その名のとおり、紛争の発端となったのは、ヴィルヘルム・フォン・グルムバッハ（1503―67）で、この人物は、1563年に当時すでに帝国内で禁じられていた領土をめぐる私闘によってヴュルツブルク司教を殺害し、お尋ね者となっていた。

グルムバッハと同様に、領土的野心に駆られたヨーハン・フリードリヒ2世は、このお尋ね者の甘言にのせられ、自らの野望を武力によって実現しようと決意する。ときの神聖ローマ皇帝マクシミリアン2世（1527―76）は、1566年、この不遜な男に対しても帝国外への追放を命じた。ここで頭を冷やして現実をみすえ、皇帝に泣きを入れておけば、その後のグリメンシュタイン城の運命は180度異なったものになっていただろう。しかし、野望に目がくらみ、グルムバッハを盲信していたその城主は、自らの勝利を信じて徹底抗戦のかまえをみせた（図4）。

このとき、お尋ね者となった領主に従う兵は少なく、籠城軍は4000人にも満たないというありさま。一方、ゴータに押しよせた侵攻軍は歩騎1万4000で、戦力の差は明らかだった。帝国各地から集まった諸侯をひきつれて侵攻してきたのは、ザクセン選帝侯アウグスト（1526―86）で、おなじくプロテスタントであるヨーハン・フリードリヒ1世から選帝侯位を奪い、「マイセンのユダ」（イエスを裏切った「イスカリオテのユダ」にかけている）というありがたくないあだ名をもらったモーリッツ（1521―53）の弟にあたる。ヨーハン・フリードリヒ2世はモーリッツの死後にその未亡人と結婚しているから、かれにとってアウグストは妻の元夫の弟であり、また、かれの祖父とアウグストの父が従兄弟同士ということになる。なんとも複雑な関係だ。

図4　要塞化されたグリメンシュタイン城の模型

籠城戦は、1566年末に開始される。ヨーハン・フリードリヒ2世は、籠城戦にそなえ、市民を動員して居城を高度に要塞化していた。そして、自身の野望は棚上げして、兵士やゴータ市民にプロテスタントの信仰を守るための戦いだと訴えかけ、防衛戦の指揮をとった。グリメンシュタイン城は、信仰心のおかげか、その後、数ヵ月にわたって持ちこたえたが、包囲軍によって連日つづけられた砲撃によって非戦闘員にも大きな被害が出たことや、食料の不足や衛生面の悪化などから、しだいに市民や兵士のあいだで開城を求める声が高まっていった。

翌年3月末、ついに籠城軍の一部の兵士が反乱を起こし、宰相クリスティアン・ブリュック(1516?―67)を人質にとって降伏を要求した。このブリュックは、ルターの肖像画などで著名な画家ルーカス・クラナッハ(父)の義理の息子であり、また、ゲーテの母方の先祖にもあたる。

なお、かれについては、ゴータにこんな伝説が残っている。籠城時、ブリュックがカボチャでボール遊びのようなことをしていると、そのカボチャが4つに割れてしまった。これは「悪い予兆」であり、その数週間後に城は落ち、ブリュックはお尋ね者グルムバッ

図5、6 市庁舎とハウプトマルクト広場

ハを匿った罪で「四つ裂きの刑」にされた……。

この伝説の真相はともかく、宰相が人質になるような事態にいたっては、もはや防衛戦などつづけられるはずもない。ヨーハン・フリードリヒ2世は、4月上旬、失意のうちに開城した。ブリュックは、グルムバッハとともに、4月18日にマルクト広場（現ハウプトマルクト広場）で（予兆どおりに？）残酷な「四つ裂きの刑」に処せられた（図5、6）。また、ヨーハン・フリードリヒ2世は捕虜となり、29年もの虜囚生活のあと、一度も自由になることなく死んだ。

紛争地から平和の礎石へ

シュマルカルデン戦争以来、反カトリックの拠点となりつづけたグリメンシュタイン城は徹底的に破壊され、廃城となった。皮肉にも、城の爆破に使われたのは、ヨーハン・フリードリヒ2世が徹底抗戦のために蓄えておいた火薬だった。

しかし、この地は、どうあってもルター派の拠点になる運命にあったようだ。廃城から約70年後の1640年、30年戦争のさなかにゴータの主となった「敬虔公」エルンスト1世は、グリメンシュタイン城趾にみずからの居城を建てさせた。ちなみに、かれにとっ

てヨーハン・フリードリヒ2世は、大伯父にあたる。

のちに、教育制度改革で名をなすエルンスト1世だが、「北方の獅子」と呼ばれたスウェーデン王グスタフ・アドルフ配下の将として、カトリック勢力と戦った武人でもあった。たとえば、グスタフ・アドルフが戦死した名高いリュッツェンの戦い（1632）では、弟のベルンハルトを補佐して、敵将ヴァレンシュタインの反撃にあって崩壊しかけたプロテスタント勢の戦線維持につとめ、勝利に貢献している。このとき、パッペンハイムが、煙霧のなかからヴァレンシュタインの加勢にあらわれ、果敢な騎兵突撃によってプロテスタント側を窮地に追いやったが、かれは5度目の突撃で致命傷を負い、カトリック勢の反攻は頓挫した。この猛将を馬上から撃ち落したのが、まさにエルンスト1世の隊だったという（図7、8）。

ゴータの領主となったさいのエルンスト1世の様子を、歴史家ガレッティは、以下のように描写している。「領主となったかれは、戦争による極度の騒乱と困難に伴われてゴータにやってきた。町や村は、すでに灰になっているか、戦争や飢え、ペストなどで住民が逃げ去っていた」（『ゴータ公国史』）。このとき、かれは、このドイツ

図7、8 「敬虔公」エルンスト1世の彫像と30年戦争時代の武具

史上最大級の戦乱の時代に、新たに建てた城から平和を発信しようと決意していた。この城は、「フリーデンシュタイン」、すなわち「平和の礎石」と名づけられた。

1643年から始まった築城は、じつに11年の歳月と約6万6000グルデンの費用を要した。エルンスト1世は、その間、平和をもたらすためにカトリック側との交渉に尽力し、30年戦争を終結させたヴェストファーレン条約（1648）の締結に貢献している。

完成したこの城は、30年戦争期にドイツ語圏に建てられた城としては、最大級の規模をほこる。当時は要塞としての機能も備えていたため、城の周囲には堀などがもうけられていたが、現在では庭園に変わっている。しかし、初期バロック様式で建てられたフリーデンシュタイン城そのものの外観は、そのときから現在まで、ほとんど変わっていない。そして、この城は、その後、ゴータ公の居城として、テューリンゲンにおいて重要な地位を占めつづけた。

ゴータ公と「巨人」たち

「敬虔公」エルンスト1世を嚆矢《こうし》として、歴代の公爵に学芸を好んだ者が多かったことから、ゴータは、学問と芸術の町としての地位を確立していく。なかでも、1772年に公位を継いだエルンスト2世（1745―1804）は、啓蒙専制君主として著名である。

最後の2人のザクセン＝ゴータ＝アルテンブルク公はどちらも、このエルンスト2世の息子だ。城博物館を訪れた人なら誰でも、とりわけ、兄のアウグスト（1772―1822）が、この城にとって重要な役割を演じたことを感受するにちがいない。それほど、いたるところにかれのコレクションや肖像画、彫像が展示してあるのだ。

学問と芸術の庇護者エルンスト2世

エルンスト2世は、学校制度改革や産業の振興に成果をあげた実務家だったが、その一方では、文学や美術の愛好家でもあった。また、アマチュア科学者としての顔ももっていて、自然科学、なかでも天文学に強い関心を抱いていた。かれは、小惑星の観測で後世に名を残す天文学者フランツ・フォン・ツァハ（1754―1832）をゴータに呼び寄せると、ゴータ郊外のゼーベルクに近代的な天文台を建設させた（1791）。

エルンスト2世は、この建設に5万6000ターラー（約8086万円）もの私財を投じ、また遺言状でも天文台の存続を命じるといった熱の入れようだった。かれ自身の研究テーマは太陽の観測で、その成果はツァハによって紹介された。スポンサーである公爵の熱意にこたえて、この天文台はその後、ヨーロッパにおける天文観測の一大中心地になり、1798年には、最初のヨーロッパ天文学者会議がここで開催された。この天文台は、1856年に経済的な理由から閉鎖されてしまったが、歴史博物館で模型をみることができる（図9）。

図9　天文台の模型、エルンスト2世（左）とツァハ（右）の肖像画

また、芸術家の庇護者だったエルンスト2世は、4つ年下で、隣国ザクセン＝ヴァイマル公国の宰相だったゲーテと親交があったことでも知られている。ゲーテも自然科学の研究者だったから、両者は話題に困らなかったことだろう。現在、城博物館には、ドイツを代表する文豪ゲーテとシラーの肖像画がかかげられた部屋があり、「作家の間」と呼ばれている。ゲーテとゴータ公とのつながりを示す一室である（図10）。

「エックホフ劇場」

ゲーテのほかにも、エルンスト2世とゆかりのある学者や芸術家は多い。たとえば、のちに「ドイツ演劇芸術の父」と呼ばれるコンラート・エックホフ（1720―78）をゴータに招いたのは、このエルンスト2世である。すでに名優として知られていたエックホフは、1775年に専属の宮廷劇団が組織されると、その監督をつとめ、リアリティを重視したかれの演出方法は、ドイツ演劇界に大きな影響を与えた。かれの功績をたたえて、フリーデンシュタイン城内にある宮廷劇場は、現在では「エックホフ劇場」と呼ばれている。

図10　「作家の間」

この劇場の歴史は古く、「敬虔公」エルンスト1世の後を継いだフリードリヒ1世（1646―91）の命によって、1681年に着工した。1683年から数々の演劇を上演してきたこの劇場は、なんと今でも現役で、毎年夏のエックホフ・フェスティバルのさいには、バロック時代から使用されてきた舞台装置が稼働するさまを体験することができる（図11）。

ちなみに、後述する名物教師ガレッティの両親は歌手で、1749年以降、ふたりともこの宮廷劇場で美声を披露していた。エックホフがゴータで活動していたころは、ガレッティはまだ大学を出ての若者で、地方貴族の家庭教師をしていたため、エックホフが演出した舞台を観劇できたかどうかは不明である。いずれにしても、のちに、ゴータのギムナジウム教師になったかれは、この劇場の常連客になった。

ナポレオンと2人のゴータ公

エルンスト2世の息子アウグストは、「極めて進歩的な思想」の持ち主だった。かれが父の跡を継いで公爵になったのは1804年で、フランス皇帝となったナポレオン1世が、まさに全ヨーロッパ

図11「エックホフ劇場」

を席巻しつつあった時期である。同時代の領主たちがフランス軍を打倒することにやっきになっているにもかかわらず、かれはフランス革命の精神に心酔しており、熱狂的にナポレオンを支持した。なみいる列強諸国を屈服させ、ヨーロッパの支配者となったナポレオン自身も、この小領主に親しみを感じていたようで、何度もゴータにアウグストを訪ねている（図12、13）。

ナポレオンといえば、ダヴィッドの『アルプスを越えるナポレオン』（1801）などでも描かれているように、なんといっても二角帽子（ビコーン）をかぶった姿で有名だが、世界中で6つしかないかれ愛用の二角帽子のひとつが、城博物館に展示されている。これなども、フランス皇帝とゴータ公との親しさの証拠といえるだろう。この帽子は、ティルジットの和約（1807）が締結されたあと、ナポレオンと数時間会談したさいに、アウグストが頼みこんでもらったものだという（図14）。ちなみに、このとき、手袋とブーツも一緒にもらったそうだ。ナポレオンを太陽として崇めていたアウグストの熱が伝わってくるエピソードだ。

また、ナポレオンの来訪にそなえて改装された「ナポレオンの間」では、アウグスト自らが設計したという美しい内装を堪能する

図12、13 アウグストの肖像画と彼の肖像が描かれた陶器

ことができる。もっとも、この部屋に皇帝が泊まったというのは俗説で、ナポレオンはゴータを来訪したさいにはいつも市内のホテルに泊まっており、そもそもフリーデンシュタイン城に入ったことじたい、たった一度しかない（図15）。

アウグストは、建築だけでなく、書籍と美術品の蒐集にも金を惜しまず、フリーデンシュタイン城に収められたコレクションは、かれの代には何倍にも増大した。とりわけ、かれの中国美術にかんするコレクションは有名で、19世紀のヨーロッパにおけるもっとも重要な中国美術コレクションだった。これらは、アウグストの私財で集められたもので、かれの死後、約53万ターラー（約7653万円）もの借金が残されたという（図16）。

仇敵ナポレオンを支持したことで同時代のドイツ人からは憎まれたが、アウグストはゴータの学問や芸術の世界だけでなく、行政改革にも功績を残した。しかし、娘をひとりもうけたものの、跡継ぎがいないまま、この世を去ってしまう。子宝にめぐまれなかったのは、ひょっとすると、かれが同性愛者だったことに理由があるのかもしれない。かれの性的趣味は、公然の秘密だった。

かれは、乗馬や狩猟を毛嫌いし、優雅に踊ることを好み、それど

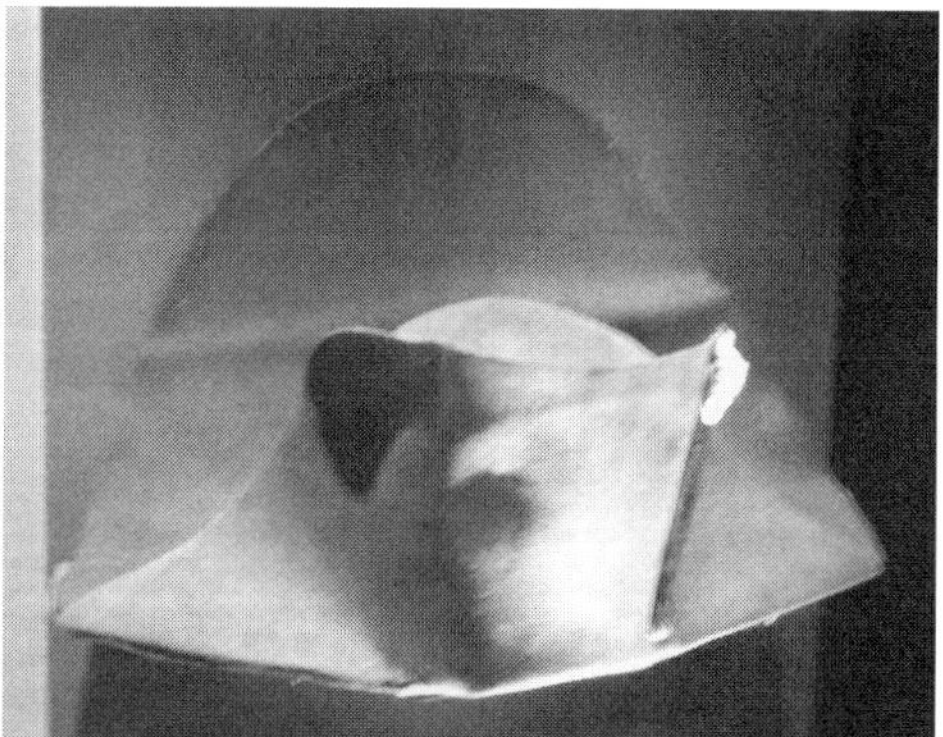

図14　ナポレオンの帽子

ころか、古代ギリシアの女性に扮装するのが趣味だったという。そのため、かなりの変人とみなされており、1857年には、その変人ぶりを描いた伝記が人気雑誌『ガルテンラウベ』に連載された。エルンスト2世とは親しかったゲーテも、その息子アウグストを毛嫌いしていた。気にくわない人物であれば、誰でも公衆の面前で罵倒するというアウグストの悪癖に耐えられなかったらしい。

一方、最後の公爵フリードリヒ4世（1774―1825）は、ナポレオン信者だった兄とは対照的に、オランダ軍の大佐としてナポレオン軍と戦った。かれの率いる連隊は勇敢に戦ったものの、各地でフランス軍に敗北し、1793年にはかれ自身が頭部に重傷を負ってしまう。フリードリヒ4世は、生涯この戦傷に苦しめられ、人生の大半を湯治場で過ごした。また、フランス革命に共鳴していた兄とは異なり、転地療法のためにカトリックの総本山であるローマで暮らすことの多かったかれは、フランス革命が打倒しようとした「古い体制」であるカトリック教会に深い感銘を受け、歴代のゴータ＝アルテンブルク公のなかでは唯一カトリックに改宗している。

この兄弟の共通点は、美術品の蒐集に熱心だったことで、フリードリヒ4世も、イタリア滞在時にエジプトやオリエント世界の美術

図15　ナポレオンの間

品や発掘品を買い集め、フリーデンシュタイン城の宝物庫を豊かにした。

城博物館にとってのフリードリヒ4世の功績は、ただ蒐集品が多かったというだけではない。フリーデンシュタイン城では、17世紀以降、選抜された希望者には公爵家のコレクションが公開されていたが、フリードリヒ4世は1824年に絵画コレクション公開のために大規模なギャラリーを造らせている。このころから、フリーデンシュタイン城は「収蔵品を展示し公開する場所」として機能していた。つまり、フリードリヒ4世は城博物館の遠い始祖ということになる。

クンストカンマー

歴代のゴータ公が集めた美術品の数々は、現在では、城博物館のクンストカンマーに陳列されているが(図17)、そのなかでも有名なのが「ゾウ」の像だ(ダジャレのようで気恥ずかしいが、いたしかたない)。金銀をはじめとする各種の貴金属で制作されたこの小さな「ゾウ」は、18世紀初頭にドレスデンの宮廷細工師の工房でつくられた同型の像のうちの1体である。

図16　中国美術コレクションの一部

目録によると、エルンスト1世の孫にあたるフリードリヒ2世（1676―1732）の誕生日プレゼントとして、夫人のマグダレーナ・アウグスタから贈られたものなのだそうだ。フリードリヒ2世は（同名のプロイセンの大王とはちがって）愛妻家だったそうで、妻の名前をつけたマグダレーナ女子修道院を建ててもいる。愛する妻から贈られた、豪華ながらもどこか愛らしいこの「ゾウ」は、かれにとってとくに大切な宝物になったことだろう（図18）。

ちなみに、ほかの動物ではなく、ゾウがプレゼントとして選ばれたのは、フリードリヒ2世とその父フリードリヒ1世が、デンマーク王家から伝統ある「象勲章」を授与されていたからである。1462年に創設されたこの勲章のシンボルに、ゾウという北ヨーロッパではなじみのない動物が選ばれたのは、十字軍に参加した騎士がゾウを仕留めたという逸話に由来し、またゾウが英知の象徴でもあったからだといわれている。2人とも、この勲章のことを大いに誇りにしており、宮殿に多くの「ゾウ」を飾らせた。つまり、マグダレーナは、このプレゼントによって、夫の自尊心もくすぐったというわけだ。

城博物館では、ゾウ以外にも、金銀でつくられたウサギやニワト

図17　城博物館における美術品コレクションの展示例

図18 「ゾウ」の像

りの形をした杯など、さまざまな動物をかたどった美術品をみることができる。というのも、近世の貴族たちは一般に、「芸術」と「自然」が融合した美術品をとくに高く評価していたからだ。

そうした趣味の象徴ともいえるのが、ヨーロッパ各地や中国から集められたオウムガイの殻細工で、象牙細工のように、オウムガイの殻に彫刻を施したものだ。なかには杯として使用できるようにしたものもある。城博物館の見学ツアーのなかには、「宮廷生活――バロック時代のお城の日常」などとならんで、「琥珀、金、オウムガイ」という1時間ほどのコースも用意されているほどで、殻細工の人気の高さがうかがえる。城博物館を訪れたさいには、ぜひ、自然が形作ったオウムガイの殻の曲線美と、きめ細かく繊細に彫り込まれた彫刻のハーモニーを味わっていただきたい（図19）。

イギリス王家と最後の公爵たち

フリーデンシュタイン城が博物館として機能しはじめたのは、1928年に西の塔に郷土資料館が設置されてからだが、現在の城博物館における展示物は、19世紀後半からすでに、庭園をはさんで城博物館の向かいに建っている公爵家博物館（Herzogliches Museum）に

図19 オウムガイの殻細工

展示されていた。こちらの博物館は、ネオ・ルネッサンス様式の壮麗な外観をしており、フリーデンシュタイン城などよりも、よほど「お城っぽい」(図20、21)。

この建物は、エルンスト2世(1818－93)が、公爵家の財宝をおさめるために、特別に建てさせたものだ。このエルンスト2世は、上述のゲーテの友人だったエルンスト2世とは別人なのだが、どちらも学者や芸術家のパトロンとして評価の高い君主なので、じつにややこしい。

アルテンブルクからコーブルクへ

おなじゴータの公爵なのに、同名の人物が複数登場するのには、以下のような事情がある。フリードリヒ4世が1825年に未婚のままこの世を去ると、ゴータ＝アルテンブルク家は断絶し、その領土が近親者によって分割相続されることになった。このとき、ゴータを手に入れたのが、アウグストの一人娘ルイーゼ(1800－31)の最初の夫で、コーブルク＝ザーレフェルト公だったエルンスト1世(1784－1844)。かれは、最初からゴータ公の地位を狙ってルイーゼと結婚をしており、無事に公国を手に入れて、同26年に初

図20、21　公爵家博物館

代コーブルク＝ゴータ公となったあとは、そそくさと離婚している。

このエルンスト1世とその兄弟は、婚姻外交に積極的だった。エルンスト1世の弟には初代ベルギー国王のレオポルド1世が、妹には英国女王ヴィクトリアの母ヴィクトリアがいる。とりわけ、レオポルド1世は、自分の甥や姪をヨーロッパ中の王侯貴族と縁組させることに熱心だった人物で、「ヨーロッパおじさん」とあだ名されるほどだった。

エルンスト1世の後を継いだエルンスト2世は、第1次シュレースヴィヒ＝ホルシュタイン戦争（1848－51）での軍功によって国民的な英雄となった人物だが、本来は「武」よりも「文」の人だった。ドイツがプロイセンを中心に統一されていく過程においては、軍人としてではなく、外交面ではヨーロッパの王侯貴族に姻戚関係をもつ国際的な重要人物として、内政面では民主主義的な思想の君主として、大きな役割を演じた。また、そのリベラルな姿勢から、作家のグスタフ・フライタークや「ワルツの王様」ヨーハン・シュトラウス2世が、かれの庇護を求めてゴータにやってきた。

エルンスト2世は、1863年、公爵家の財宝をおさめるための建物をつくることを、議会に提案する。興味深いことに、この建物

は当初から、博物館として国民に開放することが予定されていた。その理由は、建設費について議会の承認を得るためとされているが、エルンスト2世は歴代のゴータ公のなかでもとくに芸術の振興に力をいれていた人物なので、予算の問題がなかったとしても、みずからの蒐集品を国民に開放することにやぶさかではなかっただろう。

ウィーンから専門家を招いて1864年に開始された建設は、資金繰りの問題などもあって、結局、完成までに15年もかかってしまったが、完成するやいなや、その年のうちには、蔵書や古銭などをのぞくほぼすべての公爵家のコレクションがこの建物に移され、一般に公開されている。エルンスト2世は、ほぼ半世紀間の統治時代をつうじて多くの業績を残したが、そのなかでもこの博物館への思い入れはとくに深かったようで、死の直前にも見物に訪れていたという。

戦後、フリーデンシュタイン城が城博物館として機能するようになると、公爵家のコレクションの多くはこちらに展示されるようになり、公爵家博物館では、2010年にいたるまで、もっぱら自然科学に関するコレクションが展示され、「自然博物館」と呼ばれる

図22 「塔の動物たち」(「食べ物」をテーマにした展示の一例)

ようになる。そして、２０１１年からの大改修工事を経て、２０１３年からは美術品の展示施設として再オープンした。

「敬虔公」エルンスト1世以来の、３００年以上にわたる蒐集品が展示されている自然博物館は、２０１０年以降、フリーデンシュタイン城の西の塔に移されており、そこで展示されている剝製の動物たちは、「塔の動物たち」（Tiere im Turm）と呼ばれている。ここでは、テューリンゲンの地元の動物や古今東西の珍しい動物たちが、あたかも生きているかのように、訪問者を迎えてくれる（図22）。

日独交流史のうえで興味深いのは、タカアシガニの剝製だろう。この世界最大の節足動物は、日本近海がおもな生息域である。この珍しい生き物は、鎖国時代の１６９０年から2年ほど、出島のオランダ商館で活動した医師で、博物学者でもあったドイツ人、エンゲルベルト・ケンペル（ケンプファー）を通じてヨーロッパに紹介された。ケンペルが日本について書きのこした遺稿は、のちに『日本誌』（ドイツ語版、１７７７―79）として出版され、当時の知識人のあいだで大変な評判になったという。こうした事情から、19世紀に動植物に学名がつけられるようになると、タカアシガニには「ケンペルの大きな爪」という意味の学名がつけられた（図23）。

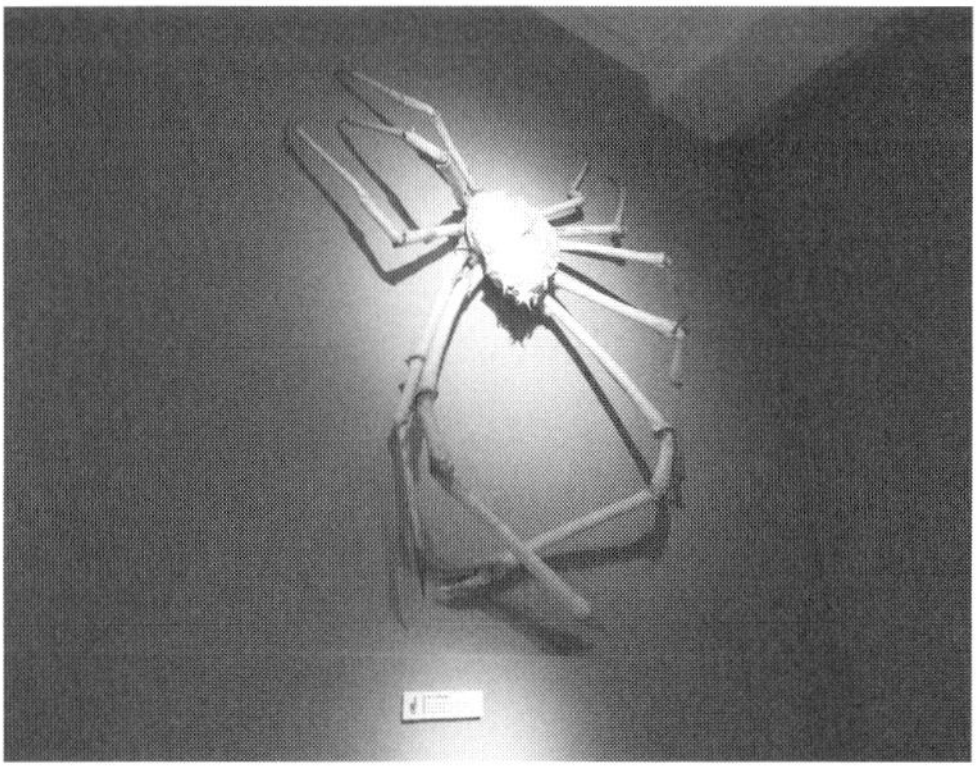

図23「塔の動物たち」（タカアシガニ）

イギリス生まれの公爵たちと対英戦争

エルンスト2世以降のゴータ公は、2人ともイギリスの王族でもある。ゴータ公と英国王とのつながりは、かれの親の世代からきわめて深いものになっていた。すでに述べたように、エルンスト2世の叔母はヴィクトリア女王の母であり、また、叔父のレオポルド1世の最初の妃もイギリスの王族だった。

エルンスト2世の弟アルベルト（1819―61）は、イギリスとのつながりを重視するレオポルド1世の後押しもあって、従姉で大英帝国の全盛期に君臨したヴィクトリア女王と結婚する。かれの名前は「プリンス・アルバート」として、現在でも、ロンドンのロイヤル・アルバート・ホールやハイド・パークのアルバート記念碑などに残っている。エルンスト2世が世継ぎのないまま亡くなったのちは、アルベルトの次男でエディンバラ公だったアルフレッド（1844―1900）が、ゴータ公アルフレートとしてこの地を統治することになった。かれは、ドイツ語こそうまくなかったが、ゴータ国民には人気があったという。ちなみに、アルフレートは、英国王子時代の1869年にヨーロッパの王族としては最初に日本を訪れている。

図24、25「公爵の宴会の間」

アルフレートの後継者は、その甥で最後のゴータ公となるカール・エドゥアルト（1884—1954）である。フリーデンシュタイン城の「公爵の宴会の間」（Herzogliches Tafelgemach）が、「玉座の広間」（Thronsaal）とも呼ばれるのは、1905年、かれが即位したさいに、従兄にあたるドイツ皇帝ヴィルヘルム2世を迎えるために玉座が設けられたことに由来する。ただし、内装は、華美好みの君主だったゴータ＝アルテンブルク公フリードリヒ2世が、バロック様式に改めたもので、カール・エドゥアルトの時代のものではない。ちなみに、即位当時すでに、公爵家の美術品の多くが公爵家博物館に展示されていたので、貴重な食器類は、宴会を開くさいに博物館から持ちだして利用し、また洗って博物館に返却したそうである（図24、25）。

イギリス生まれのカール・エドゥアルトだが、第1次世界大戦が勃発すると、ヴィルヘルム2世を支持し、同じく従兄である英国王ジョージ5世から、英国におけるオールバニ公爵位を剝奪されてしまっている。第1次世界大戦という未曾有の戦争を敵味方で戦ったイギリスとドイツだが、このように、その両国の支配者は、きわめて近しい血縁関係にあったのだ。

ジョージ5世が受け継いだイギリスの王朝は、プリンス・アルバートの出自にしたがって「サックス＝コバーグ＝ゴータ朝」と呼ばれてきたが、そのザクセン＝コーブルク＝ゴータ公に刃を向けられたかれは、大戦中の1917年、王朝名を「ウィンザー朝」へと変えさせている。これは、イギリス王家が住んでいる城の名前による。

カール・エドゥアルトの統治時代、ゴータは、航空機も製造していたゴータ車両製造会社（1893年創業）の町として発展し、ドイツ軍に軍用機を供給しつづけた。そのため、第1次世界大戦期のイギリスで「ゴータ」といえば、祖国を裏切った元オールバニ公ではなく、軍用機を意味した。とりわけ、1917年以降、それまでのツェッペリン飛行船に代わってロンドン爆撃を行った大型爆撃機「ゴータG・V」（Großflugzeug 5、5号大型航空機の略）は、ロンドン市民の恐怖の的となった。自国民の頭上に爆弾を落とす軍用機の名前に自分の王朝名が入っていたのだから、改名したくなったジョージ5世の気持ちも察せられる。

第1次世界大戦はドイツの敗戦で終結し、ドイツ帝国が崩壊したことで、ゴータ公国も消滅してしまった。ひとりの平民になってしまったカール・エドゥアルトは、左翼を憎むあまり、ナチス党の党員となり、テューリンゲン地方における同党の幹部として活動した。そして、ナチス第3帝国が崩壊すると、戦犯として重い罰金刑をうけたうえに、私有財産をソ連の占領軍に没収され、貧困のなかで死んだ。

ゴータ車両製造会社の方は、ゴータ公国が崩壊したあとも発展をつづけ、第2次世界大戦時には、空挺部隊用の輸送グライダー「ゴータ242」を製造し、戦争初期のいわゆる「電撃戦」に貢献している。また、戦争末期には、革新的な全翼機「ホルテン229」を量産する予定になっていた。この「B-2」ステルス爆撃機にそっくりの飛行機については、非武装の試作機が最高時速1000㎞という当時としては驚異的な記録を残したとする資料もあり、実戦に参加していれば、ふたたび「ゴータ」の名が軍用機の歴史に輝かしく登場したかもしれない。しかし、いずれにせよ、試作段階の1945年4月に、ゴータ社がアメリカ軍に占領されたため、量産計画は実現せず、実戦にも投入されなかった。

そして、ゴータ社は2度の世界大戦も生きのびて、戦後はドイツ民主共和国（東ドイツ）でグライダーや路面電車などを製造しつづけた。

アウグスティーナー教会とギムナジウムの個性的な教師たち

最後に、ゴータの見所である教会を、ゆかりの深い人物とともに紹介しておこう。ゴータには、歴史的に重要な教会が2つある。後期ゴシック様式のマルガレーテ教会（図26）と初期バロック様式のアウグスティーナー教会だ（図27、28）。どちらも、ゴータで宮廷説教師をつとめていたフランシスコ会士で、宗教改革におけるルターの戦友であったフリードリヒ・ミコニウス（1490－1546）が拠点とした教会であり、また、カノンで有名なパッヘルベルが、オルガニストをつとめた教会でもある（1692）。

アウグスティーナー教会はアウグスチノ修道会の教会で、同会の修道士だったルターがヴォルムスの帝国議会（1521）に向かうさいに、ここで説教をしたという。そして、1524年、ミコニウ

図26　マルガレーテ教会（上）
図27、28　アウグスティーナー教会（中）現在はカフェやホステルも併設されている（下）

スはこの教会にギムナジウムを創設する。このギムナジウムは、それまで教会内にあったラテン語学校を発展させたもので、授業の重点もラテン語に置かれていた。

　このギムナジウムがその名を全ヨーロッパにとどろかせたのは、「敬虔公」エルンスト1世によるところが大きい。かれは、ルターが「誰もが直接、神のことばに触れられるように」と聖書を民衆のことば（ドイツ語）に訳したように、かれは、「誰もが（聖書の）文字を読めるように」と、とくにこれまで教育をうける機会のなかった貧しい人びとへの教育に、宗教的な情熱をそそいだ。ドイツでは最初となる義務教育制度が、30年戦争まっただなかの1642年に導入されたことは、国民教育にかけるかれの熱意の表れといえるだろう。また、かれの時代には、ゴータで数多くの教科書が出版され、ギムナジウムにはヨーロッパ各国から留学生がやってきた。

エルンスト1世の玄孫で、自らも学問の愛好家だったゴータ＝アルテンブルク公エルンスト2世は、ギムナジウムの改革を行っている。啓蒙専制君主として、政治的・経済的に有用な国民を育てることを目標としたかれは、これまでラテン語に置かれていた授業の重点を、国語や自然科学などに置くよう命じた。また、学生自身の考える力を育てるために、授業時間を減らし、より自習に時間をあてるよう指示してもいる。

かれの意志は、1768年以降、ガイスラー、シュトロート、そしてデーリングといった名校長によって実践され、その統治時代、同校には著名な学者や教育者がドイツ各地から集まってきた。また、こうした教師陣を慕って、学問の道を志す若者たちもゴータにやってきた。のちに世界的な哲学者となる若き日のショーペンハウアー（1788―1860）も、そんな若者のひとりだった。

ダンツィヒ（現グダニスク）の裕福な商人の息子として生まれたショーペンハウアーは、父の跡をついで商人となるべく、若いころはヨーロッパ各地を父と旅しながら、見聞を広めた。しかし、その父が1806年に事故とも自殺ともいわれる転落死をとげると、前々から胸に抱いていた学問への情熱を抑えきれなくなり、大学入学資格を得るために、ゴータのギムナジウムに通う。

当時、ハンブルクに住んでいたかれがゴータの学校を選んだのは、ゴータに近いヴァイマルに住んでいた母ヨハンナの仲介があったからだ。ショーペンハウアーの女性嫌いは有名で、しかもその一因は、文学サロンの人気者だった母ヨハンナとの不仲にあるとされている。しかし、『ゴータ時代のショーペンハウアー』に引用されている母子の往復書簡をみたかぎりでは、ゴータに移ったころにはまだ、学校でのことなどを逐一、ヨハンナに報告しており、10代の若者らしく母親に接している。

1807年6月にゴータに着いたショーペンハウアーは、正規の学生ではなかったが、個人教授のほかに、ギムナジウムの授業にも出席していた。このころ、ギムナジウムの教員のなかでとくに名声が高かったのは、古典文献学者のフリードリヒ・ヤコブス（1764—1847）で、古典語に関する著作、なかでもギリシア語の入門書によってその名を知られていた。ショーペンハウアーは、このヤコブスから国語の個人教授をうけている。

1785年にギムナジウムの教員となったヤコブスは、エルンスト2世の息子アウグストの家庭教師もつとめている。アウグストは、かれを文学の先生として慕っていたが、ヤコブスの方では、アウグストが詩作をするさいには昼であれ夜であれ、城に呼び出されて感想と添削をもとめられるので、閉口していたらしい。アウグストが公位についてからの一時期（1807—10）、ヤコブスはバイエルン王国に移っているが、この奇人公爵とのつきあいに疲れていたからかもしれない。ちなみに、アウグストは、1805年に匿名で『キレニオン――アルカディアの一年』という小説を出版しているが、この作品にもヤコブスが協力させられていた可能性がある。かれを尊敬していたショーペンハウアーは、変人アウグストの書いたこの作品を熱心に読んだらしく、多くのアンダーラインが引かれた本がその遺品のなかから発見されている。

1786年から校長をつとめたフリードリヒ・ヴィルヘルム・デーリング(1756―1837)は、週に4回、ショーペンハウアーにラテン語を教えていた。デーリングとショーペンハウアーの関係は良好で、校長は、この優秀な学生にラテン語を教えることが楽しかったという。しかし、かれの里子でもあった教師クリスティアン・フェルディナント・シュルツェ(1774―1850)とショーペンハウアーがトラブルを起こしたことから、この関係は壊れてしまう。

1807年10月、シュルツェは新聞に、ギムナジウムの上級生が下級生にたいして横暴な振る舞いをしているという批判的な記事を書いた。かれ自身もこのギムナジウムの出身だったから、先輩としてちょっと後輩たちをたしなめよう、というくらいの気持ちだったのかもしれない。自分も参加していたクラスが槍玉にあげられたショーペンハウアーは、一度も会ったことがないこの教師にたいして中傷的な詩をつくり、級友たちに披露した。

この一件がデーリング校長の耳に入ると、教師を守るべき校長という立場上、また中傷されたシュルツェへの個人的な配慮から、罰としてショーペンハウアーへの個人授業を中止することが決定された。デーリングは、優秀な学生であるショーペンハウアーにギムナジウムで学業をつづけてほしかったようだが、ショーペンハウアーは、この事件を区切りとして、同年末、ゴータを離れた。その後のかれは、不平屋のおまえとは一緒に暮らしたくないと反対する母親の意に逆らい、ヴァイマルに移って(ただし独り暮らしで)大学入学のための勉強をつづけ、1809年の冬学期から、ぶじに名門ゲッティンゲン大学で学業を開始した。

後年、この一件について、「私はまだ、自分を窮地においやるような危険な冗談はやめるべきだ、ということを学んではいなかった」（『履歴書』）と、ショーペンハウアーは振り返っている。どうも、若さゆえの過ちだったようだ。

短いゴータ時代だったが、ショーペンハウアーは2人の親友と知り合っている。ひとりは、のちにハイデルベルク大学の神学教授となるエルンスト・アントン・レーヴァルト（1788―1848）で、もうひとりは、のちにプロイセンの宮廷顧問官として検閲にたずさわったカール・エルンスト・ヨーン（1856没）である。この2人との文通は、生涯とぎれることはなかった。筆禍事件といい、親友との出会いといい、ゴータ時代のかれは、級友とやんちゃをしてしまう10代の若者らしい学生生活を送っていたようだ。

ショーペンハウアーが通ったころの教員で、現在もっとも有名なのは、この章でも何度か言及したヨーハン・ゲオルク・アウグスト・ガレッティ（1750―1828）だろう。かれは、1778年以降、ギムナジウムで歴史と地理を教えていたが、18世紀末のゴータにおいては有数のベストセラー作家でもあり、歴史や地理の専門書だけでなく、ラテン語文法や幾何学の教科書も執筆していた。しかし、かれの名を今日まで伝えているのは、そうしたまっとうな業績ではなく、なによりもかれの「失言」だ。ショーペンハウアーも、かれの「失言」については人づてで耳にしていたらしい。ドイツ史をふりかえってみても、「失言」で名を残した人物はほかにいないだろう。

ガレッティは、1819年に自ら退職を申し出るまで、40年以上も教壇に立っていたから、授業中に言いまちがえることも少なからずあっただろう。しかし、なぜか、かれの「失言」は単なる言いまちがいにとどまらず、死後に、おもしろおかしい読み物として出版されている。この本は日本語訳も出ているので、読まれた方もおられるかもしれない。

『失言録』に含まれる「失言」には、後世の創作もずいぶん含まれているようだが、本当にガレッティ先生が残したのではないかと思われる発言も多くある。たとえば、歴史家としてのガレッティの特徴として、歴史を記述するさいに具体的な統計データを用いたという点が挙げられるが、この手法は「失言」にもみられる。たとえば、ローマ軍がハンニバル率いるカルタゴ軍に包囲されて大敗したカンナエの戦い（紀元前216）について、かれは授業中にこう述べたという。「カンナエの戦いにおいて、ローマ軍の兵力は3万人でした。このうち2万が捕虜となり、4万が留まり、12万が脱出しました」（『失言録』）。学生が「先生、足したら3万人以上じゃないですか」と指摘したら、先生はどう答えたのだろうか。

結局のところ、『失言録』を編纂したのが本当にガレッティの教え子かどうかは不明であるが、この本からは、高名な歴史家であり、またベテラン教師でもありながら、どこかすっとぼけた雰囲気があって、教え子たちに愛されたガレッティ先生像が浮かび上がってくる。この章では、ゴータで活躍した偉大な（あるいは変な）公爵、著名な学者や教育者を紹介してきたが、愛すべきガレッティ先生によるゴータに関する「失言」とともに筆を置くことにしよう。

「ゴータは、イタリアでもっとも美しい町であるだけでなく、多くの学者を寄贈した」（『失言録』）。

（細川裕史）

▼シュマルカルデン戦争

1530年12月31日にドイツ中部のシュマルカルデンでプロテスタントを奉じる諸侯が共通の権益を守るために結んだ同盟を、シュマルカルデン同盟という。その指導者はザクセン選帝侯ヨーハン・フリードリヒ1世、ヘッセン方伯フィリップなどであった（第2章カッセル、第3章ゴータ参照）。その敵対者は神聖ローマ帝国皇帝のカール5世であり、事実上はハプスブルク出身者が帝位を世襲していた時期のことである。

このように記すと、信仰上の問題が対立の原因に思われるが、じっさいは神聖ローマ帝国内の支配権強化を推進する皇帝と、領邦国家化をねらう諸侯との政治的対立が背景にあった。ルターの「95カ条の命題」が公表された1517年からすでに13年が経過しており、その間、貴族や農民による宗教戦争は弾圧されていた。そして今度は、領邦君主たちが宗教戦争の主人公になる順番がまわってきたのである。

1546年、ついに戦端は開かれて、シュマルカルデン戦争が勃発する。ザクセン公モーリッツの裏切り（第3章ゴータ参照）や1547年のミュールベルクの戦闘で、皇帝側の勝利が決したかにみえた。ところが、ザクセン公モーリッツの再度の寝返りやフランスと結んだプロテスタント諸侯の台頭による反攻が開始され、数年後に皇帝軍は破れるのである。

最終的には、領邦君主の宗派選択の自由と、それを領民に課す権利を承認するアウグスブルクの宗教和議が1555年に結ばれて、いちおうの収束をみるのだが、シュマルカルデン戦争は、のちに西ヨーロッパ全土へ拡大した宗教戦争に発展する30年戦争の前哨戦でもあったといえるだろう。（森　貴史）

4. ルードルシュタット
中部ドイツの小さな文化都市

領邦体制

ドイツという国が誕生したのは、最近のことである。ドイツの文豪ゲーテが生きていた18世紀当時、ドイツは存在しなかった。こんなことを耳にして驚く人も少なくないかもしれない。もちろん、ゲーテが生まれた街フランクフルトや晩年過ごしたヴァイマルが存在しなかったといっているわけではない。フランクフルトもヴァイマルも現在ではドイツの都市であるが、このドイツという政治的な枠組みが存在していなかったという話である。18世紀当時、現在のドイツにあたる地域は、大小の貴族の所領、司教領、商業都市である自由都市が多数存在していた。こうした大小の領地は神聖ローマ帝国とその皇帝という大きな傘のもとに緩やかに結びついていただけだった。

それゆえ、ゲーテが誕生し幼少期をおくったフランクフルトは神聖ローマ帝国の帝国自由都市であると同時に商業の町だが、晩年過ごしたヴァイマルは、ザクセン＝ヴァイマル侯国という貴族の所領地であって、ゲーテはカール・アウグスト候という小さな所領の殿様に宮仕えしていたということになる。フランクフルトとヴァイマルは政治的にみればまったく別の単位であって、「ドイツ」とひとくくりにできるものではなかった（図1）。

このようなやっかいなドイツの古い政治体制を、歴史学では領邦体制と名づけている。領邦という表現に馴染みがないかもしれないが、領邦には大小さまざまなサイズのものが存在しており、それぞれ独自の法律を持ち、独自の貨幣が流通していた。領邦とは、いうなれば小さな国のようなものであった。ノイシュヴァンシュタイン城で有名なリヒテンシュタイン公国の名前なら誰でも聞いたことがあるだろう。日本の小豆島ほどしかないこの独立国家は、まさにそうした領邦の生き残りである（図2）。

大小の所領が割拠していた時代、ドイツには、隣国フランスのパリや、海を越えたイギリスのロンドンのような政治や文化の中心地というものは存在しなかった。ドイツはすなわち、パリやロンドンのような大都市がひとつもない、田舎じみた国だったということになるのだろうか。たしかにそのとおり、当時のフランスやイギリスからドイツを訪れた旅行者たちは、ドイツの田舎ぶりをなかば嘲笑

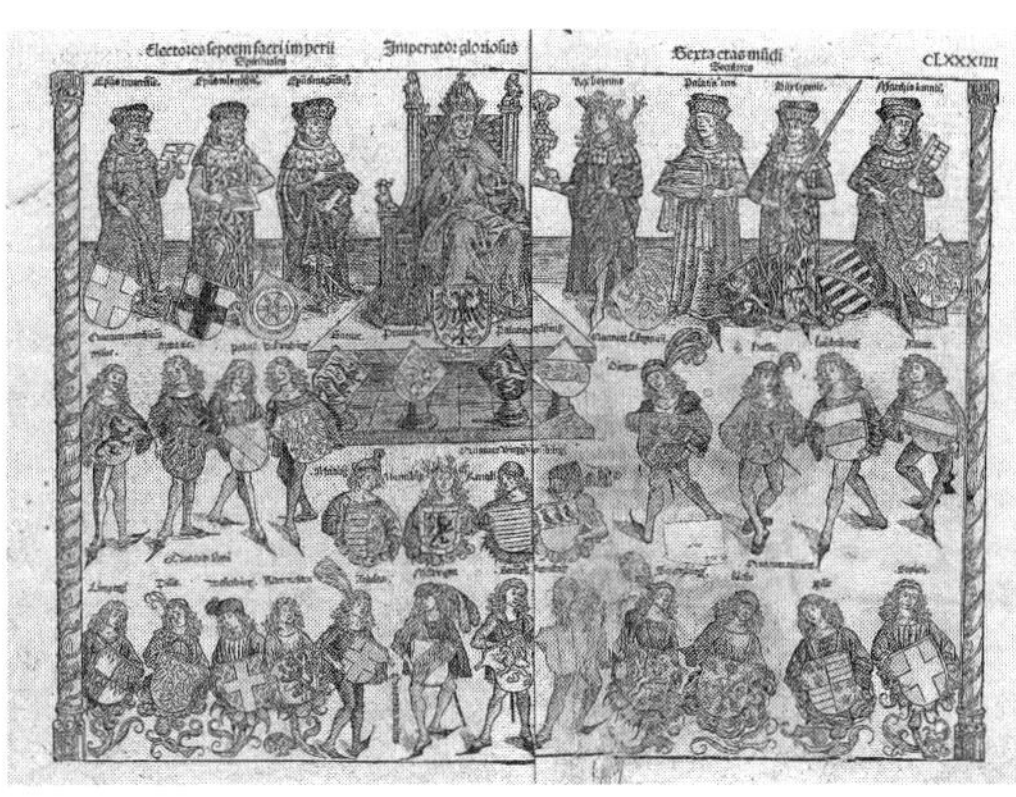

図1　神聖ローマ帝国を構成する司教や貴族たち

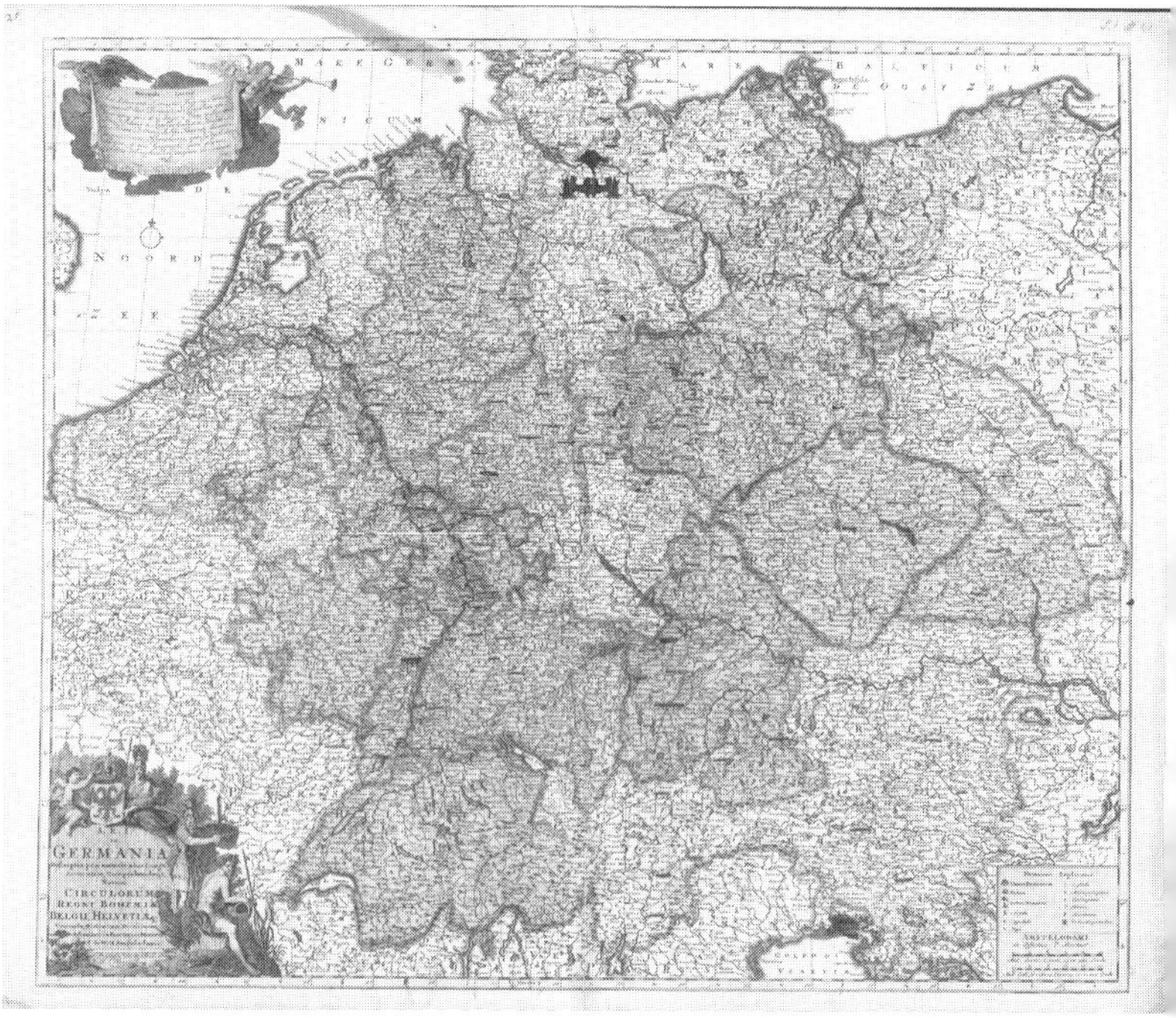
GERMANIA
CIRCULORUM
NOORD
ZEE

するような旅行記を書いては、本国の友人たちに送っていた。しかし長所と短所が表裏一体なのはよくあることで、大きな中心地のなかったドイツでは、中規模の都市が各地に散在することになった。

この本を手に取られている読者のなかにも、ドイツを旅行したさいに、旅行ガイドにも載っていないような辺鄙な街に、壮麗な古城を発見し、そこに立派な絵画館や博物館があって驚いたという経験をした人も少なくないのではないだろうか。こうした驚きはドイツ旅行ならではのもの、領邦体制というドイツの歴史的な背景があってこそのものだ。この章では、まだドイツが存在していなかった頃に、ひとつの領邦が築いた城とそこにおさめられたコレクションについて紹介することにしたい。

本章が紹介するコレクションは、テューリンゲン州のルードルシュタットにある。このルードルシュタットの旧市街の背後にせまる丘のうえから、壮麗なバロック風の塔をもった城が街を見下ろしている。それこそがコレクションを所蔵しているハイデックスブルク城である。城内はルードルシュタット市の博物館になっており、ルードルシュタットの歴史、ルードルシュタットに住んでいたユダヤ人について、それからテューリンゲン地方出身の画家の絵画なども展示されている。こうした展示とともに、あきらかに由来の古そうなオランダやドイツの風景画、それから、壁まで書架がうまった小さな図書室、色鮮やかな貝殻や剝製のコレクションが展示されている。このコレクションの基礎を築いたのが、ルードルシュタットを長きにわたって統治していた小さな貴族の家系であった。

かつての国境とルードルシュタット

とはいえ、本題にはいるまえに、ルードルシュタットがドイツのどのあたりにあるのかを話してお

図3　ルードルシュタットの位置

くことにしよう。というのもルードルシュタットは、日本の旅行ガイドには載っていない小さな街だからだ（図3）。

ドイツ旅行をする日本人が好んで利用するのが、ドイツの首都ベルリンから南の大都市ミュンヒェンを結ぶドイツの高速鉄道ＩＣＥである。時刻表と路線図をひもとくと、ドイツを南北に走るこの路線は、マグデブルク、ヴィッテンベルク、ライプツィヒ、イェーナと、かつての東ドイツの主要都市を通り抜けている。

現在のテューリンゲン地方の山あいに、かつての東ドイツ側の国境駅にあたるプロプストツェラ駅がある。現在、このプロプストツェラ駅は、東ドイツと西ドイツの国境を町の売りものにしている。消えてしまったかつての国境を思い起こさせる観光スポットをふたつ紹介しておこう。

ひとつがプロプストツェラ駅の駅舎である。現在なお現役のこの駅舎は、かつて列車で国境をこえるヒトとモノを厳しくチェックする検問所であった。まわりになにもない山の中の駅には似つかわしくない大きな駅舎、不気味に広くて長いホーム、車両庫を思い起こさせる複数の線路はプロプストツェラがかつて国境検問所であったことを物語っている。駅舎や検問所の職員たちが利用していた施設

図4　現在の《国民の家》バウハウスホテル

は部分的に改修されてはいるが、ほぼそのまま残されており、20 10年からは鉄道検問所博物館として運営されている。

そして、もうひとつの興味深い場所が、駅の裏手にあるプロプストツェラのホテル《国民の家》である。このホテルおよび隣接する庭園は、戦前にデッサウのバウハウスで建築を教えていたアルフレート・アルント（1896―1976）が設計したものである。皮肉にも、このホテルが建っている土地は、東西ドイツの分断期には国境緩衝地域となり、一般人の立ち入りが厳しく禁止された区域になっていた。ホテルのホールをつかった催し物が開催されるときだけ、東ドイツ市民もこのホテルに近づくことが許されたという（図4）。

このような特殊な政治的事情から、ホテルの庭園部分の保存状態はとてもよい。建物は東ドイツ政府の税関職員や国境警備隊の施設として利用されていたこともあり、建築当時の内装は残念ながら、変更されてしまっているが、建物じたいの保存状態は良好であった。ドイツ統一後、このホテルは個人の手にわたり、当時の内装に近いかたちで復元改修され、現在はバウハウスホテルという名前で運営されている。周囲にはなにもない不便な場所であるが、緑に囲まれたリゾートホテルという趣である。

図5　ハイデックスブルク城の遠景

国境についての前置きが長くなったが、ハイデックスブルク城と城下町ルードルシュタットは、このプロプストツェラの北、つまり旧東ドイツ側に位置している。ベルリンから南下するICEに乗っているとしたら、イェーナ駅を出発してから進行方向右側の車窓を見ていてほしい、小高い丘のうえの壮麗なバロック風の塔が眼に入るはずである（図5）。

まずは、このハイデックスブルク城を居城として栄えたシュヴァルツブルク＝ルードルシュタット家の歴史をふりかえってみることにしよう。

ザーレ河畔の貴族文化

ハイデックスブルク城を抱くルードルシュタット市の旧市街は、現在の行政区分ではテューリンゲン州に属している。現在のテューリンゲン州には、ザーレ河畔に点在している、大小の貴族が代々治めてきた領邦が多数組み込まれている（図6、7）。

ハイデックスブルク城を居城とし、ルードルシュタット一帯を治めていたのが、シュヴァルツブルク＝ルードルシュタット家であった。ヨーロッパの貴族の名字には、かれらの所領地の地名が付けら

図6　現在のテューリンゲン州（グレー部分）の地図と本章の舞台となる都市の位置について、濃いグレーに塗られた地域が現在のルードルシュタット行政区

れていることは周知のことであるが、シュヴァルツブルク＝ルードルシュタット家という家名には、シュヴァルツブルクとルードルシュタットというふたつの地名が刻印されている。

はじめて耳にする家名かもしれないが、一家の歴史をさかのぼってみると、すでに11世紀後半の古文書に、シュヴァルツィブルク伯という古い家名を確認することができる。一家はドイツ中部を長らく治めてきた由緒ある家系ということになるだろう。

家名に残るシュヴァルツブルクは、そもそも一家の居城であったシュヴァルツブルク城に由来している。シュヴァルツブルク城は、本章の舞台ルードルシュタットから南西のゆるやかな起伏のある丘陵地帯にはいったところ、ザーレ川の支流シュヴァルツァ川を見下ろす小高い丘のうえにいまも残っている古城だ（図8、9）。このシュヴァルツァ川とザーレ川の交差する地域を、11世紀から領地として統治してきたのがシュヴァルツブルク家ということになる。このザーレ河畔一帯には、ルードルシュタットをはじめとして、フランケンハウゼン、ゾンダースハウゼン、アルンシュタットといったシュヴァルツブルク家の歴史と関係の深い由緒ある古い街が点在している。

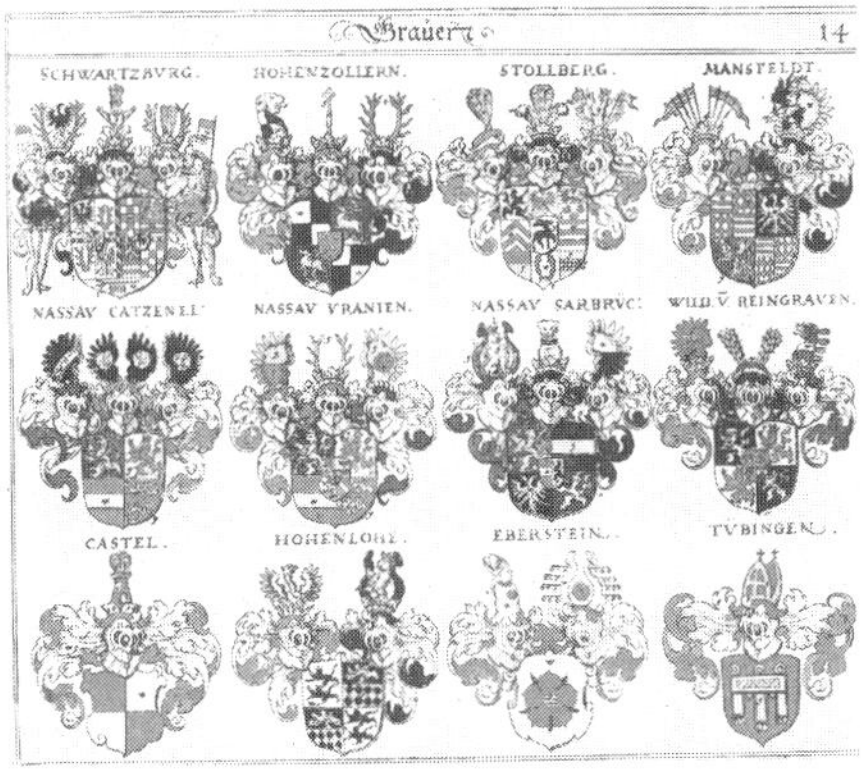

図7　ルードルシュタット家の紋章（左1番上）

さて、時代は16世紀、宗教改革によってドイツ国内が安定を失っていた時代へと話を進めることにしたい。16世紀当時のシュヴァルツブルク家の所領は、北はザクセンのヴェッティン家、南はブランデンブルク＝バイロイト家というふたつの大貴族に挟まれていた。「でっぷりした唇」という愛称でよばれた、当時のシュヴァルツ伯ギュンター40世（１４９９―１５５２）とその息子たちは、所領にいち早くプロテスタントを受け入れることを表明し、シュマルカルデン戦争にもプロテスタント陣営として参戦、反皇帝の軍勢にくみした。シュヴァルツブルク家という大きいとは言えない貴族の所領は、宗教改革とそれに続く農民戦争、それから新旧両派の大戦としてドイツ全土を荒廃させた30年戦争の中心舞台となってしまう。シュヴァルツブルク家の所領のひとつであるフランケンハウゼンは、農民戦争の主導者トーマス・ミュンツァー率いる農民たちが大敗を喫した舞台であり、同家の古くからの領地ミュールハウゼンは、30年戦争時には新教同盟軍と皇帝軍が激突した大戦場となった。とりわけ、この30年戦争では、シュヴァルツブルク家の所領のほとんどが、新旧の双方による進軍、占領、焼き打ちなどの暴力に蹂躪されることとなった。

図8　シュヴァルツブルク城（19世紀のもの）

このような歴史的な事情から、シュヴァルツブルク家の領地に残されている歴史的な建造物は、30年戦争の騒乱後に改修されたり、新たに建築されたものばかりである。17世紀後半から18世紀前半にかけて、ドイツの大貴族たちが中央集権化を推進していく一方で、30年戦争で大打撃を受けたシュヴァルツブルク家は、荒廃したみずからの所領を建て直すことに精一杯で、大貴族たちの覇権争いの舞台に参入することなどできなかった。しかし、だからといってシュヴァルツブルク家が統治する地域が、辺鄙な田舎になってしまったというわけではない。その領地では、小規模ながらも、貴族文化が栄えていたからである。貴族が芸術や文化のパトロンであった時代、プロテスタントであったシュヴァルツブルク家では、とりわけ音楽家たちを雇い入れ、中部ドイツの音楽文化の礎を築くことになった。シュヴァルツブルク家の支配するザーレ河畔一帯は、代々宮廷楽師や教会のオルガニストを輩出していたバッハ一族の活動地域と重なっているのも偶然ではない。ヨーハン・ゼバスチャン・バッハが若いころ、オルガニストとして雇われていたアルシュンシュタットもまた、シュヴァルツブルク家の所領のひとつであったのだ（図10）。

図9　今日の姿、工事中の建物は現在、工事が完了している

小さな都市が点在するシュヴァルツブルク家の領地は、19世紀の工業化と近代化の波にも乗り遅れて、小都市のままでとどまったのだが、それが幸いして、一家の所領は、両大戦間での戦火を免れることになった。ルードルシュタット、フランケンハウゼン、ゾンダースハウゼン、アルンシュタットをはじめとする、シュヴァルツブルク家のかつての所領に残された歴史的な建造物の数々は、今日では中部ドイツの貴重な文化遺産となっている。

シュヴァルツブルク＝ルードルシュタット家の誕生

シュヴァルツブルク家の一大転機は、領地のプロテスタント化を迅速に推進した「でっぷりした唇」ことギュンター40世の息子たちの時代に訪れる。ギュンター40世は4人の息子に恵まれたが、宗教改革の動乱を乗り切るために、一家の所領を4分割し、4人の息子それぞれに共同統治をさせた。そのための居城地として、長男のギュンター41世（1529―83）にはアルンシュタット、次男ヨーハン・ギュンター（1532―86）にはゾンダースハウゼン、三男ヴィルヘルム（1534―97）にはフランケンハウゼン、そして末の四男アルブレヒト（1537―1605）には、ルードルシュタットがあ

図10　アルンシュタットの新教会、オルガニストを務めたバッハにあやかり、現在ではバッハ教会と名乗っている

図11　アルブレヒト

たえられた。しかし父と息子4人によるこの共同統治体制には、父ギュンター40世の死後、複雑な運命が待ちうけていた。

この4兄弟の歴史をもう少しただどることにしよう。シュヴァルツブルク家の家督を継いだ長男は父の死後、ギュンター41世を名乗り、シュヴァルツブルク家のまとめ役として4兄弟の連帯に腐心したものの、継嗣に恵まれなかった。前後して、弟の三男ヴィルヘルムも世継ぎを残すことなく死んでしまった。

その結果、残されたヨーハン・ギュンターとアルブレヒトは、1599年、この分割統治の混乱の回収を試みることになる。アルブレヒトは、みずからが統治する所領（ルードルシュタット近郊）と没した三男ヴィルヘルムの所領フランケンハウゼン近郊を統治することにし、そして兄（次男）ヨーハン・ギュンターはゾンダースハウゼンとアルンシュタットの近郊を領有することで落ち着いた。しかしこの解決策は、所領の共同統治ではなく、実質的な2分割を認めることになってしまった。そしてアルブレヒトは、シュヴァルツブルクという歴史ある家名に、父から譲り受けた所領ルードルシュタットを付与したシュヴァルツブルク＝ルードルシュタットという新しい家名を名乗ることになる（図11）。ここに本章の主人公である、シュヴァルツブルク＝ルードルシュタット家が誕生することとなる。両家はその後も相続に際して所領分割の危機にたびたび直面することになるが、18世紀初頭に両家の当主が、所領をこれ以上分割することのないよう、長子相続を取り決めることになった。それ以降、両家は互いに所領の維持に尽力し、両家とも第1次世界大戦を経て、ヴァイマル共和国体制下でテューリンゲン州に組み入れられるまで存続できたのだった。

文化都市への礎

くりかえしになるが、シュヴァルツブルク家の所領は、宗教改革、農民戦争、30年戦争という新旧のキリスト教の抗争が繰り広げられた舞台となった。16世紀末に所領の分割によって、さらにいっそう小さな所領持ちとなったシュヴァルツブルク＝ルードルシュタット家の君主たちは、北はザクセンのヴェッティン家、南はブランデンブルク＝バイロイト家という大貴族との平和的な関係を維持しながら、所領の維持に腐心せざるをえなかった。シュヴァルツブルク＝ルードルシュタット家の初代当主となったアルブレヒトは、軍事力や外交戦略ではなく、知と文化のうちに一家を存続させる道を選んだ。それゆえ、一家の男児たちには知見を広めさせるための教育に力をいれた。シュヴァルツブルク家の男児たちは、ドイツやオランダの大学で学問を修めると、修養のしあげにグランドツアーをおこなうことが伝統になっていた。

シュヴァルツブルク＝ルードルシュタット家の初代当主アルブレヒトの後を継いだルートヴィヒ・ギュンター（1581–1646）は、イェーナ大学とストラスブール大学で法律を修めると、グランドツアーを挙行している（図12）。グランドツアーの期間は、途中で父アルブレヒトの死による中断はあるものの、なんと5年弱にも及んだ。グランドツアーは、現在の感覚では旅行というよりも留学に近いものであったのだろう。

ルートヴィヒ・ギュンターのおもな長期滞在地として選ばれたのは、パリ、マドリード、ロンドン、オックスフォード、ケンブリッジであった。シュヴァルツブルク家に限らず、貴族の子息たちのグランドツアーはめずらしいことではなかった。というのもグランドツアーは、ヨーロッパ各地の貴族たちへの顔見せ、貴族社会へのお披露目という役割をもった儀式でもあったからだ。貴族社会のコネクションは、政治や婚姻を円滑に進め、所領そして家系を維持するためには必要不可欠な財産になったことはいうまでもない。

ただしルートヴィヒ・ギュンターは、ヨーロッパ各地の宮廷を訪問するかたわら、オックスフォードやケンブリッジをはじめとする大学都市に長期滞在もしている。ルードヴィヒ・ギュンターにとってグランドツアーは、貴族社会とのコネクションを築き上げる機会であったことはいうまでもないが、それ以上に、学術や文化交流の機会でもあったのだ。日々革新する最新の技術を自らの領地に持ち帰ることが責務であることを、若き世継ぎは熟知していたのである。小さな領邦であるシュヴァルツブルク＝ルードルシュタット家は、政治的な覇権争いの舞台からは距離をおき、文化という舞台でヨーロッパの大貴族と互角に渡り合うことに、一家存続の可能性をみていたといえるだろう。

若き世継ぎの学術と文化への関心は、グランドツアーを終えて所領の統治に本腰をいれはじめると、文化教育制度の底上げをめざす

図12　ルートヴィヒ・ギュンター

具体的な諸政策へと結実されることとなる。とりわけシュヴァルツブルク＝ルードルシュタット家をとりまく親戚関係は、ルードヴィヒ＝ギュンターの文化政策を推し進めるに好都合であった。ルードヴィヒ＝ギュンターの宮廷には、若くして死去した兄カール・ギュンター（1576－1630）の妻アンナ・ゾフィー（1584－1652）が身を寄せていた。アンナ・ゾフィーは、シュヴァルツブルク家と同様の中部ドイツの由緒ある貴族、アンハルト＝ケーテン家（アンハルト家については第6章デッサウ参照）の出身で、アンハルト＝ケーテン家の時の当主ルートヴィヒ（1579－1650）の妹であった。この親戚関係を通じて、ルードヴィヒ＝ギュンターは、アンハルト＝ケーテン侯が主導的立場にあった「実りを結ぶ会」の活動を知ることとなる（図13）。

この「実りを結ぶ会」（Fruchtbringende Gesellschaft）について簡単に確認しておこう。「実りを結ぶ会」は、学術語はラテン語、そしてまた模範とすべき文芸も古典古代のクラシックであった時代に、世俗語であるドイツ語を鍛え上げることによって、知識や文化の担い手を、ラテン語という特殊技能を習得した者だけに限定せず、ひろく一般に普及させるという運動を進めた団体であった。また「実りを

図13　実りを結ぶ会のシンボル、ヤシの木

結ぶ会」は、ドイツ語による文芸を奨励し、作家たちを支援した。

この団体の発案者で創設期の主導者であったのがアンハルト＝ケーテン家の当主ルートヴィヒであり、偶然にもシュヴァルツブルク＝ルードルシュタット家に身を寄せていたアンナ・ゾフィーの兄であった。アンハルト＝ケーテン家もまた、アスカニア家という長い歴史を有するドイツ貴族の一門であったが、所領の分割相続で大所領を築くことができず、北はブランデンブルクのホーエンツォレルン家、南はザクセンのヴェッティン家という大貴族に挟まれるという、シュヴァルツブルク家と極めたよく似た政治的状況にあった。アンハルト＝デッサウ家のルートヴィヒもまた、シュヴァルツブルク家の子息と同様、当時の貴族の風習にならって修養の仕上げとしてグランドツアーをおこなった。ルートヴィヒのグランドツアーは6年以上にもおよび、イタリアのフィレンツェには4年間も滞在したのであった。

このフィレンツェ滞在時にルードヴィヒは、クルスカ学会という名のアカデミーの存在を知り、そのメンバーにもなっている。クルスカとは穀物のふすま（皮のくず）のこと、クルスカ学会は、「穀物とふすまを分別する」ように、イタリア語のなかから不純な要素をとりのぞくことで、イタリア語を文芸作品や学術のメディアとしてふさわしい言語へと鍛え上げることを目的とする団体であった。クルスカ学会の活動は、1612年に出版されたクルスカ学会辞書に結実する。これまで辞書といえば、ラテン語との対応を掲載するものしかなかったが、クルスカ辞書は、最初の本格的なイタリア語辞書であった。

クルスカ学会の活動はイタリア以外の地域にも飛び火し、ヨーロッパ全土に多大な影響をあたえることになる。なんといっても有名なのは、1634年にフランス語純化を目的として設立されたアカデミー・フランセーズの活動であろう。しかし、アンハルト＝デッサウ家ルートヴィヒは、グランドツアーを終えて、ドイツに戻ると、アカデミー・フランセーズ設立に先立つ1617年に、クルスカ学会と同趣旨の団体を所領で設立する。「実りを結ぶ会」が産声をあげたのだ。ルートヴィヒは「すべてが有益であるように」を活動スローガンとして、荒廃した土地でたわわに実をつけたヤシの木を会のシンボルと定めた。初期の会員たちは植物や園芸に関連する会員名がつけており、かれらはドイツ語の純化およびドイツ語による文芸活動を積極的に推進した。マルティン・オーピッツ（1597—1639）、ゲオルク・フィリップ・ハルスデルファー（1607—58）、アンドレアス・グリューフィウス（1616—64）といったバロック時代を代表する詩人や作家たちもまた、この「実りを結ぶ会」に所属していた。

シュヴァルツブルク＝ルードルシュタット家の当主ルートヴィヒ・ギュンターは、この「実りを結ぶ会」の会員となり、ドイツ語による創作活動を支援することになった。所領では学校制度の改革に乗り出し、宮廷の蔵書も拡充、プロテスタントの所領として教会音楽の普及にも力を入れた。ルードルシュタットの宮廷楽団は、フィリップ・ハインリヒ・エルレバッハ（1657—1714）のようなバロック期の大作曲家を抱えた、当時では類をみない本格的な宮廷楽団へと成長していった。こうした一連の文化の底上げによって、シュヴァルツブルク＝ルードルシュタット家は、文人や芸術家の一大パトロンとなり、その居城地ルードルシュタットは文人や芸術家たちが長期滞在に値する場所になっていったのである。

次代の当主アルベルト・アントン（1641―1710）もまた、こうした芸術や文化を重視する統治をおこなった。かれはルードルシュタット近郊の森ラーツフェルトに狩猟館をつくっている。この狩猟館には、天井裏にオーケストラピット専用の空間をもうけた広間をつくらせていた。残念なことにこの狩猟館は東ドイツ時代に、ピオニール団（東ドイツの共産体制下における政治的下部組織。5歳から14歳までの子どもたちが属した）の施設として改築されてしまった。さらに不幸なことに、ドイツ統一後には、悪意あるいたずらにより放火され、現在は廃虚として野ざらしの状態になっている。このホールでどのような音響効果が生み出されたのか、現在はそれを体験することはできない。ただし、この狩猟館の天井裏にしつらえられたオーケストラピットというアイデアは、ハイデックスブルク城の大広間へと受け継がれることになる。

鏡の間《シュピーゲルカンマー》と陶磁器コレクション

18世紀に入り、列強が君主の権力を強大化させて中央集権化をすすめるようになると、シュヴァルツブルク＝ルードルシュタット家もまた、中央集権化を推し進めることになった。一家は、ウィーンの神聖ローマ帝国皇帝宮廷へと働きかけることによって、公爵家へと爵位をひとつあげることに成功する。それを機に、ヨーロッパの一流貴族として恥じない宮廷づくりに着手した。フリードリヒ・アントン、ヨーハン・フリードリヒ、ルートヴィヒ・ギュンター2世、フリードリヒ・カールといった、18世紀前後の統治者たちは、相応の出費を重ねて、家名に恥じない宮廷をつくり、豪奢な生活を送った。そしてこの時代に、ハイデックスブルク城に今日まで残るコレクションの基礎がつくられることになる。

ここで、話の舞台を、18世紀の居城ハイデックスブルクに移すことにしよう。

16世紀にシュヴァルツブルク家が4分割されて、4人の兄弟で分割統治されたとき、四男のアルブレヒトがルードルシュタットを中心とする地域一帯を相続したことはすでに述べたとおりだが、この時にアルブレヒトが居城として選んだのが、ルードルシュタット旧市街の背後にせまる小高い丘の上に建っていたハイデックスブルク城であった。アルブレヒトがルードルシュタットを相続した当時、すでにこの丘には防塁としての機能を果たしていた古城が建っていた。初代君主のアルブレヒト、そして後継者ルードヴィヒ・ギュンターは、一家の新たな居城にふさわしいものにしようと、この防塁の外観をルネサンス様式にあらためることにした。さらに城の南翼には高価な鏡を多数はめこんだ鏡の間《シュピーゲルカンマー》もしつらえた。多数の鏡を内装にもちいた豪華な内装という点で、ハイデックスブルク城の鏡の間は、中部ドイツでは最初期のものであり、かつ現在では貴重な文化遺産となっている。驚くべきことに、鏡の間の間取りや鏡の位置などは、建築当時からほぼ変更されていない。残念なことだが、東ドイツ時代に上階で水漏れ事故があり、壁、天井、床の一部に大きな改修工事がほどこされてしまっている。とはいえ、鏡の間がハイデックスブルク城のなかで最も古い部屋ということにかわりはない。

建築当時、この鏡の間には２００余りの陶磁器が飾られていた。なかでも展示用のニッチ（壁龕《へきがん》）の曲面に鏡がはめこまれており、展示された陶磁器や背景の室内が鏡に乱反射することで生まれる不思議な視覚効果は建築当時からのもので、今日でも体験することができる。ドレスデンのザクセン王家の宝物館である「緑の円天井」もおなじような意匠が復元されており、その効果を実際に目にした人もいるだろう。

また、間取りは建築当時の姿を残してはいるものの、展示品とその展示方法は当時とは異なっている。この部屋には、陶磁器のほかに、彫刻、貝殻やサンゴ、美術工芸品、古代のメダル類もあわせて展示されていたことが資産目録から明らかになっている。展示品の多くが散逸してしまった現在では、展示品全体がこの鏡の間でどのような展示空間をつくり出していたのかは、残念ながら知ることはできない。現存する当時のコレクションのひとつとして、縦横50センチほどのガラスケース内に色とりどりの鉱石をつかって、全4層の鉱山とそこに働く坑夫たちのさまざまな仕事を再現した工芸品が伝承されている。瑪瑙の深い緑と細かな細工は、一見して完成度の高さを伝えており、同様な意匠を凝らした多数の展示品が、当時は鏡の間に飾られていたにちがいない（図14）。

現在ハイデックスブルク城の陶磁器コレクションは3600点以上にのぼり、そのうちの900点以上を占めるのがフォルクシュテット工房の陶磁器だ。一家とゆかりの古い「実りを結ぶ会」のシンボルであるヤシの木をモチーフとしたテーブルセット一式も収蔵されており、運良く展示時期が重なれば、見学が可能である。フォルクシュテット工房は、1762年にシュヴァルツブルク＝ルードルシュタット家お抱えの陶磁器工房として、ルードルシュタットの隣村フォルクシュテットに創設された。フォルクシュテットは現在、ルードルシュタット市の一部となっている。カーラやライヒェンバッハといった、日本でも知られるテューリンゲン地方の陶磁器工房のなかでも最も古い工房である。

ハイデックスブルク城には歴史的に価値のあるフォルクシュテット工房制作の作品が常時展示され

図14　鉱山と坑夫の模型

ている。またフォルクシュテット工房は、２００６年に経営体制を刷新し、社屋そして工房もまた大幅な改築がおこなわれた。現在では、陶磁器の創作現場の一部も見学できる。

ロココ風の大広間

鏡の間だけが、ハイデックスブルク城がシュヴァルツブルク＝ルードルシュタット家の居城となった時期の姿を唯一残している部分であると述べたが、ハイデックスブルク城は、幾度となく火災の被害をこうむっており、そのつどに大幅な改築がほどこされてきた。とりわけ１７３５年の大火はハイデックスブルク城のほとんどを焼き尽くしてしまった。奇跡的に鏡の間は無傷であったが、一家があつめてきた宝物の数々はこの大火により汚損ないしは紛失してしまったようだ。一部のコレクションをのぞいて、往時のコレクションは、残された目録から想像するしかない。

この大火の年は、一家が一族の威信をヨーロッパの貴族社会に示そうと躍起になっていた時期とも重なっており、これ幸いと当時の君主フリードリヒ・アントン（１６９２―１７４４）は、ハイデックスブルク城をより壮麗なものに改築することを即断する。フリードリヒ・アントンは、城の設計を、ドレスデンのツヴィンガー宮殿を設計したザクセンの宮廷建築士マテウス・ダニエル・ペッペルマン（１６６２―１７３６）に依頼する。だが、ペッペルマンの突然の死去によって、その望みは叶えられなかった。フリードリヒ・アントンは、ペッペルマンの後任であるヨーハン・クリストフ・クネッフェル（１６８６―１７５２）にハイデックスブルク城のグランドデザインを依頼することになった。

クネッフェルは、ドレスデンのロココ趣味建築を代表する建築家として、今日でも名を残している。ドレスデン宮廷教会の向かいのエルベ川河畔につくられた高台は、依頼主であるブリュール伯の名前をとって「ブリュールのテラス」と呼ばれている（図15）。このテラスとそこに居並ぶブリュール伯が所有した一連の建物を設計したのが、クネッフェルであった。テラス上にしつらえられた庭園は現在でも自由に散策することができるし、かつてブリュール伯が所有していた豪邸の数々は、美術館や芸術大学の校舎として今日でも利用されている。当時、これらの建物は、ブリュール伯個人の図書館や絵画館として利用されていた。ブリュール伯所有の絵画コレクションが、そのままロシアに売却され、サンクトペテルスブルクのエルミタージュ美術館の基礎となったことはよく知られている。また貴重な蔵書のほとんどは、ドレスデンの宮廷図書館に移設された。ただしドレスデンの空爆のために、宮廷図書館の蔵書の多くは焼失や消火のためにまかれた水によって破損してしまった。戦火をくぐり抜けた数少ない稀覯本は現在、ドレスデンの州立図書館に保管されている。

ドレスデンのロココ建築を生み出したクネッフェルの意匠は、ハイデックスブルク城のファサードに認めることができる（図16、17）。しかしクネッフェルが、自らの才能を惜しげもなくつぎ込んだの

図15　ブリュールのテラス

は、外観ではなく城の中であった。そもそも戦闘拠点としての防塁であったハイデックスブルク城が居城として利用されはじめると、増え続ける使用人のための居室が城内には無秩序に増築され、複数の小部屋が廊下でつながる迷路のような内部になってしまった。

そこでクネッフェルは、フランスのベルサイユ宮殿やザクセンのツヴィンガー宮殿を参考にして、西翼の中心に謁見やセレモニーで使うための大広間をおき、その両脇に小さな控えの間をいくつか用意した。謁見を求める客人たちは、城に入ると大広間の手前の控えの間で待機する。そして城の城主たちもまた反対の控えの間で待機し、一同が真ん中の大広間で会するのである。それまでは謁見となれば場内の長い廊下を列をなして練り歩かなければならず、使用人の部屋など本来は見せなくてもよい部分を否応なく見せなければならなかったのだが、その心配もなくなった。さらに古くから宮廷楽団を召し抱えていたシュヴァルツブルク家ならではのこと、大広間の一角の天井近くには、オーケストラピットも用意され、城主一族がセレモニアルに登場できる舞台が首尾よく整えられることになった。

とはいえ、城の改築工事はなかなか進まなかったようである。結局、城の改築は、フリードリヒ・アントンとその息子ヨーハン・フ

図16 ハイデックスブルク城のファサード（戦前の絵はがき）

リードリヒ（1721―56）の親子2代にわたる大事業となってしまった。息子ヨーハン・フリードリヒはグランドツアーでみずからが見聞したオランダやフランスの居城をモデルとして、ハイデックスブルク城改築をみずから指揮することもいとわなかった。かれは、ルードルシュタットにめったに顔を出さないドレスデンの宮廷設計士クネッフェルを解雇し、ザクセン＝ヴァイマル家の宮廷設計士ゴットフリート・ハインリヒ・クローネ（1703―56）を新たな設計士としてルードルシュタットに呼びよせた。

クローネは、ザクセン＝ヴァイマル家お抱え建築師であり、テューリンゲン地方、たとえばアイゼナハ、イルメナウ、エアフルトなどの町にロココ風建築を多数残している。ヴァイマル市の郊外に位置する、陶磁器をはじめとする工芸品を展示しているロココ風のベルヴェデーレ城は、クローネの代表作だ（図18）。ヴァイマル旧市街地の中心から、ベルヴェデーレ城までは徒歩で20分ほど。陽気のいい季節であれば、イルム川ぞいの緑地の散策をかねて、訪れてはどうだろうか。

クローネは大広間を中心にすえたクネッフェルの設計プランを引き継ぎ、ほとんど変更を加えることはなかった。むしろ、クローネ

図17　ハイデックスブルク城の現在の姿（戦前の姿とかわらない）

の仕事は、この大広間と控えの間に豪奢なロココ風内装を実現することであった。一時期、日本のテレビで放送されていた、ハイデックスブルク城の控えの間での室内楽演奏を録画した映像を見た人もいるだろう。クローネはその意匠を実現するために、多数の芸術家たちをルードルシュタットの建築現場に呼んだ。まず、イタリアからはジャン・バプティスト・ペドロッツィを芸術監督として招聘し、ローレンツ・ダイズィンガーには天井画をまかせ、ゴータの宮廷画家ヨーハン・ハインリヒ・リッター、そしてその豊かな才能から「風景画家のラファエロ」と称賛されていたクリスティアン・ヴィルヘルム・エルンスト・ディートリヒ（1712―74）に壁画を依頼した。彫刻家のカール・アドルフ・ケンドラーをはじめとする彫刻家と漆喰職人たちには壁の細かな意匠をまかせた。かれらの共同作業によって、ハイデックスブルク城の大広間は調和のとれた芸術空間へと生まれ変わった。ハイデックスブルク城はこの瞬間から中部ドイツの居城芸術の模範としてみなされるようになったのである（図19）。

絵画コレクションと宮廷図書館

子宝に恵まれなかったヨーハン・フリードリヒの死後、シュヴァ

図18　ベルヴェデーレ城（ヴァイマル）

ルツブルク家の家督は、かれの叔父にあたるルートヴィヒ・ギュンター2世（1708—90）が引き継ぐことになった（図20）。

ルートヴィヒ・ギュンター2世は、シュヴァルツブルク家の希有なコレクションの基礎を築いた人物である。ルートヴィヒ・ギュンター2世は、大広間の2階部分を宮廷図書館へと改築。当初の蔵書数はおおよそ7000冊と記録されている。図書館の隣室には、63点の絵画が展示されていたことが史料から判明している。絵画コレクションは、ドレスデンの宮廷画家ヨーハン・アレクサンダー・ティーレ（1685—1752）の風景画をはじめとして、イタリアやオランダの絵画を多数含んでいた。これらの多くは、ルートヴィヒ・ギュンター2世が、グランドツアーとしてイタリアとオランダを旅したときに購入したものである。この絵画コレクションは、ルードルシュタットを訪れる旅行者たちにも公開されていたようで、コレクションの質の高さを伝える旅行記がいくつも残されている。

このルートヴィヒ・ギュンター2世は、無類の馬好きだったようで、たくさんの馬の絵を描いていた。その作品はもともと一家の古城シュヴァルツブルク城の一室「馬の部屋」（Pferdezimmer）に飾られていた。大戦中、シュヴァルツブルク城はヒトラーの命令によっ

図19 大広間

て改築が推進されており、さらに悪いことに、戦火によって破損、現在は復元改築が進められている。戦火を免れた馬の絵画の一部は、現在ハイデックスブルク城に展示されている。

ルートヴィヒ・ギュンター2世の孫にあたるルートヴィヒ・フリードリヒ2世（1762―1807）もまた、絵画や美術品の収集に興味をもっており、コレクションの拡充につとめた君主として知られている。ルートヴィヒ・フリードリヒ2世は、儀礼で用いられる大広間のある西翼はコレクションを一般に公開するには不向きと判断し、市街地からつづく城への坂道をのぼったところにあたる城の南翼に、新規に絵画を展示する専用のスペースを設けた。もちろん、コレクションは市民や旅行者に一般公開されていたことから、ルードルシュタットは中部ドイツの芸術の町として評価され、19世紀には多くの画家が滞在する文化都市となった。

絵画展示のための専用スペースがつくられる一方で、増大する蔵書を場内に保管する場所がなくなってしまった。蔵書の保管と閲覧の便宜をはかるため、1804年に、宮廷図書館は市内の建物に移設されることになる。くわえて、もともと図書室だった大広間の上階は普通の住居として使われるようになった。一家の歴史に関連す

図20　ルートヴィヒ・ギュンター2世

る貴重な写本類については、城の北側の保管庫に収められていたが、保管状態が悪く、水害やカビの被害で多数の本が修復されたことが史料に記録されている。現在、ハイデックスブルク城には古い図書室が再現されているが、これは当時の図書室の雰囲気に似せて、展示用に制作されたものとなっている。

自然科学コレクション

ハイデックスブルク城は現在、ルードルシュタット市の博物館として利用されている。ハイデックスブルク城を訪れる人は、ルードルシュタット市やその近郊の歴史に関連する常設展示をまず見学することになるだろう。この展示の隙間に、これまで紹介してきた稀覯本、陶磁器、古い絵画が飾られている。また、ルードルシュタットにかつて暮らしていたユダヤ人についての記録やテューリンゲン地方出身の地元芸術家たちの作品も眼にするはずである。美術品としては、19世紀に日本からもたらされた陶磁器や仏教美術品も、わずかだが展示されている。そして、鏡の間がかもしだす歴史的な重み、それからロココ趣味の大広間が生み出すめまいを催すような大空間を体感することもできる。こうした数々の展示品の背後に隠れてしまっているのだが、ハイデックスブルク城には、ドイツ国内でも質量ともに屈指の自然科学コレクションが眠っている。

陶磁器、古銭、彫刻、はく製、標本、サンゴ、カメオなどを集めたヴンダーカンマーを、シュヴァルツブルク=ルードルシュタット家の当主たちも所有していた。しかし18世紀初頭の城の火災によってコレクションは解体してしまい、鏡の間に残された陶磁器をはじめとするコレクションだけが残ったことは既に述べた通りだ。すでに紹介した鉱山と坑夫の仕事を鉱物で表現したミニチュアやオウムガイの貝殻でつくられたいくつかの杯は、大火によって失われたヴンダーカンマーのコレクションに含まれていたものと判断できる（図21）。

現在、残っている自然科学コレクションは、大火以降、シュヴァルツブルク家の当主たちがつくりあげたものであった。コレクションの基礎を置いたのは、大広間のうえに図書館をつくったフリードリヒ・ギュンター2世とその息子フリードリヒ・カール（1736—94）であるが、とりわけ、息子のフリードリヒ・カールの役割が大きかった（図22）。父が長命ということもあって、フリードリヒ・カールが統治をはじめたのは、54歳と遅かったが、若い頃から患っていた神経症も悪化しており、3年後の1793年には死去している。フリードリヒ・カールのコレクションは長かった皇太子時代に完成したもので、そのコレクションが展示されていたのも、ハイデックスブルク城ではなく、長きにわたってかれの住居であった旧市街内のルートヴィヒスブルク館であった。

フリードリヒ・カールは1755年から1年半、南ドイツを経由し、リヨン、パリに長期滞在するグランドツアーをおこなった。小

図21　オウム貝の杯

国とはいえ、君主になることを意識していたフリードリヒ・カールは、各地の宮廷へのおひろめ訪問と平行して、パリやリヨンでは工場や工房などを積極的に視察した。父は無類の馬好きであったが、息子のほうはグランドツアーから帰国後、1757年3月に乗馬の最中に落馬、さらに馬に蹴られるという大けがを負った。その後約8年にわたって、病気の治療のために室内に引きこもる生活を余儀なくされる。かれの治療にあたったのが、宮廷医で地理学者のゲオルク・クリスティアン・フュクセル(1722―73)であった。フュクセルがフリードリヒ・カールに、貝殻や昆虫の標本収集をすすめた張本人であった。

宮廷内の記録によると、まさに落馬事故が発生した1757年に、貝殻、蝶の標本ひと箱を所有していたことが伝わっている。おそらくは、フュクセルから送られたものであったのだろう。外出することの少なかったフリードリヒ・カールのコレクション熱は一気に高まり、鉱物、貝殻、化石、動植物の標本類だけでなく、当時の磁気実験に関連する実験器具もその収集対象となった。さらに大きな池を3つも配置した植物園をつくらせ、そこに300種をこえるハーブや樹木を栽培させたのだった。

図22 フリードリヒ・カール

フリードリヒ・カールは、療養中の1763年、ハレとライプツィヒを短期訪問している。表向きの用務はライプツィヒの見本市の視察であったが、ハレでは孤児院（現在のフランケ財団）のコレクション（第5章ハレを参照）を見学、ライプツィヒではリヒター博物館を訪れている。リヒター博物館は、ライプツィヒの商人にして市参議のヨーハン・クリストフ・リヒター（1689―1751）が築いた18世紀ドイツを代表する自然科学の大コレクションであった。フリードリヒ・カールは、数十年後にリヒターの貝殻類コレクションの一部を購入することになるとは夢にも思わなかっただろう。

このリヒター博物館の膨大なコレクションは、リヒターの死後、オークションで分売された。フリードリヒ・カールはオークションでリヒターのコレクションの一部を入手したが、おなじようにリヒターのコレクションを購入した貴族に、ザクセンの小貴族シェーンブルク＝ヴァルデンブルク家のオットー・ヴィクトールがいた。オットー・ヴィクトールは、ライプツィヒの薬局経営者リンクの自然科学コレクションを買い取った人物としても知られている。かれが購入したリヒターとリンクのコレクションは、シェーンブルク家の居城ヴァルデンブルク城そばの自然科学博物館に収蔵され、ところ狭しと展示されている。ヴァルテンブルクはザクセン州のエルツ山地の中腹、交通の便が不便なところに位置しているが、一度訪れてみてほしい。東ドイツ時代にガン治療の専門病院として利用されていたヴァルデンブルク城も一見の価値がある。

話をルードルシュタットに戻そう。フリードリヒ・カールのコレクションは、主治医フュクセルのアドバイスのもと順調に拡充していったが、コレクション整理のために、1778年にイェーナ大学を修了したばかりのルートヴィヒ・クリスティアン・ケメラー（1755―97）という若者を雇用した。178

5年にはルートヴィヒスブルク館内の7部屋がコレクション展示のために使われていたという。コレクションを管理するケメラーは、1786年と1791年にフリードリヒ・カールのコレクションの中核をなす貝殻類の分類目録を出版しており、往時のコレクションが学術的にも貴重なものであったことを今日にまで伝えている（図23）。

フリードリヒ・カールは自身のコレクションの拡充と同時に、書簡などで各地の学者たちとも積極的に親交を結んだ。かれの文通相手には、三葉虫の命名者として有名なイェーナ大学の神学者で地理学者のヨーハン・エルンスト・イマヌエル・ヴァルヒ（1725―78）や、ベルリンの科学者フリードリヒ・ハインリヒ・ヴィルヘルム・マルティーニ（1729―78）がいた。マルティーニは、貝類の彩色された銅版画を多数綴じこんだ12巻におよぶ貝類学（Conchologie）の大著を残しているが、これにはフリードリヒ・カールが所有していた貝殻も掲載されている（図24）。

化石や貝殻類をコレクションの中心にしたフリードリヒ・カールの収集熱は、1790年までに62777ターラーをつぎこむまでになっていた。こうした大金をつかって、フリードリヒ・カールは、クックが世界周航から持ち帰った貝殻の含まれるコレクションをロ

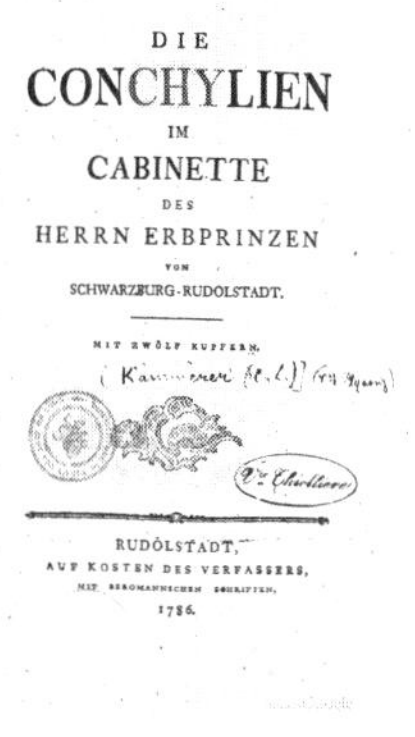

図23　ケメラーのカタログ（表紙）

図24　フリードリヒ・カールが所有していた貝の銅版画

ンドンから、イェーナ大学のカルトシュミートのコレクション、上述のライプツィヒのリヒターが築いたコレクションの一部を購入していた。もちろん、コレクションを購入するためには、ケメラーをはじめとするルードルシュタット在住の科学者たちを下調べに派遣したり、化石の収集旅行を組織し派遣することもあった。フリードリヒ・カールが自然科学コレクションに注入した資金はその何倍にもなったはずである。残されている宮廷帳簿からは、使途は明記されていないものの、毎年1000ターラー以上の金が、フリードリヒ・カールにあたえられていたことが確認できる。たぶん、そのほとんどはコレクションのための支出であったようである。

とはいえ、異常なまでの収集熱で、金銭を蕩尽したフリードリヒ・カールのコレクションはルードルシュタットの名所のひとつとして旅行ガイドで掲載されるほどのものに成長していた。

フリードリヒ・カールの死と前後して起こったフランス革命、それにつづくナポレオン戦争が惹起した政情不安によって、シュヴァルツブルク＝ルードルシュタット家の君主自身の手によって、コレクションの大規模な拡充がなされることはなくなってしまった。しかし、その後もコレクション専属の管理者のもと、オークションや寄贈などで着実にコレクションの多様化がはかられている。それは、手薄な分野をうめるような学術的な裏づけをともなった堅実な拡充であった。19世紀になると、このコレクションは、ルードルシュタットのギムナジウムの自然科学教育にも使われた。

フリードリヒ・カールの息子ルートヴィヒ・フリードリヒ2世は、混乱期に小国のかじ取りに苦悩した。性急な領地改革は頓挫し、フランス革命後のヨーロッパ列強の覇権争いのなかで中立を保つものの、最終的にはナポレオン軍によってルードルシュタットは占領されてしまう。ナイーヴな君主は、現実世界の埋め合わせとして、中世祭に興じたり、絵画や演劇サークルをつくり、ドイツ各地から作家や俳優たちを呼び寄せた。ルートヴィヒ・フリードリヒ2世が、絵画コレクションを拡充して、絵画館を設置し市民に公開した背景には、こうした政治的な不安があってのことであった。

コレクションの現在

第1次世界大戦の終結に呼応して、シュヴァルツブルク＝ルードルシュタット家はテューリンゲン州に編入された。一家が代々集めてきたコレクションも、ルードルシュタット市に移管されることになった。第2次世界大戦中の混乱のさなか、1944年には、テューリンゲン州の教育省は自然科学コレクションの分割を決定した。その結果、コレクションの一部がイェーナ大学と近郊の街グロースコッホベルクへと移設された。戦後、ハイデックスブルク城は市の博物館となり、シュヴァルツブルク＝ルードルシュタット家のコレクションは一般に公開されることになった。戦時中に移設された自然科学コレクションも、すべてではないが、ルードルシュタットに戻された。

現在のハイデックスブルク城では、貝殻、化石、動物の剥製がヴンダーカンマーのごとく陳列されているが、これも往時の展示をまねて配置されたものである。しかし展示されているのは、城に保管されたコレクションのごくわずか一部のみで、コレクションの大半は保管庫で研究資料として活用されている。展示されているのがコレクションの一部とはいえ、多種多様な形の色鮮やかな貝殻や鉱石の数々を眼にすれば、その充実度に驚くことはまちがいない。中心地をもたないドイツの領邦体制が生み出した地方都市の文化の高さをかならずや感じることができるはずである。

（吉田耕太郎）

5. ハレ　孤児院が残したコレクション

塩の街

マグデブルク司教領が直轄する塩田地として繁栄してきたザーレ河畔の街ハレ（Halle an der Saale）が本章の舞台だ。ドイツの地理に詳しい人なら、ハレがマグデブルクの領地と聞くと、驚くのではないだろうか。ハレは、ザクセンのライプツィヒから30キロしか離れておらず、ハレをザクセンの一部と思っている人も多いはずだ（図1）。

このふたつの街は、ドイツ鉄道の各停列車でも30分とかからずに行き来できる距離にある。ライプツィヒ＝ハレ空港は、この両市のほぼ中心に位置しており、ドイツ鉄道の線路ぞいにある。両市とも現在では中央ドイツの中核都市であり、ドイツ東部の物流の拠点となっている。それぞれの街に大学をはじめ企業の本社や支社が多数おかれている。ドイツでは多くの人が職住環境の接近した生活を送っているが、このふたつの街のあいだを朝に晩に通勤通学する人は少なくない。

海のないドイツの内陸部に製塩所があるというのも、海に囲まれた日本に住む私たちには不思議なことだが、ハレには塩分が多く含まれたわき水が採取できる場所がある。かつて塩田のあった場所に現在も塩の博物館が建てられている（図2）。博物館は旧市街から歩いていける距離にあって、現在でも塩水はわき出ている。そこでは昔ながらの製法を模した塩の精製場も展示されており、この製塩所でつくられた塩を購入することもできる。

プロイセンとハレ大学

ハレを支配していたマグデブルクは10世紀から中部ヨーロッパを統括する大司教区であり、東方のスラブ人への布教活動の前線基地であった。マグデブルクの繁栄も、宗教改革を経て、30年戦争中の2万人を超すカトリック教徒たちの虐殺という悲劇によって終わりをつげる。30

図1　ハレの位置

年戦争後の混乱期、壊滅状態のマグデブルクはしばらく、ザクセン侯国の領地であったものの、1680年以来ブランデンブルク侯国に組み入れられることとなった。ハレはブランデンブルク伯領ならびにブランデンブルク伯がプロイセン王となったあとは、プロイセン王国領のなかで西南の端に位置する辺境となった。

まさにこの辺境という位置が、ハレの運命に少なからず影響をあたえることになった。、1694年、このハレの地にブランデンブルク選帝侯は大学を設立するよう働きかける。しかもいわゆる自治権をもった4学部からなる伝統的な大学ではなく、君主主導の実利に重きをおいた教育機関である。ハレの30キロ東には伝統あるライプツィヒ大学があったわけだが、新旧ふたつの大学の性格は正反対のものであった。それはまず人事にあらわれている。ハレの初代学長という任務をゆだねられたのは、神学者でも法学者でもなく、クリスティアン・トマジウス（1655―1728）という若い哲学者であった（図3）。かれはもともとライプツィヒ大学の私講師であったが、慣例であった講義でのラテン語使用を一掃し、教壇からドイツ語で学生たちに語りかけた。また、教える内容も、処世術のような従来の大学では教えられることのなかったものをとりあげた。ト

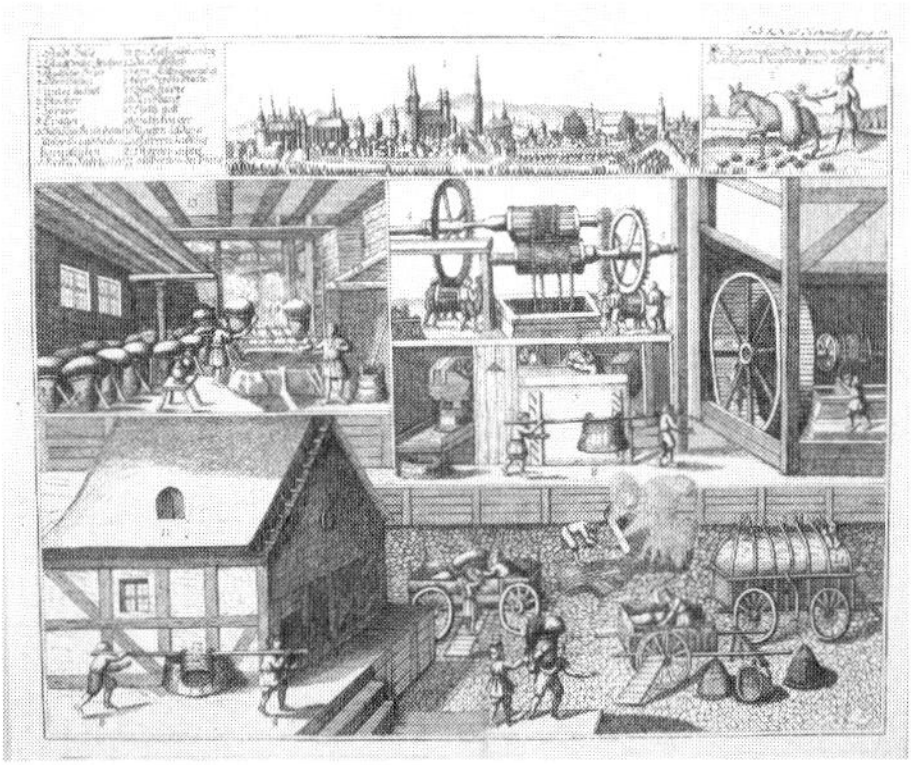

図2　ハレの製塩所、製塩方法の図式

マジウスは古典の訓詁解釈に拘泥する旧来のスコラ的学風から距離をとり、役人や宮廷官吏として役立つ人材の育成を大学教育の義務と考えていたのである。しかしながら改革者トマジウスに対する風当たりも強く、ライプツィヒ大学の古い教授陣の画策により、1690年にザクセン領内での一切の講義活動を禁止する命令が下ってしまう。そして、ザクセンでの活動の道を断たれたトマジウスに、待っていたとばかりに声をかけたのがブランデンブルク選帝侯フリードリヒ3世（1657―1713）であった（図4）。

その歴史をたどってみると、ブランデンブルクは国力増大という目的のために、国外から有能な人材の移住や移民を幾度となく受け入れてきた。なかでも有名なのは、ナントの勅令で迫害されたユグノー派の受け入れである。ブランデンブルクは、信仰の保護だけでなくフランス語での生活を認めるという高待遇でもってかれらを迎え入れた。フランスにて毛織物や貿易などを担っていたユグノー派を取りこむことで、ブランデンブルクは着実に国力を高めてきたのである。

ベルリンのウンターデンリンデンからみえるフランス教会（ウンターデンリンデン通りは、ベルリンの城壁の外から一直線にのびる道であっ

図3　クリスティアン・トマジウス（銅版画）

図4　フリードリヒ3世（のちのプロイセン王フリードリヒ1世）。ベルリン・シャルロッテンブルク城の中庭にあるブロンズ像

た）は、かれら移民たちの教会であり、いまやベルリン最大の中心地であるこの教会の周辺が移民たちの居住地であった（図5）。こうした宗教難民の受け入れは、それ以降も、プファルツ地方やザルツブルク地方からもおこなっている。30年戦争で人口が激減したマグデブルクも同様に、こうした宗教難民の入植地であった。

国力を高めてきたブランデンブルク選帝侯は、もともとドイツ騎士団（チュートン騎士団とも呼ばれる）が開拓してきたドイツ北東部のバルト海沿岸地域を領地とするプロイセン王国を1701年に樹立、みずからプロイセン王フリードリヒ1世を名乗った。当時は選帝侯国ザクセン侯がポーランド国王、選帝侯国ハノーファー侯がイギリス国王をかねていた時代であり、ブランデンブルク伯もまた、プロイセンという国をつくり、その国王となることで、神聖ローマ帝国内での覇権争いを優位に進めようとしたのである。ハレ大学を新設し、そこにトマジウスという人物をすえたのも、このあたらしい王国プロイセンのために働く有能な役人や官吏を育成するという目的があってのことだった。

ハレ大学は、1817年にヴィッテンベルク大学と合併し、ハレ＝ヴィッテンベルク大学と名乗っている。学舎や図書館など大学と

図5　ベルリンのフランス教会

しての実質的な機能はハレに移管された。ハレの市街地を観光してみれば、町のいたるところに大学関連の建物が点在していることに気づくだろう。大きな講義棟や図書館も市街地にあるため、ハレはドイツの大学街の雰囲気を味わうには絶好の都市といえる。またハレには、ほかのドイツの町ではほとんど残っていない城壁や堀の一部も残されている。城壁をみながら、往時の街のようすを想像してみるのも楽しいだろう。

アウグスト・ヘルマン・フランケ

ハレ大学の新設に前後して、１６９１年、ひとりの牧師がグラウハと呼ばれたハレの隣村の教区に呼ばれた。かれの名は、アウグスト・ヘルマン・フランケ（１６６３―１７２７）、エアフルトやライプツィヒで神学を修めた牧師であった（図6）。

　宗教改革ならびに30年戦争を経て、信教の自由を充分に謳歌した17世紀末、プロテスタントの内部では、信仰心をあらためて奮い起こす改革運動があちこちでみられるようになった。それらは小さな新教団という形であらわれはじめた。この新教団のなかでもとりわけ有名なのは、ドイツ東部のヘルンフートに住んでいたヘルンフー

図6　アウグスト・ヘルマン・フランケ

ト教団であろう。その地で形骸化するプロテスタントにあらためて信仰の重要性を吹き込もうと、かれらは信仰を中心においた集団生活を営んでいた。

フランケも、おなじようなプロテスタント内の改革運動に積極的にかかわっていた活動家であった。フランケが推進していた運動の名は、敬虔主義《ピエティスム》といって、教会で牧師の説教を拝聴すればそれでよしとみなされていたプロテスタント信徒の形骸化した生活を、厳しく正すことを目的とした運動である。そのかわりにフランケら敬虔主義者たちが重視していたのが、信者たち自身の力でもって神の啓示に近づくことであった。教会に通うことでキリスト教徒になるのではなく、信者はみずから意志をもって信仰しなければならないと、フランケたちは考えていた。信仰というものを信者それぞれの内面の問題へと置き換えたのが敬虔主義だった。

敬虔主義で重要視されたのは、ただ受動的に説教を聞くことではなく、個人で聖書に向き合うこと、個人で神を瞑想すること、そして日常の生活を信仰に照応して律することであった。敬虔主義を信奉する敬虔主義者という語が、なにかにつけて信仰に合致しているのかどうかを気にする「敬虔ぶった輩」という蔑称に由来しているのもうなずける。

ライプツィヒで神学を習得したフランケは、敬虔主義の理念に共鳴した市民たちを集めて、私室で聖書の購読会をおこなっていた。正しいキリスト者であるためには、みずからの力で神の言葉を理解しなければならず、フランケはその手伝いをしていたわけである。いまでこそ、聖書を本屋で購入し、好きなように読んでもなんのお咎めも受けないが、当時は聖書を無知な民衆が勝手に手にし、さらには勝手に解釈するのは、聖書への冒瀆でしかなかった時代である。ライプツィヒ大学の神学部は、フランケを「聖職者」とはみなしておらず、正当な神学者の導きなしに聖書を購読するフランケの読書会を危険行為と断定したのである。1690年3月10日、フランケたち敬虔主義者の会合がザクセンで禁止された。さらに、フランケ本人のザクセン領内からの即時追放が決議されたのである。

ザクセンを追われたフランケは、仲間を頼りにエアフルトに隠遁した。このとき、おなじくライプツィヒを追われてハレに呼ばれたトマジウスがフランケに助け舟をだしたことは、容易に想像できる。プロイセン王国樹立にさいして君主権力の増大を目論んでいたブランデンブルク選帝侯も、フランケの敬虔主義を保護することで、領内の既存のプロテスタント勢力に対抗させることを画策した。当然ながら、敬虔主義がモットーとした、規律正しく自己管理できるような人物は、ブランデンブルクの国力増大に寄与する有能な人材と認められたのはいうまでもない。そこで1692年、ブランデンブルク選帝侯は、フランケをハレ隣村のグラウハの牧師として招聘した。同時にフランケは、トマジウスが立ち上げに奔走していたハレ大学のギリシア語ならびにヘブライ語の古典語教師にも任命され、トマジウスと手を結んでハレ大学の基礎を築くことになる。

さて、本章で紹介するのは、敬虔主義者フランケが設立した孤児院に残されているコレクションだ。この孤児院のコレクションは18世紀当時の姿をとどめており、ドイツでも希有なコレクションとしてよく紹介される。現在、この孤児院は孤児をひきとってはいないものの、フランケ財団と名称を変更し、キリスト教を基盤とした教育文化活動をおこなう団体として活動を続けている。

まずフランケが設立したこの孤児院について、簡単に紹介しておくことにしよう（図7、8、9）。

1692年にグラウハへとやってきたフランケは、牧師として教区の人びとと接するなかで、人びとの無知、とくに子どもたちの置かれている劣悪な生活環境と教育レベルの低さに驚愕した。1682年に猛威を振るったペストで、ハレとその隣村の人口は激減、人びとの生活状況はいまだ改善せず、親を失った孤児がハレをはじめ隣村のグラウハにはたくさんいたのである。フランケは当時の状況を次のように書き残している。

図7　孤児院本館（現在の姿）

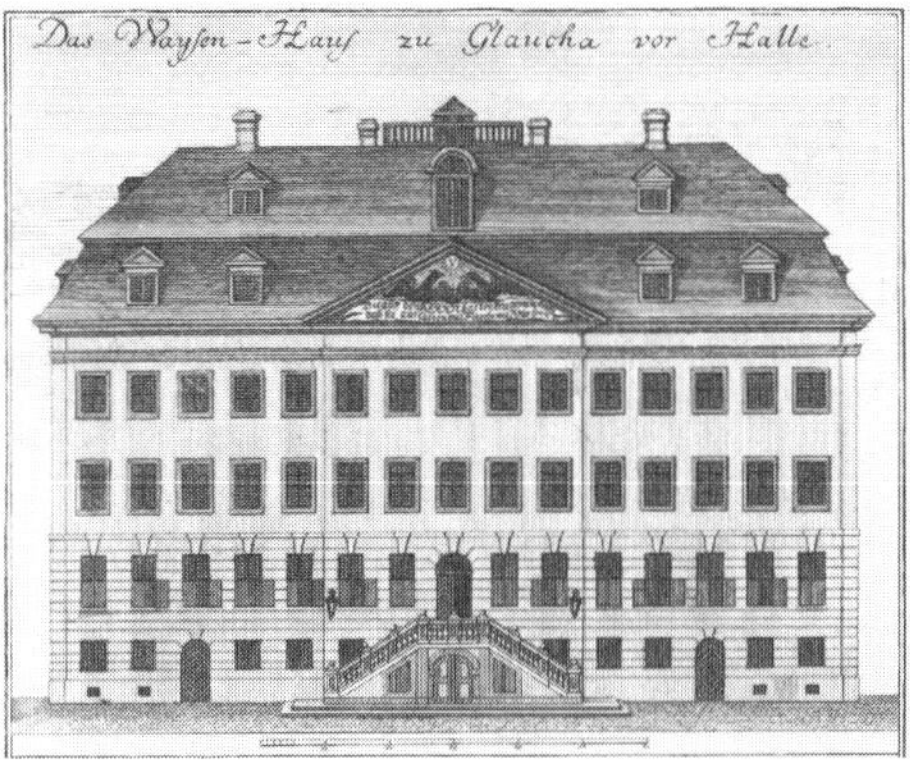

図8　孤児院本館（18世紀の銅版画）

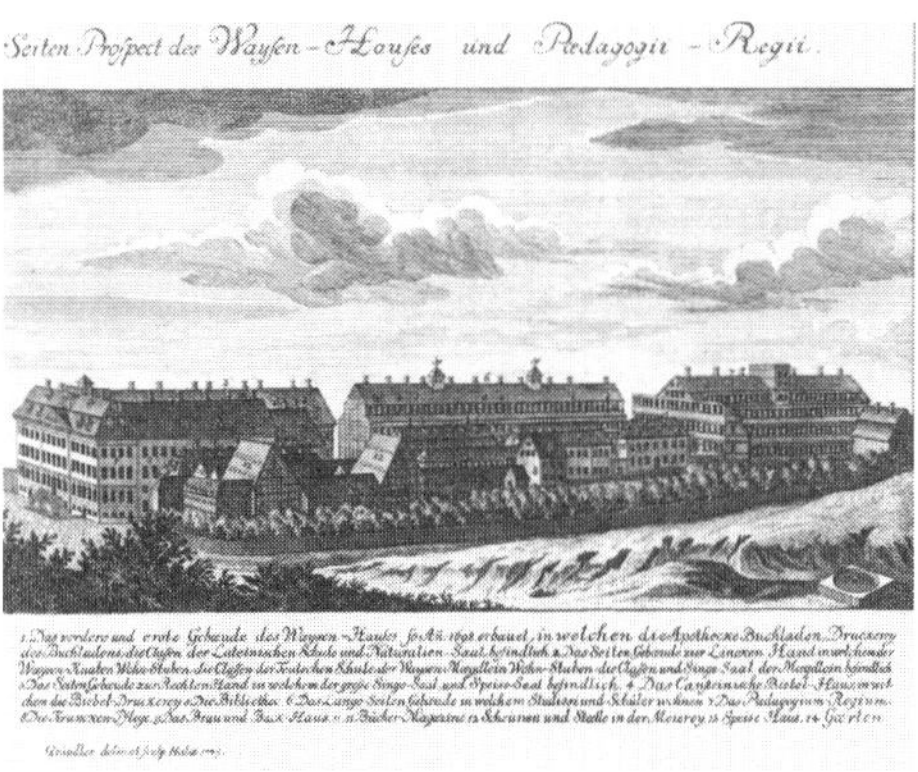

図9　18世紀当時の孤児院のようす

何千もの貧しい子どもたちを荒廃するにまかせていたらどうなってしまうか。たくさんの物乞いたちを国中に放置しておいたらどうなってしまうか。かれらが悪弊《あくへい》をもたらすことは明らかだ。生きていく手段もなく、教育も受けていない人びとに、誰も見守ることなく規律のない生活を送らせていようものなら、かれらは何もしなくなってしまう。こうした貧しい人びとは、結果として、窃盗、強盗、殺人、盗賊になってしまうだろう。

教区の悲惨な状態を改善すべく、フランケは、困窮する人びとに対して、日曜日に教会に足を運ぶように説得をつづけた。さらに、子どもたちには日曜日の午後に読み書きと聖書を教えた。この慈善活動は、1695年には貧民学校として結実する。フランケのもとに通う子どもたちは、最低限の食事と教育を受けることが可能となった。しかし、それでも貧民学校に通う子どもたちの数は、減るどころかむしろ増えていった。そこでフランケは、大規模な慈善組織の設立をブランデンブルク選帝侯に打診する。1698年に選帝侯の許可が下りると、フランケはハレ市城壁のそばに孤児院を設立することになった。

これが現在まで存続するフランケの孤児院のはじまりだった。孤児たちをひきとったフランケは、敬虔主義の理念に基づく規律正しい集団生活を子どもたちに送らせた。孤児院での子どもたちの生活を記録する当時の史料は、ほぼ失われることなくフランケ財団に残されており、孤児たちは、読み、書き、計算といった基礎教育を受け、善良なキリスト教信者となるための聖書講読を毎日特定の時間に受けていたことがわかっている。孤児院での共同生活のなかでは、遊びや余暇は悪徳と位置づけられていたため、子どもたちの気分転換として推奨されたのが、畑や果樹園での農作業であり、女児は編み物などの手作業をおこなった。孤児たちは、ゆくゆくは自立して孤児院を出なければならない運命にあったため、日々の糧を得るための技能を習得させることもまたフランケの重要な役目であった。

フランケの教育理念は、風紀が乱れて荒廃していたハレ近隣では好意的に受けとめられた。旧来のプロテスタント信者との争いも絶えることはなかったが、「神の教えとは、単なる知識や観察のうちにはない。神の教えに基づき意志と感情を律することのうちにある」という強い主張を繰り返して、敬虔主義の立場をフランケは貫いた。その敬虔主義に基づく活動の効果も次第にあらわれ、孤児院の運営地盤は日増しに確固としたものになっていった。もともと教区の孤児を対象とした慈善事業であったが、しだいにハレ近郊の市民や貴族たちのなかにもフランケの活動に共鳴する人たちが名乗りをあげ、孤児院に寄付をするようになったのである。なかには、子どもたちをフランケに預け、教育を受けさせる裕福な市民もでてくるようになった。孤児院は、孤児を保護するという慈善事業を継続する一方で、裕福な市民や貴族から寄付を募るかわりに、その子どもたちにしっかりとした教育を施す寄宿舎学校としての役割も果たすようになっていった。

さまざまな出自の子どもたちが共同生活を送ることになった孤児院では、教育カリキュラムも自然と多様化することになった。たとえば、将来牧師をめざす子どもには、ラテン語、ギリシア語、ヘブライ語などの古典語の授業が提供され、市民や貴族の子息には、地理や天文学などの授業もおこなわれた。さらに１６９７年には、こうした裕福な身分の子どものための学校が孤児院とは別個の組織として立ち上げられている。その翌年1698年には、女児だけを集めた女学校も開校した。しかしながら、フランケの教育理念の根幹に位置する敬虔主義には揺らぎはない。聖書購読と祈りの時間は身分に関係なく、すべての子どもたちの日課であった。1698年の設立から、フランケが死去する1727年までのあいだに、約3000人の子どもたちがこの孤児院でフランケの教育を受けたといわれている。

これまで基礎教育を担当する教師といえば、神学を学んだ牧師たちが、寺子屋のごとく、毎日曜日に教会で読み書きを教えていただけだったが、フランケは教師たちの養成にも改革の眼を向けており、1696年にはハレ大学に教職者を養成するカリキュラムを設置している。こうした教員養成の専門コースがドイツで設置されたのは、ハレ大学がはじめてであった。

フランケが設計した孤児院は、学校、寄宿舎、食堂、病室、作業工房、ビール醸造所、パン工房、薬局、ブドウ園、薬草園、薪置き場などの複数の施設がひとまとまりになった大規模なものであった(図10、11)。このグラウハの孤児院の建築群は、幾度となく改修されたものの、建築当時とまったくおなじ位置に、おなじ大きさ、お

図10　孤児院の中庭（本館の階段踊り場より）、左側がハレ旧市街

図 11　付属の図書館、18 世紀初頭の本が開架となっている。ところどころみえる背表紙が灰色がかっている本は、安価な着色していない白い皮による製本によるもので、実用本位の製本としておもに学者たちに好まれた

なじ外観のまま、現在も残されている。孤児院の広い中庭に入ると、映画のセットさながらで18世紀にタイムスリップしたかのような錯覚を味わうことができる（残念ながら現在では、一部の建物に後づけされたエレベーターがみえたりするのだが）。18世紀当時の本を開架している付属の図書館もまた、独特の雰囲気がある。現在も利用可能だが、明確な利用目的がないと、入館は難しいようだ。もちろん、書架の見学ぐらいなら、窓口の職員にお願いしてみよう。

作業工房内には、聖書、暦、新聞などを印刷する印刷所があった。フランケは、印刷物の販売で得られる利益によって、孤児院の運営を確立しようとしていた。孤児院の印刷所では、ポーランド語聖書やチェコ語聖書が印刷されて、東ヨーロッパで利益を上げていた。さらに印刷所の運営が軌道に乗ると、驚くべきことに、フランケは、ハレ近郊クレルヴィッツの製紙工場も買収している。

そのほか、病院と薬局も併設されていた。孤児以外にも、ハレ近郊の病人たちを、フランケの孤児院は収容していたのである。孤児院付属の薬局では、病院の患者を治癒するための薬が調達されていたが、その薬は一般にも販売され、利益もまた孤児院の運営にあてられていた。この孤児院薬局では金粉を使用した「素晴らしきエッセンス」という名の薬を調合しており、アメリカやインドにも輸出していたことが記録に残されている。この薬の販売利益は、多い年には年1万5000ターラー（約2166万円）もあったといわれる。製法は門外不出のこの秘薬であるが、現在も孤児院薬局で購入することができる。万病に効くとのことなので、ぜひお試しあれ。薬局は、孤児院の中庭をはさんで本館とは正反対の位置にあり、現在は大通りに面している（図12）。

第2次世界大戦後、かつて城壁と堀のあった場所に幹線道路が敷設されたために、孤児院の壁は撤去されてしまった。孤児院の建物は、東ドイツ時代にはギムナジウムや職業学校として利用されていた。ドイツ統一後にフランケ財団が新規に設立されると、孤児院はふたたび慈善事業をおこなうフランケ財団として活動を再開したことは、既述のとおりである。孤児院の建物の一部は、ハレ大学の神学部や啓蒙研究所としてもいまなお利用されている。

孤児院から世界へ

さて、この孤児院には、世界各地の珍奇なモノを蒐集したコレクションが残されている。なぜこのようなコレクションが孤児院に残されているのだろうか。その理由のひとつが、先ほどの世界を相手にした薬販売である。フランケは、孤児院で調製した薬を国外で販売していたが、薬販売を専門にとりあつかう商社のような組織を立ちあげる一方で、ブランデンブルク選帝侯からは、国外取引に関連する税の優遇措置までとりつけていた。この国外貿易網によるネットワークが国外の文物を収集するための基盤となっている。つまり、フランケは有能な企業家でもあったのだ。ヴェネツィア在住の商人であったフランケの弟も、孤児院の海外戦略において有利に

図12　現在の孤児院薬局

働いたことはまちがいない。もちろん、孤児院と国外とのつながりは、商業的な関心だけによって動かされていたわけではない。国外への布教活動もまた重要な目的であった。それゆえ、フランケは、ハレ大学の教員の協力を仰いで、情報収集のためカトリック宣教師やイエズス会宣教師たちが残した旅行記や報告書を組織的にドイツ語に翻訳したりもしている。

とりわけ、新大陸アメリカへ移住した新教徒たちの活動には興味をもっていたようで、ハレの孤児院にはニューイングランドやフィラデルフィアの新教徒たちとコンタクトをとっていた史料が残されている。ニューイングランドのピューリタン指導者であるコットン・マザー（1663―1728）からの手紙を読むと、フランケが新大陸での布教活動に意欲的であったことが看取される。フランケに教えを受けた次世代の牧師たちは、じっさいに新大陸やインドで布教活動をおこなった。ハインリヒ・メルヒオール・ミュレンベルク（1711―87）は、フィラデルフィアとペンシルバニアのプロテスタント移民のあいだで圧倒的な支持を獲得したことで知られている。インドでも、デンマーク国王と共同で布教活動を推進し、ハレの牧師たちはデンマークの植民基地であるトランケバール（現在の

図13　トランケバールでのキリスト教布教300年を記念して2006年にインドで発行された切手。ツィーゲンバルクの肖像画と背後の白亜の教会は、ツィーゲンバルクが牧師をつとめたキリスト教教会

ターランガンバディ）に布教目的で派遣されていた。若くしてトランケバールに派遣されたバルトロメウス・ツィーゲンバルク（1682—1719）は、現地のタミール語を習得してヨーロッパに紹介しただけでなく、聖書をタミール語に翻訳し、キリスト教の布教に役立てた。こうした国外での布教活動をする宣教師もまた、孤児院のコレクションを支えていたのである（図13、14）。

ヘルンフートの民族学博物館

ところで、このような世界各地での布教活動によってもたらされた文化財をコレクションした博物館としては、ヘルンフート市にある民族博物館が有名である。ゲルリッツの南西に位置する小都市ヘルンフートに残されたコレクションも一見に値するものなので、ハレのコレクションについて紹介するまえに、簡単に紹介しておくことにしたい（図15）。

冒頭でも言及したが、ヘルンフートはプロテスタント内で改革運動をおこなっていた団体であり、モラヴィアから逃れてきたフス派のボヘミア兄弟団に端に発する宗教団体であった。現在のドイツ東部を領地としていた貴族ツィンツェンドルフ伯が保護し、かれらは

図14　ツィーゲンバルクが翻訳したタミール語聖書の表紙

ツィンツェンドルフ伯の領内でヘルンフート（「神のご加護のもとに」という意味）という共同体を形成し、敬虔な生活を送っていた。ヘルンフートは、現在は町の名になっているが、かれら教団の名前からとられたものである（図16）。

ヘルンフートは、世界各地への布教活動にも力をそそいでいたことでも知られている。グリーンランド、ラップランド、アルハンゲリスク、南アフリカ、ラブラドル半島、カリブ島とヘルンフートの人びとは辺境地域を選んで布教活動をおこなった。また布教じたいも、かつての植民地化とは異なり、土地の文化とキリスト教とを融合させるような方法をとっている。それゆえ、土地に根づいた文化の調査は必要不可欠であり、各地へ派遣されたヘルンフートの牧師たちは詳細な記録を作成し、現地で収集した文物を、本国ドイツへと送っていたのである。

かれらのコレクションを管理していたヨーハン・ヤーコプ・ボザール（1721―89）は、1774年に『自然物収集についての手短な指針』というタイトルの本を出版した。これは布教活動で国外へ赴任するヘルンフートたちに宛てたもので、現地で収集する物品のガイドラインを定めている。ボザールによれば、コレクション

図15　ヘルンフートの教会、出入り口のある裏手の写真、筆者が訪れたのは改修前、現在は改修も終わり、壁は白に塗り替えられている

は、動物、植物、鉱物、そして世界各地の民族に関連するモノという4つの分類からできていなければならないとされている。動物、植物、鉱物という最初の3つは、分類学の祖であるカール・フォン・リンネの体系にならったものであり、このリンネの分類に欠けているものとしてボザールが提案したのが、民族学的な文物であった。ボザールは世界各地で布教活動をおこなっているヘルンフートの宣教師たちと書簡を交わし、各地の生活をつたえる衣類や日常雑貨、宗教的儀礼で使う品々を本国へと運ばせた。かれの提案は、当時確立しつつあった地理学や歴史（文明史）といった新しい学問分野の要請に対応したものであった。そしてなによりも、世界各地から運ばれてきた数々の珍奇なモノは、その現地で布教活動を担うべき、未来の宣教師たちを育成するために不可欠な教育教材であったのである。

　ボザールが築いたコレクションの基礎はその後も順調に拡充し、たくさんの貴重な物品は、現在、ヘルン

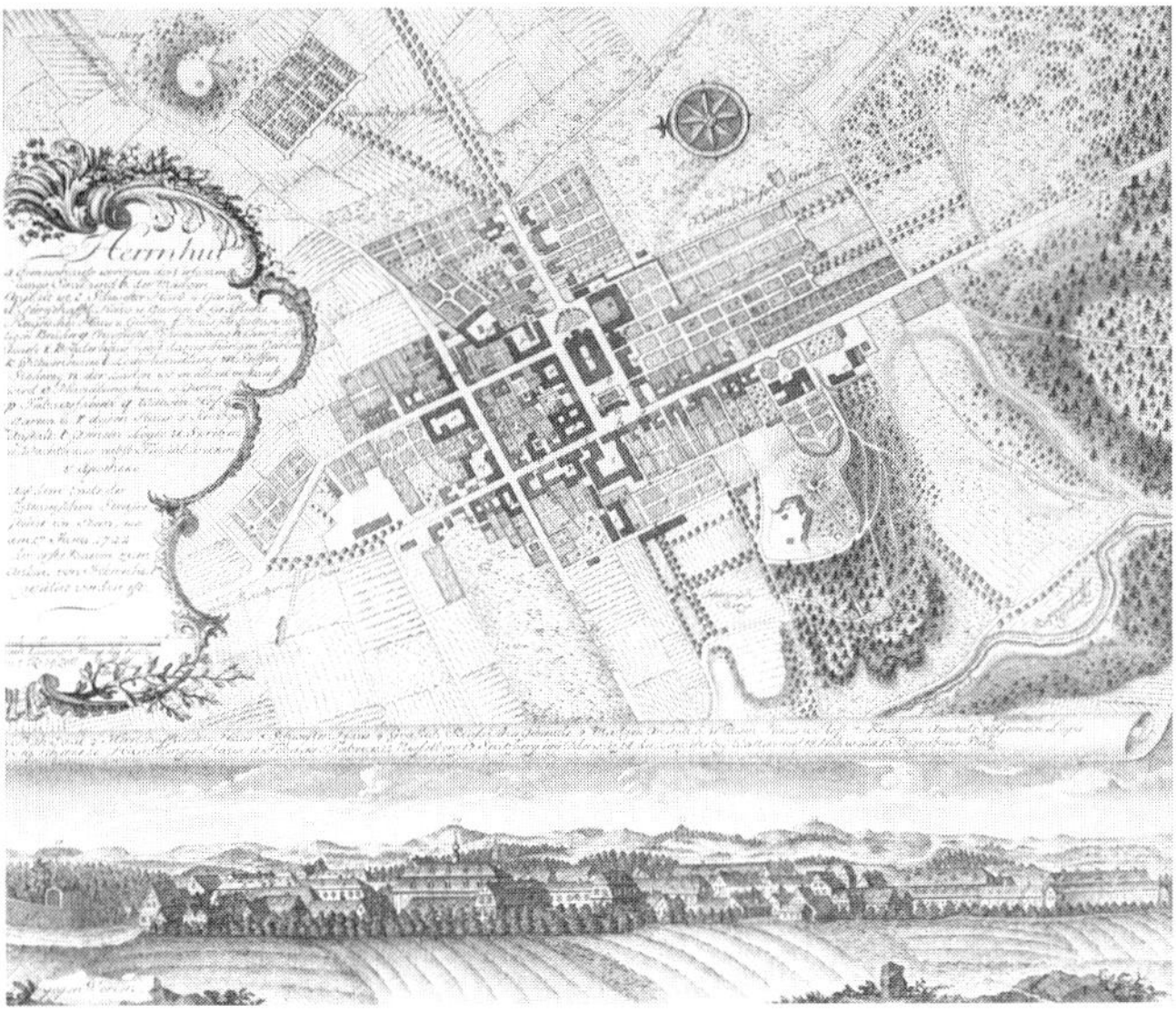

図16　1800年当時のヘルンフートの地図。主要な通り、建築物の位置は現在もそのまま

フート市にある民族博物館に保管されている。この博物館は20世紀につくられたもので、展示方法も、ボザールが管理していた当時のものとはまったく異なった、近代的な民族学博物館であることを断っておこう。とはいえ、コレクションの基礎がつくられた当時の貴重品も展示されており、ヘルンフートによる世界規模の布教活動の一端をうかがい知ることができる興味深い博物館であることはかわりない。

ヴンダーカンマー？

ヘルンフートの民族学博物館へと話がそれてしまったが、フランケの孤児院に残されているコレクションもまた、ヘルンフートと同じような性格と役割をもったコレクションといえるだろう（図17）。

ミシェル・フーコーの『知の考古学』（1969）を嚆矢《こうし》として、知の枠組みの変遷やパラダイムシフトへの関心が高まると、前近代的な知の体系を今に伝えるヴンダーカンマーが一躍注目されるようになった。ヴンダーカンマーという言葉そのものは、16世紀のドイツで活躍した博物館学の祖とよばれるクヴィヒェベルクによるものである。クヴィヒェベルクによれば、コレクションに収蔵されるべきは、自然物《ナトゥラリア》、珍奇物《ミラビリア》、人工物《アルティファクタ》、科学物《スキエンティフィカ》、古代遺物《アンティクィタス》、外来物《エクソティカ》とい

図17　孤児院コレクションの一部

うことになるが、19世紀に学問領域の専門化が進むと、鉱物や植物などの自然物が自然科学博物館、人工物がいわゆる工芸美術館、古代遺物は歴史博物館へと、コレクションもまた専門化の道をたどってきた。専門化された展示に慣れ親しんでしまっている現代のわたしたちにとって、異なる領域のモノが一同に展示されたヴンダーカンマーは、文字通り、驚《ヴンダー》きでしかない。

ヴンダーカンマーがつくりだした世界は、多様な世界をそのままミクロな規模で再現したものであった。世界をミクロなかたちで具現するヴンダーカンマーは、なによりも多様な世界を創造した創造主を賛美するものであって、ヴンダーカンマーを所有し、展示することは、世界を支配する権力者や支配者の威信を示す絶好の機会となった。

フランケの孤児院のコレクションは、ドイツに残る貴重なヴンダーカンマーとして紹介されることも多い。しかし、その役割はヴンダーカンマーとは明確に異なっていた。孤児院はそもそも、類をみない優れた教育カリキュラムによって最新の教育が実践される場所であって、そのコレクションは、子どもたちの教材として使われたからである。理論や書物だけに頼ることなく、知が現実の世界と結びついていること、知が実生活のさまざまな技術と結びついていることを子どもたちに具体的に示すためのものだったのである。

孤児院のコレクション設立のために、フランケは、1698年にブランデンブルク選帝侯フリードリヒ3世に「子どもたちの教育のためにコレクションを創設したい」旨を書簡で打ち明けている。あわせて「動物、鉱物、植物のめずらしい標本のまえで、週に1時間講義し、自然物についての基礎的な知識を教授する」と具体的な教育プランを説明し、選帝侯所有のコレクションから重複するものを孤児院に移譲してほしいと嘆願した。選帝侯は、フランケの願いを聞き入れて、1699年に、おもに自然科学に分類される収蔵品をベルリンから孤児院へと寄付したのである。

孤児院のおおまかな建物が竣工した1701年に、コレクションは153点を数えるまでに増大した。とはいえ、王侯貴族が大金をはたいてコレクションを購入し、短期間で大きなコレクションを形成するのとは異なって（第4章ルードルシュタット参照）、孤児院のコレクションの拡充は、きわめて緩慢であった。

孤児院ならではの特徴を示しているのが、ヘルンフートとおなじく、世界各地の宣教師たちからおくられてきた民族学的な収蔵品である。たとえば、世界の文字を蒐集したキャビネットには、中国語、アラビア語、タミール語の書物から、（何語か筆者には不明だが）文字が彫られた槍や木片なども収蔵されている。「マラバール」（現在の南インドの地域名）という名称のキャビネットには、フランケに学んだ若い牧師たちが布教活動で赴いたインドから運ばれた品々が飾られている。厨子におさめられた青い皮膚のインドの神、駕籠をもつ4人のターバンをまいた人形、針のついた靴などがある。このものものしい靴は、インドの土着の宗教儀式に使用されたものであり、キリスト教に改宗した現地の住民から寄贈されたものであった。同様にインドからは人間の足にすみつく寄生虫のアルコール漬けも送られてきた（現在も展示されている）。そのほか、珍奇なものとして眼にとまるのが、乾燥保存された人間の胃と腸、鞭打ちで処刑されたトルコ人の眼球などの標本類であろう。現在は行方がわからなくなってしまったが、フランケが最後の説教をおこなった女性死刑囚の骨もコレクションされていたようだ。

孤児院のコレクションのなかでも子どもたちの教育によく使われていたのが、人工物のコレクションであった。たとえば、ろくろ細工や歯車などを用いた複雑な機械模型は、機械工作に必要な知識を獲得するための教材であった。孤児院やハレの製塩所の精巧な模型も残されている。さらに手先の器用な子どもたちがつくったのであろうか、瓶のなかに鉱山や印刷所の模型《ミニチュア》が組み立てられたものや、印刷器具類のコレクション、製薬に関連する調合器具のコレクションも残っている。これらの物品はどれもが技能の獲得という実践的な教育プランのために使われた教材であった。

マラバール - 人工物 - 天球儀

もともと、孤児院のコレクションは1ヵ所に集積されていたのではなく、必要があると授業のなかで教材として利用されていたものだったが、フランケの死後、1734年に孤児たちの新しい寄宿舎が完成すると、コレクションはひとまとめに展示されることになった。それまで孤児たちのベッドが置かれていた屋根裏部屋が、展示のためのスペースとして使われたのである。なぜ屋根裏部屋が展示室として選ばれたのかを不思議に思う人もいるかもしれないが、答えはじつに明解、この屋根裏部屋が長さ40メートルに幅8メートルという、孤児院の建物内で最も広大な空間だったからである。この屋根裏部屋に全16架のキャビネットがおかれていた。

展示された孤児院のコレクションは、一般にも公開されており、当時の史料によれば日に2回、ガイドつきで見学会が実施されていたようである。訪問客に手渡されたのか、ガイドが見学に先立って読み上げた文章なのかわからないが、コレクションを説明する簡単な文書がフランケ財団には残されている。

当コレクションは、この偉大なる世界の自然と技術の数々を、小さな規模で収集したものである。孤児院という施設には、大金をつぎ込んだ大きなコレクションはふさわしくない。そもそもコレクションをつくった目的は、ここで学ぶ子どもたちが使うために、そして神と世界についてよりよく認識することができるようになるためであった。

孤児院のコレクションが、湯水のように金をつぎ込んでつくられたコレクションではなく、子どもたちの教育と信仰心を高めるために設立されたことが伝わる史料である。コレクションを眼にする人は、多種多様な品々をみることで、ただ好奇心を満足させるだけでなく、多様な世界を創造した神そのものの賛美へと導かれたのである。やはり、これも敬虔主義ならではのコレクションの役割である。

コレクションが1ヵ所に集められたことで、コレクションの整理もようやく可能となった。1734年から数年かけて、ゴットフリート・アウグスト・グリュンドラーが目録を作成している。現存する目録をみると、収蔵品は総計4694点に達していた。グリュンドラーは孤児院のコレクションを整理展示するにあたって、自然物と人工物の2種に大別している。自然物の分類はおおむねリンネの分類法に準拠している。教育教材であった孤児院のコレクションは、自然物よりも教育教材としての人工物に重きを置いていた。人口物の総計は2870点となり、自然物よりも点数でまさっていた。

グリュンドラーは苦心しつつ、人工物の9分類を提案している。その内訳は、1数学教材、2天文学モデル、3機械モデル、4マラバール（インド）、5聖遺物、6食器類、7衣服、8絵画・銅版画、9筆記・印刷に関連するものであった。

ちなみに、この目録を作成したグリュンドラーは、銅版画の彫師でもあった。図9の孤児院の全景も、グリュンドラーの手によるものである。

グリュンドラーによって整理されたコレクションのなかで当時最高額の収蔵物は、ティコ・ブラーエのとなえた修正天動説とコペルニクスの地動説をそれぞれ表現する機械じかけの天球儀2台であった。当時それぞれ500ターラーの費用で、3年をかけて制作されたことが記録から判明している。これらふたつの天球儀のほか、孤児院には小さな天球儀がいくつも収蔵されていたようだ。この天動説と地動説の天球儀2台は、フランケが孤児院のために1720年に制作を依頼したものであった。依頼を受領したのは、聖ウルリヒ教会の牧師クリストフ・ゼムラーで、かれは牧師であったが、天文学と数学にも精通しており、初歩的な数学や工学を教える職業訓練校を自宅で運営していた人物である。牧師職のかたわら、天球儀を制作できたということは、ゼムラーのまわりには、高い工作技能を有した人材が多数存在したことがうかがえる。

ちなみに、このふたつの天球儀は18世紀末には壊れてしまったようで、地動説天球儀は19世紀なかばにつくり直したとの記録が残っている。1830年代までは天動説天球儀も展示されていたようだが、いつしか壊れて展示物から外された。フランケ生誕350年にあたる2013年には地動説天球儀が新たに制作されて、現在、孤児院に展示されている。

初代天球儀を作成したゼムラーが勤務していた聖ウルリヒ教会は、フランケも牧師職をつとめたことのある孤児院と関係の深い教会であった。現在も聖ウルリヒ教会の建物は残されているが、1971年に教会としての役目を終えた。現在はコンサートホールとして利用されており、かつての教会内部（ホール）は見学可能である（図18）。

19世紀になると、孤児院での授業内容も時代とともに変化し、教材として利用されていた人工物のコレクションも利用されなくなっていく。展示場所であった屋根裏部屋には壁がつくられ、音楽室や工作室として用いられはじめると、コレクションは屋根裏の一角に押しやられた状態で保管されるようになった。展示されなくなると、コレクションへの関心もしだいに失われてしまい、収蔵品の無計画な売却や紛失が発生するのも、世の道理である。1863年に出版されたフランケの孤児院の歴史を紹介した冊子のなかにも、コレクションの紛失を嘆く声を聞き取ることができる。

コレクションの崩壊をとどめる根本的な対策がとられたのは、なんと20世紀のこと、しかもそれは孤児院の関係者からではなく、ザクセンのある貴族からの要請によるものだった。シェーンブルク＝

図18　聖ウルリヒ教会

ヴァルデンブルク家といって、18世紀ライプツィヒの商人リヒターと薬屋リンクが残した自然科学コレクションを引き継いだ一家であった（第4章ルードルシュタットに詳しい）。シェーンブルク＝ヴァルデンブルク家は、孤児院のコレクションに、一家が所有するリヒターとリンクのコレクションと同様、18世紀の文化を伝える貴重な価値を認め、孤児院のコレクションを博物館として一般公開することを提案した。ヴァルデンブルク家の助言を受けて、コレクションは孤児院本館の1階に展示されることになる。ところが皮肉なことに、展示の開始に前後して、第2次世界大戦が勃発してしまう。だが、価値が再度認められたおかげで、孤児院のコレクションは、厳重に梱包されたうえで孤児院の倉庫に運ばれ、戦禍を免れることができたのだった。

再展示に向けて

戦後、コレクションはふたたび展示されて、一般に公開されることになった。しかしながら、孤児院の建物の老朽化にともなって、展示場所は幾度となく変更された。くわえて、建物内での水漏れなどの被害でコレクションの一部は汚損されてしまった。

ドイツ統一後、1993年から孤児院の本格的な改修工事がはじまった。あわせて、コレクションも、もともと収蔵されていた屋根裏部屋にもどされることが決定した。そして、1995年からの再公開に先立って、コレクションは個別に詳細に調査されることになった。東西ドイツ統一後まで生き残ったコレクションは、約3000点にまで減っていた。

再展示にあたっては、グリュンドラーが総目録を作成した1741年時点のコレクション展示が再現されることになった。18世紀当時のキャビネットが1架以外すべて残されていたことが幸いした。現在展示されているキャビネットの引き出しを注意深くのぞきこむと、引き出しの底板に当時の配置図が書き残されているのを発見できるだろう。キャビネットに描かれている色鮮やかな絵は、再展示にあわせて書き直されたものであるが、この絵のモチーフはオリジナルのものである。また、改修工事にともなって、屋根裏部屋の天井が低くなってしまったため、18世紀当時にはキャビネットの上部に配置されていたとの記録がある展示品は別の場所に置かれている。現在の孤児院のコレクションは、オリジナルより2架多い全18架のキャビネットで展示されている。

現在展示されているキャビネットのなかでも、オリジナルに近い展示をしているのが、Ⅵ・Dというナンバーがふられたキャビネットで、上部にトラの絵が描かれたものだ(図19)。このキャビネットには、カニなどの甲殻類、乾燥保存された人間の臓器、鳥類や爬虫類の剥製、死産で生まれた2体の嬰児のアルコール漬けにされたガラス容器が並立している。1940年代には嬰児のアルコール漬け標本は8体が展示されていたようである。しかし、嬰児の遺体を人

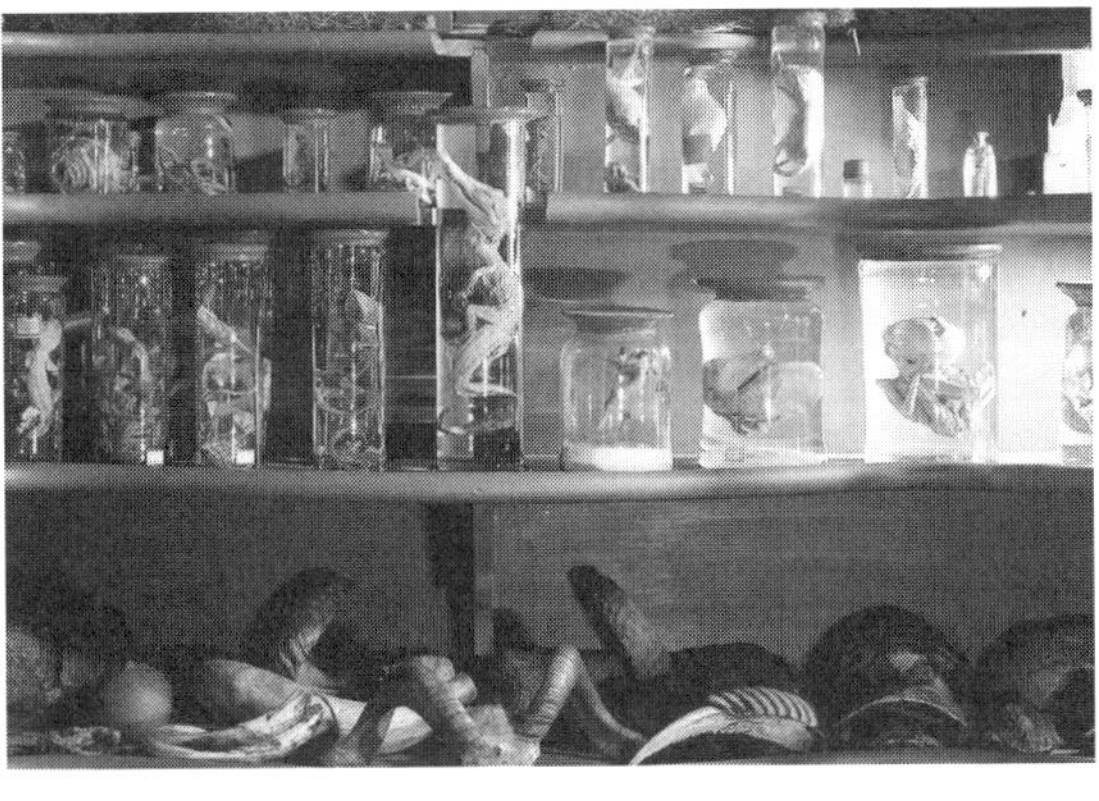

図19 キャビネットⅥ・Dの一部

目にさらすことには宗教的または道徳的な理由から批判もあったようだ。また天井からつるされているワニの剝製は18世紀初頭、このコレクションが産声をあげた頃からの古顔である。当時のヨーロッパでワニの実物を眼にすることは不可能に近く、物語や旅行記のなかにだけ登場する獰猛な生き物だった。じっさいにワニの剝製を見学した人びとは、その巨大さと恐ろしい形相に肝をつぶしたにちがいない。

フランケの孤児院のコレクションは、18世紀の知の体系を体感できる希有な空間であることにはまちがいないだろう。ただし、ヴンダーカンマーという前近代的な過去の知を再現するものと誤解してはならない。というのも、フランケの孤児院は、つねに最新の知識を教える教育の最先端の場、つまりコレクションは当時の最新の教材だったのだ。また非ヨーロッパ世界の民族学的な収集品からは、敬虔主義の全世界的なネットワークを確識できる一方で、ポストコロニアルな視点でみれば、そのコレクションが、布教という大義名分で異なる文化へと侵入していったキリスト教権力の横暴を、そのまま映した鏡となっていることも忘れてはならないだろう。

メッケル・コレクション

最後に、おなじく18世紀に誕生した、ハレの歴史的なコレクションを紹介することにしたい。孤児院にも乾燥させた臓器が収蔵されているが、膨大な数の人間の臓器や骨格だけを蒐集した解剖学の一大コレクション、その名もメッケル・コレクションである。

コレクションされているのは、臓器や血管に液体の樹脂やワックスを流しこみ、保存処理した人間の臓器や骨格（動物の骨格も一部であるがコレクションされている）で、収蔵量は約8000体である。死んだ人体に樹脂をしみこませたプラスティネーション（日本でも死体献体の違法性から議論がおこった『人体の不思議展』は記憶に新しい）の18世紀版ということになる。そもそもメッケル・コレクションは、医学部の付属施設であるし、その収蔵品の性格からも、まず一般の旅行ガイドに掲載されることはない。

メッケル・コレクションという名前のとおり、このコレクションはベルリン出身の医師ヨーハン・フリードリヒ・メッケル（1724—77）が基礎をつくった。その息子フィリップ・フリードリヒ・テオドール（1755—1803）がハレ大学医学部に招聘されたさいに、父のコレクションを携え、ハレへやってきた（図20）。その後、メッケル家は代々ハレの医学部教授を歴任する学者家系となり、そのフィリップの息子ヨーハン・フリードリヒ（ジュニア）（1781—1833）の時代には、奇形胎児のコレクションがくわわり、コレクションの総数は、1万6000体まで増大したと伝えられている。ヨーハン・フリードリヒ（ジュニア）は先天性奇形の研究をおこない、メッケル症候群という病名で医学界に名を残してい

図20　フィリップ・フリードリヒ・テオドール・メッケル

る。そして1840年代、一家は、2万5000ターラー（約3600万円）で全コレクションをハレ大学に売却した（図21）。

このコレクションは、1878年より、ハレ大学医学部の解剖学研究所（現在は解剖学・細胞生物学）の建物に収蔵されている。コレクションは戦前までは建物1階に展示されていたが、現在は最上階が展示スペースとなっている。展示品の点数は非常に多く、コレクション全体をみわたすことは容易ではない。展示室に1歩踏みこむと、50を越すガラスケースのなかに、赤や黄色の色鮮やかな何かがところ狭しと配列されているのがみえるだけ。ケースに近づいて、それが臓器であることがわかって驚愕したことをいまでも鮮明に思い出す。とはいえ、これだけの人体標本を集めるためにどれだけの死体が必要だったのであろうか。コレクションというものの背後にある、学問や教育という名の権力というものを否応なく考えさせるコレクションである。

メッケル・コレクションは現在、一般に公開されている。予約をすれば、ガイドもしてくれるとのことだ。メッケル・コレクション（http://www.meckelsche-sammlungen.de）のホームページから電子メールでも申し込める。場所は旧市街から少し外れたシュタイン門《トーア》である。

図21　メッケルコレクション（入口より）

旧市街から歩いていける距離だが、あらかじめ観光案内所で市内地図を入手し、場所を確認しておいたほうがよいだろう。

ハレの孤児院とメッケル・コレクションについて紹介してきたが、このふたつのコレクションと同じ18世紀に由来する博物館がハレにはさらにふたつ存在している。ひとつはハレ市の歴史博物館となっているクリスティアン・ヴォルフ・ハウスである。旧市街のマルクトからすぐ近くの黄色い壁の家で、代々ハレ大学の関係者が住んできた家だ。展示は多くないのだが、現在はハレ市の歴史博物館となっている。そして、もうひとつがヘンデルの生家を使用したヘンデル博物館《ハウス》である。たぶん、このヘンデル博物館が日本では最も有名だろう。ハレ出身の作曲家ヘンデルの銅像はマルクトに立っている。ハレ在住の人に話を聞くと、ヘンデルが向いているのは、かれが帰化したイギリスの方角だとか。なんとも自虐的な冗談に思える。ヘンデル博物館もマルクトのすぐそば、日本語の案内も完備された博物館である。

（吉田耕太郎）

6. デッサウ
ヴェルリッツの奇想庭園王国

デッサウという町

ドイツ東北部の人口8万5000人の小都市デッサウは、世界遺産をふたつ擁している。そのひとつは有名なバウハウスであるが、これは創設地ヴァイマルと合わせた複合遺産となっている。バウハウスはたしかに建築・デザイン史において有名であり、関連の本は多く出版されているので、建築家や観光客は、ヴァイマルとセットでデッサウを訪れることが多い。

もうひとつの世界遺産はヴェルリッツ庭園である。バウハウスと比較すると、こちらの庭園は、日本ではほとんど知られていない。しかしヨーロッパ大陸初の本格的な大型イギリス庭園であり、知れば知るほど魅力的な趣向を凝らした「奇想遺産」であることがわかる。本稿では、筆者の見学の印象を交えながら、庭園の構造原理やしかけを中心に、その魅力を紹介したいと思う。この庭園をクローズアップすれば、ユニークで興味深い特色をじゅうぶんご理解願えるはずである。

北方に位置するベルリンからデッサウへ向かう場合、ICE（インターシティ・エクスプレス）を利用すれば1時間30分で到着する。西方のフランクフルトから行くとすれば、ライプツィヒまでICEで3時間30分、さらにそこからデッサウ間は普通列車で1時間という位置関係である。

デッサウ中央駅前は整備され、どこでもみられるモダンな建物に囲まれているが、少し町を散策すれば、再統一後24年過ぎた現在でも、旧東ドイツ風の古い建物が目につき、その新旧のアンバランスが奇妙なコントラストを形成している。いやそればかりか、北ドイツの町が醸しだす「重い」独特の雰囲気を感じ取ることができる。これは冬場には雪、霜、霧に閉ざされてきた土着の風土が生みだしたものであろう。

2013年8月に、デッサウ駅前のホテルに投宿したときに早くも、その雰囲気を体験することができた。筆者はフランクフルトからライプツィヒ経由の列車でデッサウ駅に着いたが、夜も遅かったので、ホテルのレストランで食事をした。土地の主婦たちが数人、何か会合の後の食事会らしく隣席でにぎやかに談笑している。

ただ着ている衣服、化粧、装身具、髪型が旧西ドイツのそれらとは、雰囲気からして明らかに異なる。何と表現すればいいのか、悪い意味ではないのだが、洒脱ではなく「田舎風」なのである。すれちがうデッサウの人びとや風景を見ていると、再統一前に旧東独ヴァイマルで半年間暮らして味わった、当時の雰囲気や思い出がよみがえってきた。

現在、観光客としてデッサウの町中を散策すれば、バウハウスの世界遺産以外には市庁舎や、かつての領主であるレオポルト3世（通称フランツ侯）が妻に贈った郊外のルイジウム城に一見の価値はあるが、それほど大きな目玉があるわけではない。この町の魅力はむしろ、現代ではなく、過去の歴史のなかにある。ゆえに、ヴェルリッツ庭園に論及するまえに、「デッサウ歴史逍遥」という切り口で、町やゆかりの人びとについて、19世紀まで時代をさかのぼって略述しておきたい。

ユンカース社とナチス

デッサウは第2次世界大戦まで、航空機産業の中心地のひとつであった。その歴史は1923年に、内燃機技術者ユンカース（1859－1935）がデッサウに発動機製造会社を設立したことにはじまる。その後、ユンカース社は、斬新な単葉機やルフトハンザの前身となる大型旅客機も試作した。

デッサウのユンカース社は日本ともかかわりがあった。史実において三菱内燃機の技師堀越二郎（1903－82）がここで研修したことは、日本でも知られている。正確にいうと堀越は、1929年6月にシベリア鉄道経由で、航空機先進国のドイツ、イギリス、アメリカへ視察旅行をする。かれがドイツ留学でデッサウに滞在したのは、三菱内燃機がユンカース社と技術提携をしていたという事情による。

デッサウで堀越は3ヵ月間実習を受け、独自のエンジン製造技術、ジュラルミンの機体、ユニークな沈頭リベット技術などを習得し、大いに知見を広めている。堀越はドイツだけでなく、英米でも先進的な航空機の技術を学び、1931年秋に帰国後、かれが中心となってゼロ戦を設計した経緯は有名である。

宮崎駿監督のアニメ映画『風立ちぬ』（２０１３）は、一方では飛行機技師堀越二郎と菜穂子の恋愛と結婚が、他方では主人公の飛行機への夢がクロスしながら展開される。アニメでも、堀越のデッサウ留学のエピソードが挿入されているので、デッサウはこれによって日本でも有名になった（図1）。もちろん史実では堀辰雄（１９０４－53）やその婚約者（菜穂子のモデル）と堀越との接点は存在しない。これは宮崎アニメ独自の世界における架空の話である。

第２次世界大戦以前、１９３３年1月にヒトラーは首相に任命され、ナチスが政権を取得した。ヒトラーはユンカース社の軍需産業化をめざし、戦闘機やエンジン製作に特化させた工場にしようとした。しかし、社主ユンカースは自由主義的な思想の持ち主であったので、ナチスと対立し、全体主義を受け入れなかった。その結果、かれは特許権を奪われ、さらに工場をナチスに接収され、１９３４年にはゲシュタポの監視のもと幽閉された。そして、１９３５年に無念の死を遂げるのである。

ユンカース社はナチスの最も重要な軍需工場のひとつに組み込まれた。その後、従業員は4万人を数え、強制労働を課せられた「囚人」も動員され、戦闘機や爆撃機を大量生産する。こうして第２次

図1　デッサウのユンカース社（1928）
右上はユンカース

世界大戦でも会社は軍事的に大きな役割を果たす。しかし大戦初期の１９４０年以来、ユンカース社は軍需工場であったため、連合軍の空襲目標にされた。１９４５年3月7日にデッサウの町ともども、イギリス軍の夜間の最もはげしい波状爆撃によって徹底的に破壊され、97％が廃墟と化した。やがて地上はソ連の赤軍によって占拠され、その後、ソ連衛星国と化した旧東ドイツの一都市としての歴史を歩むことになる。

ヴァイマルとデッサウのバウハウス

先述のようにデッサウにあるふたつの世界遺産のうち、バウハウスは第1次世界大戦後のモデルネ建築運動の文化的価値が認められた。というのも、近代建築（モダンアート）の方向を決めたのがバウハウスという工芸学校であったからだ。これはもともとデッサウではなく、１９１９年にヴァイマルで、建築家グロピウス（１８８３―１９６９）によって設立された。

かれは建築を「総合芸術作品」、あるいは「総合住宅建築」と位置づけ、実用性と機能性を重視した。グロピウスの建築のイメージは、かつてのゴシック大聖堂を中世的な総合建築とみなし、それを現代風にモディファイして装飾を取り払い、機能的な立体空間を造りだすというものであった。かれは20世紀の新時代の建築家として主導的役割を果たしたが、バウハウスにはクレー（１８７９―１９４０）やカンディンスキー（１８６６―１９４４）、ファイニンガー（１８７１―１９５６）などの芸術家も結集して、教育にかかわっていた。

かれらは断片化、分裂化する20世紀初期の時代のなかで、伝統的な職人技と近代的な機能を統合し、前衛的な建築を追求した。使用する建材は、鉄、ガラス、コンクリートが中心で、これが近代建築のデザインにも新風を吹き込むことになった。

ヴァイマルに創設された時から、バウハウスは伝統性を重視するドイツ保守派の建築家や職人から攻撃の対象とされた。しかし批判の本質は、バウハウス指導者の政治的な左翼のスタンスにあった。このような反対運動もからんで、バウハウス芸術学校は1925年にヴァイマルからデッサウへ移転した。ここがヴァイマルより自由な地で、デッサウ市長がバウハウスを財政的に支援したからである。

移転以来、かれらはデッサウで自由に活動ができたが、しかしここでも、しだいに前衛的な建築・芸術運動は、政治的に攻撃目標にされるようになった。とくにナチスや右翼は、かれらを共産主義者でありユダヤ人の集団だというプロパガンダを展開し、擁護派の市長を排除して、誹謗中傷をおこなったが、相対性理論で知られるアインシュタインやノーベル賞作家のハウプトマンらがバウハウス側を擁護した。ところが1931年にナチスはデッサウが属する州議会で多数派となり、1932年にこの地のバウハウスに対して閉鎖決議を可決した。バウハウス関係者はやむなくこの地を去り、19

図2 デッサウのバウハウス

３２年にベルリンへ移っていった。

バウハウス建築運動は、ベルリンでもヒトラーの権力を誇示する建築理念と合わずに、その後すぐの１９３３年に禁止され、創設から廃止まで14年間という比較的短命に終わった。ヒトラーは機能ではなく、他を圧倒する壮大な建築構造を好んだからである。しかしながら、第２次世界大戦後には建築の合理主義、機能主義が時代の流れとなり、バウハウスのめざした方向性は、世界各地、各都市における現代建築の主流となっている。

なお、日本からの留学生としては水谷武彦、山脇巌、道子夫妻が知られており、かれらはデッサウのバウハウスで学んだ。その理念に影響を受け、帰国後、日本でバウハウスの紹介活動をおこなった。留学生たちの尽力は、日本においても新しいヨーロッパの建築動向を伝える意味において注目され、その伝統は現在でも継承されている。

筆者は２０１３年の夏、デッサウのバウハウスだけでなく、マイスターハウスという芸術家が住んでいた住居跡も見学した（図２、３）。中央駅から徒歩で見学できる距離にあるので便利である。図２に、グロピウス設計のバウハウス学校の教室（１９２５－26）の写真

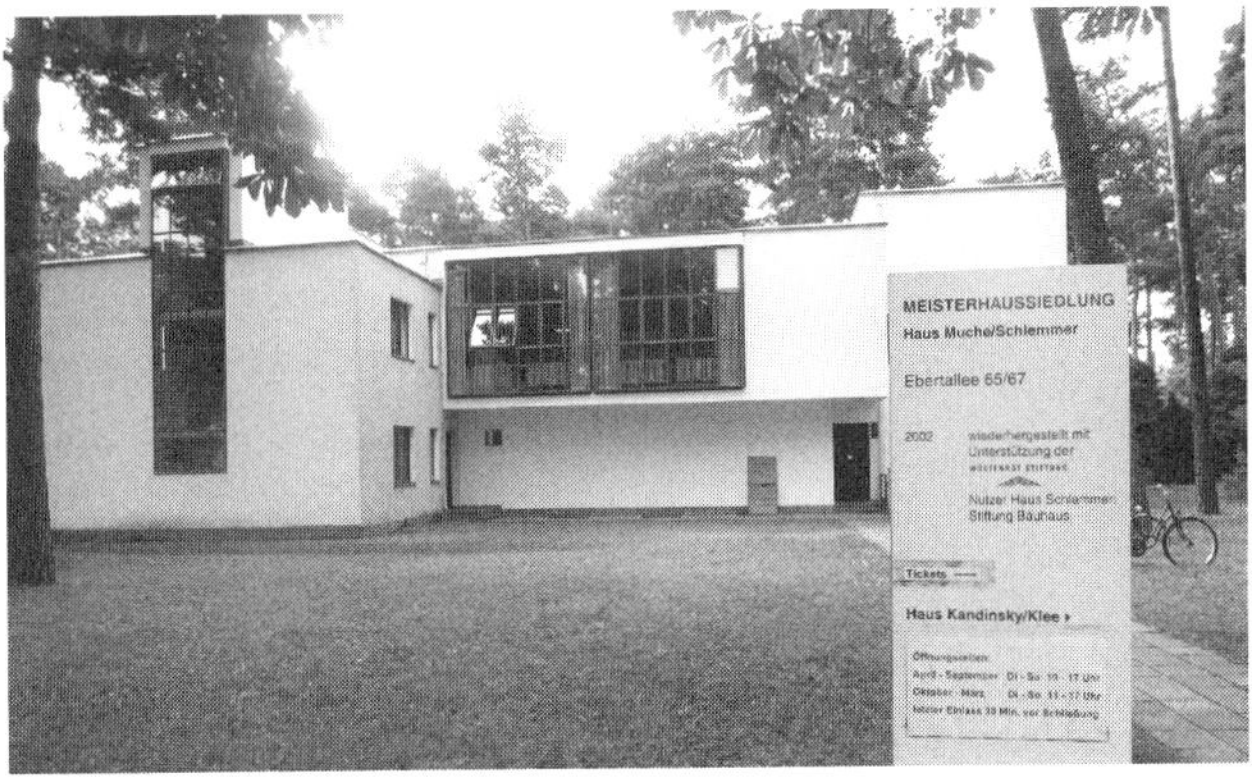

図３　マイスターハウス

を示す。今から90年も前の建物とは思えない、明るく機能性を重視したものであることがわかる。もちろんこれは空襲による破壊のあと、再建されたバウハウスであるが、鉄とコンクリート、そして全面的な広いガラスという現代建築の典型例が認められよう。現在のバウハウスは学生指導や見学者受け入れをおこない、現役の美術教育機関として運営されている。

最盛期のデッサウには、先述のグロピウス、カンディンスキー、さらにクレーなど、錚々たる芸術家が活動していた。かれらの拠点のマイスターハウスは、バウハウスから少し離れた閑静な住宅地と松林のなかに佇んでいる。現在の所有者が修復をしているが、外観は意外なほどモダンである。なかへ入ると小型博物館のようなかたちで、当時の活動が再現され、見学者が三々五々訪れていた。これらは当時のバウハウスにかかわった教授たちの生活ぶりと、芸術、交友関係を知るうえで、有益な文化遺産である。

ふたつのモニュメント

バウハウスやマイスターハウスの見学を終え、デッサウの中央駅に帰ってきた。ヴェルリッツ庭園行き車両が発車するまで時間があったので、デッサウ駅前広場から市内を展望すると、目と鼻の先に巨大な木がそびえている。「菩提樹」（リンデ）ではないかと思いながら、近づいていった。しかし確認するとそうではなく、オーク（樫の一種）であった。

樹の根元になにか石碑のようなものが建てられており、文字が刻まれている。さらに接近すると「ビスマルクの記念のために」とあり、のちに資料を調べてみれば、１８９０年4月16日にビスマルクの75歳の誕生を祝して、当地の有志が100年にもなる樹齢のオークをここに移植したとある。プロイセンの鉄血宰相といわれたビスマルクとデッサウとの縁を感じ取ることができよう（図4）。

普仏戦争の勝利を導いたビスマルクは、ドイツ統一の足場を固め、1871年にヴェルサイユ宮殿でドイツ帝国の成立を宣言した。それ以降、ザクセン＝アンハルト州でもビスマルクは英雄視された。というのも、ビスマルクはおなじくザクセン＝アンハルト州のシェーンブルクのユンカー貴族出身であったからだ。デッサウのオークはドイツ統一の立役者を祝す記念樹であるが、ここにはナショナリズムを賛美する保守的な土壌があったといえる。

では、なぜオークとビスマルクが結びつくかといえば、ビスマルクの家紋がオークであったからである。図5に示すように、ビスマルク家の完全紋章（楯、ヘルメット、ヘルメット位冠、ヘルメットカヴァーを加えたもの）は、楯のなかにドイツ的なオークのシンボルをあしらっている。オークはゲルマンの樹木信仰と深くかかわり、聖なる樹として崇められてきた。裁判も中世までオークの木の前でおこなわれ、「神判」が下された。またオークはドイツ人に好まれる木で、紋章、物語に描かれるだけでなく、歌にもうたわれている。

図4　ビスマルク記念碑

さて、デッサウは詩人ヴィルヘルム・ミュラー（1794―1827）の生誕地でもあった。日本ではミュラーといってもピンとこないが、有名な「菩提樹」の作詞者といえばわかりやすいかもしれない。また「冬の旅」（「菩提樹」も所収）、「美しい水車小屋の少女」で知られるかれの詩は、シューベルトの作曲により世界的に有名になった。とくに「冬の旅」は荒涼とした白、黒、灰色の世界を放浪する絶望的な青年の心情をうたったものである。この歌曲は哀愁を帯び、魂を揺さぶられるほど魅了されるため、日本でもファンは多い。

ギムナジウムまでデッサウで育ったミュラーであったが、18歳の時にベルリン大学に入学し、政治活動に関心を示す。当時プロイセンは反ナポレオン戦争の急先鋒となり、かれも感化を受ける。学生ながら軍隊に志願したミュラーは、1813年に対ナポレオン戦争に少尉として従軍し、ベルギーのブリュッセルへ赴く。そこで許されぬ恋愛事件が発覚し、規律違反で軍隊を追放される。

「冬の旅」は1814年に恋人を断念し、戦場を離脱してデッサウへ帰国するときの体験がベースになっている。詩人はこの精神的な危機を詩作に転化して乗り越えていく。多感なミュラーは1817年に、オスマン帝国に支配されていたギリシア独立運動に関心を

図5　ビスマルク家の紋章

もち、イスタンブール経由でギリシアへ行こうとした。だが、ペストの蔓延のため断念、イタリアに滞在を余儀なくされた。1819年にデッサウに帰郷、ギムナジウムの助教、図書館司書として働く傍ら詩作をおこなう（図6）。

やがて1821年に、ギリシアはオスマン帝国を相手に独立戦争をはじめる。これはヨーロッパにおけるギリシア解放の連帯運動を引き起こす。詩人バイロンなどが加わったヨーロッパ義勇軍がやがて戦場に出向き、自由主義的な連帯をはかった。若きミュラーもギリシア独立運動や反オスマン運動に同調した。

その後、ミュラーは18世紀の汎愛教育の中心人物であったバゼドウの孫娘と結婚するが、まもなく32歳で病没した。デッサウにはかれの彫像と霊廟があり、詩人はここで眠っている。ミュラーはデッサウを「俗物根性」の染みついた町といい、辟易していたけれども、それは愛憎の意味を込めたものである。いずれにせよミュラーは、ナショナリズムと自由主義の両面をもつ愛国詩人であった。

ちなみにミュラーの胸像は、死後64年も経った1891年に、ギリシア政府が大理石を提供し、ドレスデン出身の彫刻家ヘルマン・シューベルトによって制作された。同年9月30日に、「騎士通り」

図6 ヴィルヘルム・ミュラー

図7 ミュラーの胸像

のギムナジウム校庭で除幕式がおこなわれた。その後、彫像は1971年に現在の市立公園の旧市壁跡に移された（図7）。

このようなミュラーの即物的な伝記的叙述の背景に、先述のビスマルクの記念碑と共通する時代精神が読み取れる。すなわちそれは、1890―91年にピークをなすドイツ統一後のナショナリズムの高揚感である。ビスマルクもミュラーもその精神を代表する人物として、19世紀末に時代の寵児としてもてはやされたことが記念碑や彫像から読み取れる。

ところが、ドイツ統一というナショナリズムは、のちのナチズムを生みだした要因のひとつともいえる。この連続性にはさらなる検証が必要であるが、もしそうだとすれば、その延長線上に前述のナチスによるユンカースの幽閉、バウハウスの禁止が位置づけられる。一連の歴史的な流れは、やはりナチスの政権奪取と連動していたことがわかる。詩人ミュラーもナショナリズムとリベラリズムという二律背反する心情をもっていた。同様にデッサウという町の歴史も、偏狭なナショナリズムやナチズムと、バウハウスやユンカースの先進的な自由主義を受け入れる2極性を内包していたのである。

それはこれから取り扱う啓蒙君主、レオポルト3世（フランツ侯）も同様であった。この君主の統治する小国アンハルト＝デッサウは、プロイセンやオーストリアという大国の覇権主義や戦争に翻弄されながらも、自由闊達な精神を涵養し、当時としては異例のコレクションや奇想庭園を生みだしたからである。では、フランツ侯が外圧と戦いながらも、心血を注いで造りあげたヴェルリッツ庭園の世界へ立ち入ってみたいと思う。

さびれた田園風景

ドイツ鉄道のデッサウ中央駅からヴェルリッツ庭園まで、バスと鉄道という2種のルートがあるが、おすすめしたいのが鉄道だ。しかし発車時刻表をみると、毎日運行しているわけではない。3月30日から10月2日の間は、水曜、土曜、日曜、祭日、ただし7月15日から8月28日までの夏休みは毎日動いている（2013年の時刻表）。

トラムのような車両は、派手なイラストつきの一両だけのディーゼルカーである。まさしくのんびりとしたローカル線で、典型的な森と田園のなかを走っていく。途中の風景を眺めていると、踏切の前にくれば必ず大きな警笛を鳴らす。野兎が車両と警笛の音に驚いて、走り去る光景がみえる。シカも棲息しているという森林地帯を、のろのろと東方へ35分走行すれば終点である（図8）。

ヴェルリッツ駅は、茶色のレンガ造りの殺風景なたたずまいである。これが世界遺産の駅かといぶかるほど、駅前にはほとんど何もなく、旧東ドイツの典型的なさびれた風情を醸しだしている。筆者が訪れたのは、樹木の茂る真夏の活気のあふれる季節であるにもかかわらず、風景に哀愁がただよっていた（図9）。

図8　ヴェルリッツ駅と鉄道

ドイツ人だけでなく、外国人も多数訪れる世界遺産の庭園駅なので、いささか不似合いという感想をもつ人もいるはずである。しかし筆者はむしろ駅をリニューアルしたり、建て替えたりしないほうが、この世界遺産の庭園の玄関口としてふさわしいと思う。というのも、ヴェルリッツ庭園がありのままの自然を売りにしているわけであるから、逆に現代的な駅より、むしろ古いドイツのひなびた情緒が残っている方が印象深いからだ。

ヴェルリッツ庭園までの道巡を案地図で確認し、そのルートにしたがって歩くと、人通りも少なく落ち着いた赤褐色の街並みが続く。ここを訪ねた日は、ちょうど地域の夏祭りらしかった。建物に囲まれた中庭が祭りの会場になっており、数軒の屋台の店では地元の人びとが集い、ビールを飲みながら談笑をしていた。日本人はめずらしいのか、みんながこちらに注目しているので、気が引けてやり過ごした。

ヴェルリッツ庭園に向かってさらに歩いていくと、ようやくそれらしき建物がみえてきた。2000年に世界遺産に登録された庭園にはなんの境界もなく、入園料も要らず、なかへ自由に入ることができた。これは創設時からの庭園のポリシーで、古くから人びとは

図9　ヴェルリッツ駅前広場

憩いの場として勝手に庭園めぐりを楽しんでいたという。庭園全地図を一瞥するが、142平方キロメートルと広大すぎて、速足で回るだけで軽く数時間はかかってしまう。あたりは壮大な湖（池）、森と芝生が広がり、そのなかに彫像、パヴィリオン、建物が点在する自然の光景が目に入ってくる。

ヴェルリッツ庭園はアンハルト＝デッサウ侯レオポルト3世フリードリヒ・フランツ（1740―1817、以下フランツ侯と表記）が、1764年から造園をはじめ、1800年までおよそ36年間かけて完成させたものである。城館がメインの建物で、かつては狩りのための離宮であったものが、城館に建て替えられた。現在でも当時の領主の日常生活が見学できるように、決まった時間にガイドつきの案内がされている。この城館の見学やゴンドラ乗船、渡し舟だけが有料であるが、あとはほとんど無料で出入りできる。

イギリス庭園のコスモロジー

ルネサンス以降のヨーロッパ庭園といえば、テラスや階段状の噴水をともなうイタリア庭園や、おなじく噴水と左右対称の幾何学模様が特徴的なフランス庭園が有名である。ところが島国イギリスで発達した庭園は、森、池、樹木など自然の風景を取り入れ、ヨーロッパ大陸と異なる造園思想によってつくられていた。

イギリス庭園とヨーロッパの大陸庭園の根本的なちがいは、ひとことでいえば自然観の差にある。ヨーロッパ大陸の庭園では、王侯は土木工事によって自然を改造し、壮大な人工庭園や噴水をつくり、人間（君主）の勝利を演出している。それに対し、イギリス庭園は自然のあるがままの姿を再現し、風景を尊重する。水は自然の摂理にしたがって、高いところから低いところへ流れるのを原則としている。すなわち大陸型庭園は男性原理を、イギリス庭園は女性原理を重視する思想にもとづいているといえよう。

本書で取り上げるヴェルリッツ庭園は、ヨーロッパ大陸初の大型イギリス庭園として、その文化的な価値が高く評価されている。24歳の若きフランツ侯は1763年に、28歳の建築師エルトマンスドルフ（1736―1800）、30歳の宮廷庭師アイザーベックらとともにオランダ、フランス、イギリスへ旅行した。さらにフランツ侯は通算で4回イギリスに渡り、イギリス庭園を徹底的に学び、ヴェルリッツにそれを再現しようとした。では庭園は、具体的にどのような地形に造園されているのであろうか。

ヴェルリッツ庭園は、エルベ川とその支流ムルデ川との合流地に位置している。このあたりは低地であったため洪水も起きたが、フランツ侯は蛇行する自然の河の一部をそのまま利用し、人工的な施工を極力避け、地の利を活かした造園をさせた。水は前述のように女性原理をシンボル化したもので、噴水などを設けずに、自然の摂理を優先する思想が強く感じられる。

フランツ侯の建築師エルトマンスドルフは先述の城館を中心点にして、自然を活かすというポリシーにもとづいて庭園を造営していっ

図10　城館と展望台

た。城館はたしかに居城にもなっているが、戦闘や統治、防衛を想定して築かれたものではない。城壁もなければ、城門もなく、裸のままの城館があるだけである。城は、当時はやりのロココ様式ではなく、装飾を押さえた新古典主義様式で、屋上から庭園内を展望できるように造られている（図10）。

ヴェルリッツ庭園の俯瞰図は、図版で示したように、左側が西に当たり、こちらが黄泉の国とされる（図11）。コスモロジー的には、西の方向が本来の庭園の入口で、これは教会や大聖堂と同様の構造であることがわかる。すなわち教会建築では、西側から信徒がラビリンス（迷宮）を通って神の社《やしろ》へ入り、東方の祭壇にたどり着く。ヴェルリッツ庭園でも、西側がラビリンスであり、ここを通って黄泉の国あるいは未開の土地から、庭園へ入るという趣向が凝らさ

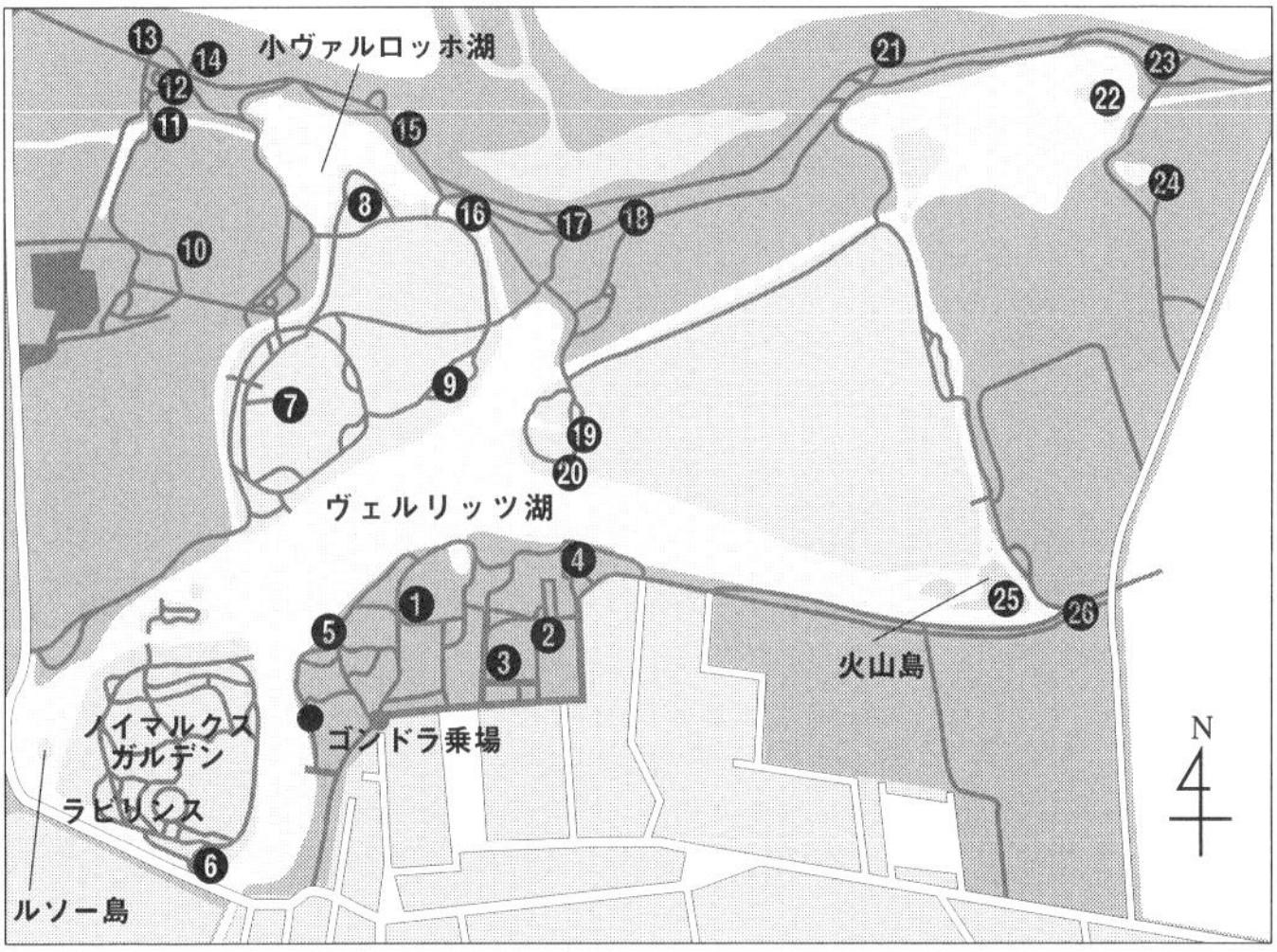

図11 ヴェルリッツ庭園全図

①城館　②灰色館　③聖ペトリ教会　④シナゴーグ　⑤貝を探す少女像　⑥南洋のパビリオン　⑦ゴシック館　⑧ダイアナ像　⑨ニンフの社　⑩フローラ神殿　⑪吊り橋　⑫隠者の庵　⑬ルイーゼの岩　⑭ヴィーナスの神殿　⑮先祖のための記念碑　⑯黄金の骨壺　⑰馬の堤防監視所　⑱とげを抜く少年像　⑲木の根の小屋　⑳水浴するヴィーナス　㉑パンテオン　㉒アマーリエの洞窟　㉓赤の堤防監視所　㉔イタリア（ピエモンテ）の百姓家　㉕ハミルトン邸　㉖エゲリアの洞窟

れているのである。

その近くにルソー島と名づけられている島がある。『エミール』や『人間不平等起源論』で有名なルソーは、晩年の1778年に、パリの北方30キロメートルのエルムノンヴィルに滞在中死亡するが、遺体はその島で仮に葬られた。ルソーの思想に傾倒していた施工主のフランツ侯は、そのことを知り、庭園の入り口にルソーの名前をつけた島を造り、モニュメントを配したのである。

西方のノイマルクスガルテンの対岸がゴンドラ乗り場である。ここからゴンドラに乗れば、人びとはヴェルリッツ湖を通じ、東西南北に航行できる。この湖は地中海やほかの大海原になぞらえられている。船着き場にはヴェネツィアのゴンドラとは異なる、白と黒のカッターのような舟が待機している。これはかなり大きく、湖を周遊するようになっていて、一定数の乗客がそろうと、漕ぎ手が力強く2本のオールで漕ぎはじめる。睡蓮や水草が点在する水面を移動しながら、見どころで手を休めドイツ語で解説をしてくれる。ゴンドラはふつう45分程度の小さな周遊航海をして、もとの船着き場へ戻ってくる（図12）。

それからは広い庭園を自分勝手に散策ということになるが、頼り

図12 ゴンドラに乗る観光客

になるのは庭園マップである。印象的なのはやはり湖水の風景で、これが庭園の景観のベースになっている。それはヨーロッパのフランスやイタリアの庭園とは本質的に異質であり、むしろ日本庭園の池と庭、借景の構図を拡大したイメージである。

庭園の移動はゴンドラ以外では、運河を渡る昔風の渡し舟、あるいは歩道によるが、これはフランツ侯がたえず行っていた旅、すなわちグランドツアー（王侯貴族が知見を得るための旅行）をイメージしたものである（193ページ以下参照）。歩道には樹木、小高い丘の起伏、森の茂み、芝生のコンビネーションによって、借景や自然の風景画を楽しむような出会いが組み込まれている。

それのみならず、庭園を散策していると、18世紀の宮廷衣裳を着た人びとの通行や鷹匠《たかじょう》に出くわすという演出もある。写真は本物の鷹を従えた、観光客用のパフォーマンスであるが、かつて鷹狩は狩猟権を所有していた王侯貴族の特権とされていた（図13）。また、宮廷衣裳を着たグループは、当時の風俗を髣髴とさせる（図14）。こうしたパフォーマンスは、テーマパークのような効果を発揮し、18世紀の庭園の雰囲気を醸しだしている。

散歩の間にパンテオン、ギリシア神話の彫像、黄金の骨壺、フ

図13　鷹匠のパフォーマンス

図14　18世紀の宮廷衣裳のパフォーマンス

ローラ神殿、木の根の小屋、南洋のパヴィリオン、茶室、ヴェスヴィオ火山模型の火山島があらわれ、散策者の関心を惹くように配置されている（図15）。そのコンビネーションによって、この庭園が相互に有機的につながっていることがわかる。部分が全体の一部であり、その一部に全体が集約されるように工夫されている。さらにブドウ山、農園、家畜小屋、ヒツジの放牧など、牧歌的、実用的な庭園の役割も見て取れる。

ヴェルリッツ庭園のもうひとつのキーワードは橋である。これは運河や湖をつなぐ利便性の面だけでなく、橋は文字どおりシンボル的な橋渡しの役割を果たす。橋と運河によってイギリス庭園は島と陸地がひとつになり、一種の有機的な統一体を形成するのである。橋がいかに重要なものであるかは、その19という数の多さからも確認できる。庭園の橋は現物の模型のようなもので、鉄製、木製、石製、吊り橋などバラエティ豊かである。これは実用的なものに応用できるため、教育的な意味を込めて設置されているといえる（図16）。

古代のエロスの世界

すでに述べたように、イギリス庭園は自然との調和をめざした

図15　木の根の小屋

が、それは自然を統括する女神信仰を基盤とするものでもあった。湖、川や大地は生命を育む女性をシンボル化したものにほかならないからである。ここでは自然と女性原理は融合し、性は生命の最も根源的なものとして肯定される。ヨーロッパでは、それはギリシア神話のアフロディテ、ローマ神話のヴィーナス（ウェヌス）という像で具象化されてきた。フランツ侯はとりわけ古代の愛と美と豊饒のこのシンボルを愛でた。

したがってヴェルリッツ庭園には、水浴する純白のヴィーナスが、最も目立つ庭園の中心に置かれている。この強く印象に残る庭園のシンボルは、フランツ侯の住む城館の窓や展望台からは、右手正面に見えるようになっている。いわば水浴びが終わったヴィーナスが、城の方に肢体を向けて挑発していると解釈できる（図17）。さらにダイアナ像、ニンフなど、神話のモチーフの彫像が設置されている。

ただし、ヴェルリッツ庭園の有名なもうひとつの「ヴィーナスの神殿」は、奇妙なことに小ヴァルロッホ湖を見下ろす北西の小高い丘につくられている。どうしてこのような片隅の目立たぬ位置に、最も重要な庭園のシンボルともいうべき「ヴィーナスの神殿」が造

図16　吊り橋

営されているのだろうか。

フランツ侯は庭園の光景を現実の地理に模して再現した。たとえば、中央東のヴェスヴィオ火山とハミルトン邸はナポリ湾に映るようなイメージで造られていたし、南国のパヴィリオンも南西の方向に位置している。これらの配置は地理的にもじゅうぶん納得できる。ところが、この「ヴィーナスの神殿」の位置関係は、その意味においてイタリアやギリシアを想定しているわけではない。筆者の推測であるが、これはつぎのような顚末から説明できるのではないだろうか。

フランツ侯は庶出の子どもを10人もうけていることからも、男女関係や性的なことにも人一倍関心をもっていたことがわかる。とくに結婚前からルター派教会の説教師の娘ヨハンナ・エレオノーレ・ホーフマイアーとは内縁関係にあった。フランツ侯は身分ちがいのため、彼女との結婚は世間が認めないことを自覚していた。それゆえ、領主の地位を放棄して、ふたりでイギリスに住もうと試みたが、隣国のフリードリヒ2世（大王）の婚姻政策によって、その計画は断念させられた（201ページ参照）。フリードリヒ2世によって、強制的に従妹であるルイーゼと1767年に結婚させられたか

図17　水浴するヴィーナス

らである（図18）。

このような経緯が示すように、フランツ侯が本気で愛人と隠遁生活をしようと考えていた地は、イギリスであった。すなわち北西の位置は、ヨーロッパ大陸からみれば、イギリスの方向にあたる。したがって、「ヴィーナスの神殿」は、愛人との愛の生活をシンボル化したものであるといえる。事実、この場所に到達するためには最初、オオカミ橋、木蔦《きづた》橋、白い橋のいずれかを渡る必要がある。それから、鎖《くさり》橋か高い橋を越えなければならない。橋は困難な関所のような意味をもっている。それればかりか、つぎに「隠者の庵」に突き当たる。これはフランツ侯が領主という地位を捨て隠者となろうとした、そのイニシエーションの場所にほかならない。

関所を越えて「ヴィーナスの神殿」にたどり着くと、それは小高い丘の上に建てられており、大理石のヴィーナス像が置かれている（図19）。外見上は何の変哲もないヴィーナス像であるが、城館の展望台からみると、木々の剪定、歩道の位置、起伏の高低に、工夫が凝らされていて、おそらくこのヴィーナスの神殿を見通せるようになっているのではないか。ただ筆者は城館見学のときに、うかつにもそのことにまで思いが至らなかった。今は庭園の図面から推測す

図18 フランツ侯とルイーゼ侯妃

るばかりである。

ニーダーマイヤーは『エロスの庭』のなかで、庭園をめぐる人は隠者の庵《いおり》で瞑想し、そのイニシエーションによって、「ヴィーナスの神殿」に連動するプロセスが重要であると説く。さらに「ヴィーナスの神殿」の下に位置するふたつの洞穴も、ローマ神話のヴィーナスの夫であるウルカノス、もうひとつはネプチューンとアイオロスに捧げられたものと解釈している。

たしかに、創設時の洞穴の意図はそうであったのかもしれないが、予備知識のない一般の人びとにとっては、もっと単純に理解する。すなわち地下への通路と洞窟を女性の性器、すなわち洞穴はヴァギナ、内部の空洞は子宮をシンボル化したものと受けとめるであろう。というのも神殿はこんもりと盛り上がった丘にあるが、下部に洞穴があり、そのなかへ入っていくという構造になっているからである（図20）。

フランツ侯にエロスの世界を指南した人物として、ハミルトン卿（194ページ以下参照）と、アウグスト・ローデ（1751—1837、フランツ侯の祖父の愛人が後にヨーハン・アウグスト・ローデと結婚して生まれた子）が挙げられる。侯はナポリでも男女の交合している姿や

図19「ヴィーナスの神殿」

図20「ヴィーナスの神殿」の地下空洞

像に大いなる興味を示した。そのようなエロスのシンボルとして、「ヴィーナスの神殿」の地下空間は造営されたといえよう。しかし露骨ではなく、さりげなく造られているので、この事実を知らないと、見過してしまう。

グランドツアーと奇想火山

ヴェルリッツが奇想庭園といえる最大の理由は、人工的な火山の噴火口をそなえていることである。すでに触れたように、火山は「ポンペイ最後の日」で有名なヴェスヴィオ火山をイメージして造られた。これは外見が似ているだけでなく、じっさいに記念日には花火が点火され、火口から吹き出す様子が演出された。その光景は当時の最大のイベントとして話題になり、多くの記録が残されている。火山はフランツ侯のイタリアへのグランドツアーが深くかかわっている。

18世紀のイタリアはヨーロッパの王侯貴族にとって、グランドツアーの格好の目的地であった。そこは古代ローマ遺跡や多くの観光地を擁し、かつルネサンス発祥の地でもあったからである。しかしそれだけではなく、ちょうどポンペイの古代遺跡が1748年に発掘されはじめ、古代ローマ時代へタイムスリップするかのように歴史ブームが起こり、ヨーロッパ中の人びとが固唾《かたず》を呑んで発掘を見守っていたという時代背景もあった。

それに触発されたからであろうか、フランツ侯も1765年10月18日にデッサウからフランス、イタリア旅行に出かける。その年のクリスマス直後にローマに到着し、12月27日にフランツ侯は、ドイツ人のギリシア研究家ヴィンケルマン（1717―68）に会った。かれの『ギリシア美術模倣論』（17

55)、『古代美術史』(1764)は、当時、古代ギリシア研究のバイブルとなっていた。侯はそれに大いに関心をもち、ヴィンケルマンからギリシア・ローマ文化を学ぶ。しかし2人の関係は、ヴィンケルマンがその後、3年も経たないうちに暴漢に襲われ、刺殺されたことで絶たれてしまう。

さて、かれらは2ヵ月間ローマに滞在してから、ヴィンケルマンの案内で、1766年2月26日にナポリに到着した。当時のナポリ王国はフランス、スペイン、オーストリアの支配下にあり、ヨーロッパの王侯たちの「子弟」は、グランドツアーのイタリア旅行のなかでナポリへ立ち寄るのが常であった。

ここにイギリスのウィリアム・ハミルトン卿(1730—1803)がナポリ王国派遣公使として常駐していた。かれの邸宅は一種のサロンと化し、王侯や文化人が集まるところであった。1776年にはあのマルキ・ド・サドも顔を出しているので、多彩な文化人が訪れていたことは推して知ることができる。ヴィンケルマンはフランツ侯をハミルトン卿に紹介した(図21)。

ハミルトン卿は、外交官だけではなく、美術品収集家にして考古学者でもあった。かれは1764年から1800年もの長きにわ

図21 ハミルトン卿

図22 ヴェスヴィオ火山を模した山頂

たってナポリに住んだ。そのあいだ、卿はヴェスヴィオ火山やポンペイ遺跡の研究をおこない、美術品のコレクターとしても知られていたが、英国王立協会員でもあり、のちには英国芸術愛好協会員にもなった。

ハミルトン卿はナポリ湾に面するヘルクラネウムから発掘された古代の遺品を収集し、自分の邸に展示していた。とくにフランツ侯の関心を惹いたのはファルス（男性器）を誇張した像、エロティックな男女像など古代ローマの収集物であった。ここでフランツ侯は古代の快楽主義に深く惹かれ、その方面の像の蒐集家として第一歩をしるした。さらにハミルトン卿の招待で、侯は1766年2月28日にヴェスヴィオ火山に登山し、さらにシチリア島へも案内された。この歓待にフランツ侯は感激し、ハミルトン卿とその後も親交を深める。

フランツ侯は帰国後、ヴェルリッツ庭園にヴェスヴィオ火山と、ハミルトン邸を再現することを望んだ。というのも、ドイツにはこのような活火山は存在せず、そのモデルは話題と関心を引き起こすことになるからだ。1788年から94年にかけて建築家エルトマンスドルフがこの火山とハミルトン邸を建築した（図22、23）。これ

図23　火山島とハミルトン邸（左）

は外国へ旅行できないアンハルト＝デッサウ侯国の人びとに対しても、啓蒙的な役割を果たした。

庭園の中央部に設置された火山は、グランドツアーやヴィンケルマンの影響により、フランツ侯の南国イタリアへの憧憬を形象化したものである。標高17メートルでけっして巨大とはいえないが、この庭園の目玉にほかならない。岩の島の麓にあるハミルトン邸の部屋は、ナポリ湾のそれに合わせて再現され、邸内にはハミルトン卿が集めた彫像やモザイク、絵画、古代の壺などが飾られている。

１７９４年に火山の完成を祝って、隣接する半円形劇場でゲーテの『タウリス島のイフィゲーニエ』が演じられた（図24）。これはエウリピデスの原作を改変したものであるが、地中海を舞台にした作品であったので、イベントにふさわしいものであった。ゲーテはヴェルリッツの火山島の建設当時から、ここをよく訪れ、スケッチも残している。その影響はかれの作品の『親和力』や、ヴァイマルのイルムの庭造りに見て取れる。

ゲーテもまた南国に関心をもち、イタリア旅行を試みたが、１７８７年の２月から３月にかけてナポリを訪れ、ハミルトン卿のサロンに参加した。その際の、ハミルトン卿だけでなく愛人エマにも

図24　現在の半円形劇場

会っている。ゲーテの『イタリア紀行』につぎのような記述がある。

相変わらずイギリス公使としてこの土地に住んでいる騎士のハミルトンは、ずいぶん長いあいだ芸術愛好と自然研究をつづけた後に、自然と芸術の頂点を示すところの一人の美しい乙女を発見した。歳のころ二十歳ぐらいのイギリス婦人で、このひとを彼は自分の家においている。非常に美しい、そしてよく発育した女である。彼はギリシア風の衣装を作らせて彼女に着せているが、それがよく似合う。そのうえ彼女は髪を解いて、肩掛けを二つ三つかけ、態度、物腰、容貌をいろいろ変えるので、それを見る人はほんとうに夢を見ているようではないかと思うほどである(相良守峯訳)。

1786年にハミルトンの甥がエマを連れて、イギリスからナポリへやってきていた。妻を亡くしていたハミルトン卿に引き合わせるためである。ゲーテが会ったのは、彼女がナポリへ到着して1年も経っていない時期にあたる。エマは一種の「高級娼婦」ともいわれたが、もともと鍛冶職人の子どもであった。生まれてすぐ父親

図25 踊るエマ

を亡くし、母親に育てられた。下層の出身にもかかわらず、美しく才覚にあふれながらも自由奔放であったので、社交界のアイドルとしてもてはやされた。さらに対話術や天才的な演劇表現の素質も有していた（図25）。

たちまちハミルトン卿は彼女の虜になって、愛人関係を結び、数年後にふたりは結婚した。しかし彼女は卿と結婚しておきながら、あのイギリス海軍のネルソン提督とも愛人関係になってしまい、ひとりの子どもを設ける。この三角関係は有名なゴシップになり、人びとの関心を惹いた。しかしネルソン提督はトラファルガーの戦いで戦死、結局、三角関係は決着をみた。

このいきさつを知っていたフランツ侯は、それゆえなお熱心にヴェルリッツ庭園のハミルトン邸の展示物や飾りを充実させた。かれとハミルトンはその道の同好の士であったからである。

アンハルト＝デッサウ侯国という小国

陸続きのヨーロッパでは、絶え間のない戦争の歴史が繰り返されてきた。武力衝突は日常茶飯であったが、それを避ける外交努力もたえず試みられた。そのうちの政略結婚は、王国の重要な生き残り方策のひとつであった。ではアンハルト＝デッサウ侯国のフランツ侯に即して、このふたつがどのようなものであったかを確認しておこう。

18世紀後半のドイツは約３００の小国に分かれ、アンハルト＝デッサウ侯国は人口３万人の小国であった。隣国のプロイセンと東南のオーストリアに挟まれていたので、伝統的に強国プロイセンとの絆は、外交政策の重要な戦略とみなされてきた（図26）。侯国の当主は代々プロイセン軍の中枢に参画

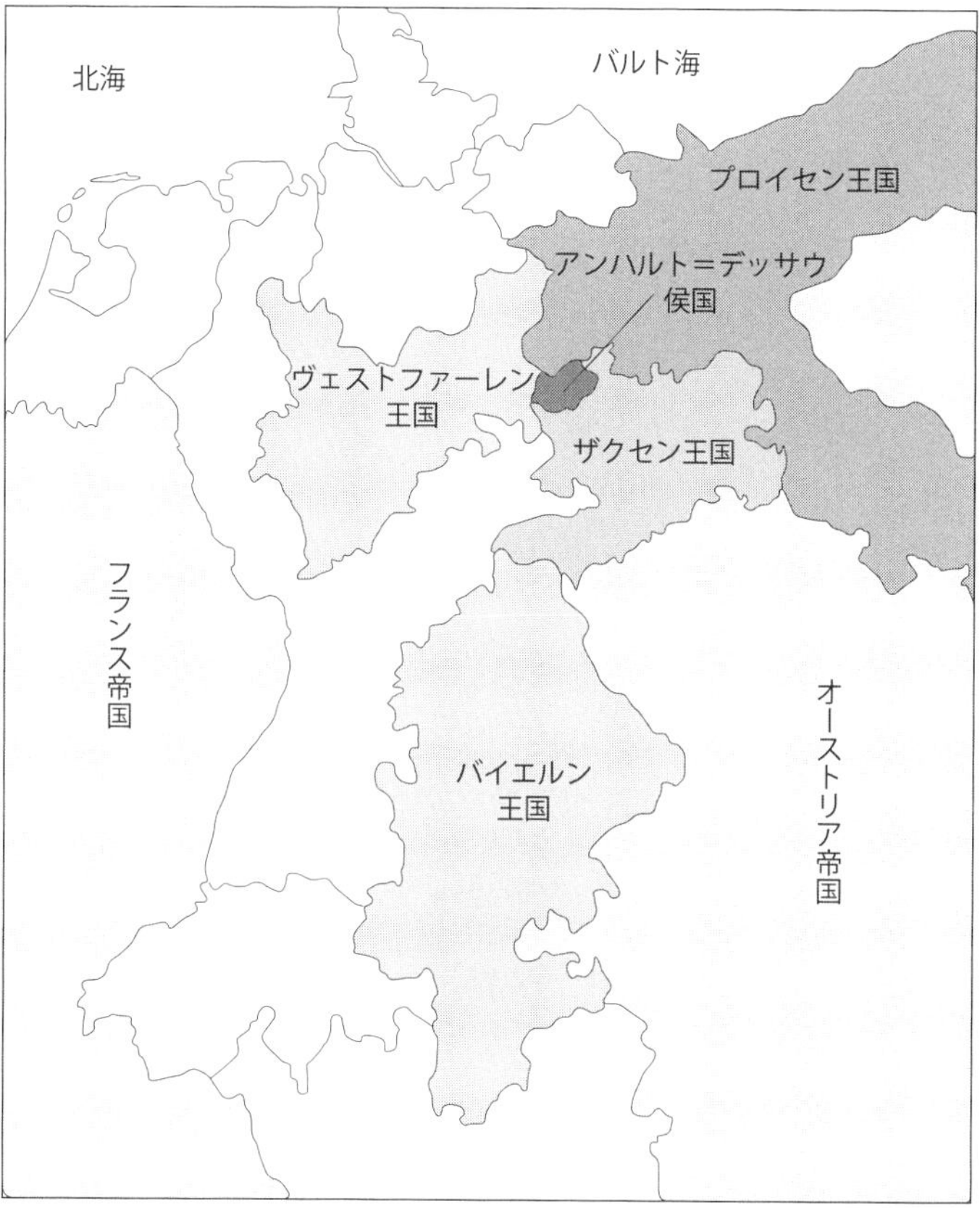

図26　大国に挟まれたアンハルト＝デッサウ侯国（1808）

した。たとえばフランツ侯の4代前のレオポルト1世（1676―1747）は、プロイセン軍の元帥であって、対オーストリア戦争の立役者として勇名を馳せた。さらにレオポルト1世はプロイセン軍の改革をおこない、ヨーロッパ最強の軍隊に仕立て上げた。

その孫、すなわちフランツ侯の父レオポルト2世マクシミリアン（1700―51）もプロイセン軍の元帥として活躍し、フリードリヒ2世の勢力増強に寄与した。プロイセンのフリードリヒ2世は、アンハルト＝デッサウ侯国との長年にわたる固い同盟関係を継続しようとしていた。

そのために、フランツ侯も当然のように、16歳の時にフリードリヒ2世率いるプロイセン軍に入った。その1年後の、オーストリア継承戦争に端を発する「7年戦争」の際に、かれは「大佐」としてプロイセン軍の一角を占め、オーストリアのマリア・テレジア軍と対峙した。

この戦争はフリードリヒ2世がマリア・テレジアの弱みにつけこみ、攻撃をしかけたので、大義のない干渉戦争といわれた。そのためであろうか、プロイセン軍は1757年にプラハ東方のコリンの戦いに敗れて、敗走。フランツ侯もそれに巻き込まれ、悲惨な戦争現場を見て厭戦観を強め、フリードリヒ2世にプロイセン軍隊からの除隊を願い出た。

この戦争が後の統治者としてのフランツ侯の原点となった。侯は軍隊体験によって戦争を避けるために、かつて先祖が代々築いてきたプロイセンとの強いつながりを、中立的なものにしようとした。ところが除隊の希望を聞いたフリードリヒ2世は激怒し、アンハルト＝デッサウ侯国を配下に収めようと画策したが、フランツ侯は距離を取り続けた。そのためフリードリヒ2世は、結婚によってフランツ侯を懐柔し同盟を図ろうとした。

隣国、ブランデンブルク＝シュヴェート家はプロイセン王家の傍系にあたったが、フリードリヒ2世は1767年にその公女ルイーゼ・フォン・ブランデンブルク＝シュヴェート（1750－1811）を仲介し、アンハルト＝デッサウ侯家へ輿入れさせた。なお彼女はフランツ侯の従妹にあたる血筋でもあった。その後、シュヴェート家は1788年にプロイセンに併合され消滅した。

侯妃となったルイーゼはたぐいまれな教養の持ち主であり、感傷的な作家たち、ラヴァーター、ゲーテ、クロップシュトックなどの作品を好み、男女の愛にも繊細な情緒を重視した。おそらく敬虔なプロテスタントであったと推測される。一見すると、理想的な結婚のように思われたが、最初から夫婦仲はぎくしゃくし、両者の資質は合わなかった。その原因はフランツ侯の結婚前の行状にあったといえる。

両者の経緯は以下の208ページ以下に記すが、結局、和解は不可能となり、侯妃は贈られたルイジウム城で暮らすようになった。当初、フリードリヒ2世がにらみを利かせていたので、離婚はできなかったが、しかし大王の死後、ふたりは離婚をした。もちろん、これはフリードリヒ2世の呪縛から逃れただけで、アンハルト＝デッサウ侯国はプロイセンとの同盟から離脱したわけではない。

ところが、プロイセンやオーストリアだけでなく、もうひとつの大国フランスがドイツに圧力を加えはじめた。全盛期のナポレオンはドイツの状況を分析し、アンハルト＝デッサウ侯国にくさびを打ち込んできた。1807年にフランツ侯はナポレオンに招待され、パリに出向いている。その結果、侯国は「ライン同盟」に参加し、ナポレオンの配下につくのである。ゲーテが奉職していたザクセン＝ヴァイマル公国も同様の選択をおこなった。このように小国の啓蒙君主は、冷静に生き残りを考え、摩擦をおこさぬよう苦労を重ねていた。

フランツ侯は、軍事力に出費するより、平和な侯国づくりを目指す方がはるかに有益と考えた。いくら軍備を増強しても、力の差は歴然としている。生き残るためには、領民を啓蒙し、賢明に物事を判断する力を養成することが必要であった。こうして、フランツ侯は啓蒙主義に心血を注ぎ、ヴェルリッツ庭園も領民に自由に開放した。

フランスのルイ14世はたしかに、ヴェルサイユ宮殿を市民に開放したが、その目的は王の威厳と権威を領民に知らしめるためのものであった。しかしフランス革命時には、それは王侯への憎しみへと転化し、ルイ16世らを断頭台へ送った。アンハルト=デッサウ侯国の場合には、フランツ侯への尊敬と親しみが増大し、領民は親近感を込めて、かれを「フランツ親父」と呼んだ。

啓蒙君主としてのフランツ侯

18世紀後半のドイツは、思想史的には啓蒙主義の時代であった。小国ながらアンハルト=デッサウ侯国は、当時のゲーテが出仕していたザクセン=ヴァイマル公カール・アウグストの宮廷と並んで、文化人の集まる中心地のひとつに数えられている。フランツ侯はイギリスの啓蒙主義を学び、さらにヨーロッパ大陸のルソー、ヴォルテール、クロップシュトック、ヴィーラント、ヘルダー、ゲーテなどの作品に親しんだ。こうして著名な一流の思想家や作家の影響を受け、その時代的潮流に通じていた。

啓蒙君主として、デッサウにバゼドウやラヴァーター、カウフマン、フォルスターなどを招聘し、新しい改革をもたらせた。外国の知識を学んでは、数々の実験をくりかえし、多くの文人を集めて改革をおこなった。かれの統治するアンハルト＝デッサウ侯国は小国ではあるが、啓蒙主義は教育、農業改革、衛生、工業、福祉などの分野におよび、当時、フランツ侯は最も成功した啓蒙君主と評価されている。それというのも、侯は先述のようにたびたびグランドツアーをおこなって、ヨーロッパ各地を見聞し、文化人と多くの親交を重ね、数々の知見を得ていたからである。

とりわけ、教育についてフランツ侯はルソーの『エミール』（1762）に影響を受けた。このルソーの教育論を実践するために、侯は1771年に教育学者のバゼドウや、のちにザルツマンらを招聘し、1774年にデッサウに汎愛主義の学校を創設した（図27）。

フランツ侯自身も子ども好きで、自分の庶出の子を含め、「正室」の子どもとも分け隔てなく育てた。かれは子どもを「若木」と名づけ、自由に楽しく育て上げねばならないと考え、子どもを自発的に成長させる啓蒙主義の教育を汎愛学校で実践させた。

汎愛学校の教育は、従来の体罰をともなう詰め込み式の教育でなく、自然のなかで学習させながら、庭園や家畜の世話、手仕事、体

図27 バゼドウ

育、絵画、遊びも教育に取り込んだ新しい方法で実施された。さらにめしべとおしべの受粉による生殖のメカニズムを教えたが、オナニーを排除する教育をし、性教育にも対峙した。引用した図は、壁に掲げた絵を教材にして説明しているところである（図28）。さらに生徒を寄宿舎に住み込ませ、教師と生徒の接触を密にして、近代教育の出発点ともいうべき方法で人間教育を実践した。

この学校は人気を呼び、多くの生徒を集めたので、その後のドイツのみならず、ヨーロッパの教育界に多大な影響を与えた。ただし啓蒙主義の教育については、教師間の教育理念の相違が生じ、とくに性教育方針などによる内部対立を生みだした。またバゼドウのリーダーシップの欠如や気難しい性格によって、しだいに運営に行き詰まり、汎愛学校は1793年には閉鎖を余儀なくされた。

フランツ侯の宗教政策もまた、当時としては特筆に値するものであった。一般にキリスト教ではカトリック、プロテスタントのうちルター派とカルヴァン派に分類される。アンハルト＝デッサウ家は1605年から、プロテスタントのうちのカルヴァン派に改宗し、フランツ侯もその宗派に属していた。

ただしこの侯国では、宗教的寛容が暗黙の了解事項となってお

図28　汎愛学校の授業風景

り、君主がカルヴァン派であっても、領民はルター派、カトリックあるいはユダヤ教でも容認された。多くの場合、当時、君主の宗教が領民の宗教に同化させられていた時代では、これは稀有なことであった。宗教的寛容は18世紀の啓蒙主義の時代において、たとえばレッシングなどが強く主張したが、それがアンハルト＝デッサウ侯国では実現されていたのである。この点においても、侯は啓蒙君主といわれるゆえんがあったといえよう。

宗教的寛容はフランツ侯のユダヤ人政策にもよくあらわれている。ヴェルリッツには1789年から130人のユダヤ人が住みつき、フランツ侯はその人びとを排除せず、むしろ保護している。その一例として、ヴェルリッツ庭園のシナゴーグ（ユダヤ教礼拝場）の建築が挙げられる。これは城館の近くのヴェルリッツ湖に面し、中心の一等地に位置する。フランクフルトやウィーンなどのユダヤ人の多い都会であれば、目立たないところにシナゴーグが建てられたが、庭園内にシナゴーグがあるのは、例外中の例外である（図29）。

よく知られているように、ユダヤ人はヨーロッパのキリスト教社会において、差別された存在であり、その意識は根強く残った。たしかに啓蒙主義や革命の時代には、寛容の精神が主張され、ユダヤ

図29　シナゴーグ

人に対する穏健な政策が実施された。これはユダヤ人の多く住む都市部での対応であったが、地方のアンハルト゠デッサウ侯国でも、先進的なユダヤ人同化策が実現されていたのである。

エロスの否定と肯定のバトル

以上のように、ヴェルリッツ庭園の施工主のフランツ侯のもとに多くの文人が集まり、デッサウは一種の文化的な中心地になった。とはいえ、啓蒙主義者たちは理性や悟性によって啓蒙を主張するものの、一枚岩ではなく世界観において異なる点もあった。すでにバゼドウやラヴァーターの例にみられたように、啓蒙主義といっても思想的に違いがあった。微妙なニュアンスなどを省いて、図式的に色分けすると、かれらはエロスや性を肯定するか、これを抑圧ないし排除するかというグループにわかれる。

たとえば汎愛主義者のグループ、すなわちバゼドウ、ザルツマン、カンペらは、教育においてエロスや欲望を否定し、とりわけマスタベーションがノイローゼや人格破壊を引き起こすので、これをいかに排除するかということに、心血を注いだ。したがって、庭園においても、エロスやそれを想起させる彫像は、並べるべきではな

図30 ラヴァーター

いと主張した。このグループには牧師ラヴァーターも属し、禁欲的な身の律し方を説いた（図30）。それに対してヘルダー、ヴィンケルマン、エルトマンスドルフ、ローデ、ハミルトン卿などは、エロスが生命の根源であり、これを容認すべきであると自他ともに認めていた。この両派といささか異なるのはゲーテであった。文豪はエロティックな品物の収集家としては知る人ぞ知るのであるが、それと自分の作品は線引きをし、あからさまな性を露骨に表現せず、しかし、それを根底において認めながら、作品を世に出した。

このような図式のなかで、フランツ侯は明らかに欲情やエロスの肯定派であり、それを隠そうとはしなかった。かれの古代ギリシア、ローマ神話の世界への偏愛はエロスの世界が深くかかわっていた。啓蒙主義にもとづくヨーロッパ旅行も、同様にエロスへの関心が根底にあった。フランツ侯は探検家による世界旅行記にも関心を示したが、とりわけ現地人の性行動に注目した。

たとえば、ブーガンヴィル（1729―1811）の『世界周航記』やディドロの『ブーガンヴィル航海記補遺』は、当時大いに話題になり、フランツ侯も関心をいだいた。そこで展開された美しいタヒチ島の描写は、ヨーロッパ人にとってパラダイスであり、またタヒチの習俗は古代の官能的な世界の再現のように受けとめられた。

ブーガンヴィルはタヒチの女性が魅惑的であることを美化し、性的にも奔放な風習を紹介した。たとえばブーガンヴィルの船員にタヒチの娘が提供され、それが古代のギリシア・ローマの饗宴になぞらえられた。魅力的な娘はまさしく神殿の美しいヴィーナスであり、これが現代におけるアルカディアの再現であるとした。ここではヨーロッパ人の尺度によってタヒチの性習俗が描かれている。

フランツ侯はクック船長の「世界周航」の話を聞きつけ、1775年にクックと同行したフォルスター父子とロンドンで出会っている。侯は南太平洋の習俗に強い関心を示したので、フォルスター（子）はタヒチの習俗を語り、フランツ侯にその装飾品をプレゼントした。侯が知ろうとしたのは、同じく南太平洋の住民の性生活であった。なおフォルスターは2度デッサウへ招聘されたが、のちにフランス革命に積極的に参加し、マインツ革命において主導的役割を果たしながら、パリで客死した（図31）。

　フランツ侯の実生活の女性関係も、かれのエロスの世界と一致していた。結婚前の内縁関係の女性との間に、3人の子ども（ひとりは夭折）を設け、放縦な性的趣味をもち、見方によれば「色情狂」とも受け取れる官能的な世界を公言した。またすでに触れたように、宮廷に出入りしていた、先述のローデは、その道の指南役であった。ローデはエロティックなラテン語の『黄金のロバ』の翻訳をし、そこには獣姦をはじめ、さまざま性的描写が繰り広げられていたが、フランツ侯はこの『黄金のロバ』にも当然、深い関心を示した。

　侯妃ルイーゼはそのような性の世界や夫の趣味が下品であると軽

図31　フォルスター父子

蔑した。やがて夫とのすれちがいが大きくなり、彼女は性的関係を拒否するようになった。政略結婚のふたりのあいだには息子がひとり生まれたが、夫婦仲は一向に改善しなかった。その頃、フランツ侯はスイスでラヴァーターと知り合い、かれをデッサウへ招聘し、啓蒙主義者として遇した。かれは改革派の牧師であり、ゲーテの友人であったが、当時、人間の性格を、シルエット(影絵)を通じて読み解く「観相学」を広め、もっとも注目されていた渦中の人物であった。

侯妃ルイーゼは夫との不和によってノイローゼに苦しんだので、スイスの牧師ラヴァーターに相談した。かれの精神分析によって、彼女は一時的に快方に向かう。ところが牧師であるラヴァーターも理性を押さえることができず、侯妃に惹かれるようになり、それがフランツ侯の嫉妬を引き起こした。同様にラヴァーターの弟子で、シュトゥルム・ウント・ドラング(「疾風怒濤」)のカウフマンも侯妃に近づき、これらの摩擦から、ラヴァーターやカウフマンらはデッサウにいることができずに、やがてここを去っていた。

建築師のエルトマンルスドルフ、ゲーテやヴァイマル公がフランツ侯夫妻を和解させようとして仲介に入ったが、うまくいかなかった。その根源は先述のようにフランツ侯の性愛観にあるのだが、侯にしてみれば、ルソーの『エミール』の世界やバゼドウが否定するマスターベーションなども自然なもので、ありのままの人間の行為の一部に過ぎないという認識があった。

それでは、エロスの世界は当時のキリスト教的倫理とどのような関係にあったのだろうか。とくにフランツ侯の性愛観は、宗教の信条に抵触しなかったのであろうか。宮廷の聴罪牧師はフランツ侯の性向について、たびたび慎むように助言をしたが、あまり効果はなかった。たしかにエロスへの賛美は、カトリックやプロテスタントの倫理に反するものであって、これはもはや異教的な思想として排除すべきものであったからである。

事実、フランツ侯の宗派であるカルヴァン派は性やエロスに関しても、自制を主張しているが、実際にはカルヴァン派の「予定説」は、すべて神が人間の運命を定めているというものなので、エロスも容認してしまう傾向にある。それはプロテスタントのように自己規制する要素が少ないからだといえる。フランツ侯は、王侯という身分に運命づけられていたので、そのなかで自然の性《さが》にしたがって生きようとしたと考えられる。

フランツ侯の世界を具現したヴェルリッツ庭園は、性、自然、世界が統一的に一体化したものであった。これは古代のアルカディアの世界の再現を目指したもので、火山の爆発ですらも自然の摂理とみなされた。フランツ侯はこれらを、庭園を訪れる人びとに提示しようとしたが、ヴェルリッツ庭園はその意味において、非キリスト教的なアニミズムの理念によって構築されていたといえる。

最後に、庭園は現実の政治とどのような関係にあったのだろうか。これは王侯の道楽のようにみえるが、そうではなく、ヨーロッパにおける覇権主義とは異なる、小国の存在を主張するシンボルであった。ヴェルリッツ庭園は、啓蒙主義者フランツ侯が現実の政務から離れ、エロスの世界へ陶酔できる空間そのものにほかならない。それは大国の武力に対する平和的反抗、異教的な理念から生みだされた世界観であった。自然と愛と豊饒が調和したヴェルリッツ庭園は、このようなフランツ侯の強い存在証明のメッセージを内包している世界遺産なのである。

（浜本隆志）

7．ゲルリッツ
科学による地域改革をめざして

ドイツ最東端の町

ドイツ東部の都市ドレスデンから快速列車でさらに東へ1時間半、田園や森の風景のなかを走ると、ゲルリッツに到着する。ガラス張りの天井の下に何本もホームが並ぶ立派な駅だが、古めかしくあまり手入れをされていないという印象は否めない。がらんとして殺風景なホームの下の通路を歩いていると、辺境の地に来たという感慨がわいてくる。ゲルリッツはドイツの国境線がポーランドのほうへもっとも張り出したところにある、ドイツ最東端の町なのだ。チェコとの国境にも近い。

最果ての雰囲気は、しかし、通路を抜けて駅のホールに一歩、足を踏み入れると、うち消される。そこでは、アーチ状の高い天井に水色でユーゲントシュティールの装飾がほどこされ、金色のシャンデリアが吊されたはなやかな空間が旅行者を迎えてくれるのだ。両側に並ぶ大きな窓からは光が降り注ぐ、美しいホールである（図1）。はじめてゲルリッツの駅に降り立ち、ホールの扉を開けたときの驚きは、2度、3度とこの町を訪れても変わらない。

1917年に建てられた駅舎は、大きくはないが、正面からみると中央に時計塔をいただいた立派な建物である。そして、ちょうどこの駅舎の印象とおなじように、一見、辺境のさびれた町であるように思われるゲルリッツは、中欧の一地方の文化的中心地として繁栄した歴史をもち、現在でも美しい街並みと数多くの文化遺産を誇る都市なのである。

ゲルリッツはナイセ川の河畔に位置し、対岸のポーランドの町ズゴジェレツとは、第2次世界大戦が終わるまでひとつの都市だった。スペインからフランスを通り、フランクフルト、ライプツィヒ、ブレスラウ（ヴロツワフ）をへてロシアまで、東西ヨーロッパの都市を結ぶ通商路「王の道《ウィア・レギア》」と、ボヘミア北部に源を発して南から北へ流れ、やがてオーデル川と合流してバルト海に注ぐナイセ川がここで交差するという地の利に恵まれたゲルリッツは、中世以降、織物業を中心とする産業と交易によって繁栄した。また、19世紀にも、ベルリン、ドレスデン、ブレスラウなどの大都市とのあいだに鉄道が開通したことによって経済的な発展をとげた。

ゲルリッツが国境の町になったのは、第2次世界大戦後、オーデ

図1　ゲルリッツ駅のホール

ル川とナイセ川がドイツとポーランドの国境に定められたことによる。その結果、ゲルリッツはドイツ民主共和国（東ドイツ）とポーランドのあいだで分割されることになったのである。東西ドイツ統一後は、ドイツ連邦共和国の一番東端の町となり、２０１３年時点の人口は約５万４０００人。２００４年にポーランドがＥＵに加盟したことによって、現在ではゲルリッツとズゴジェレツのあいだはナイセ川にかかる橋を渡って自由に行き来できる。ズゴジェレツ側の川沿いのレストランからゲルリッツの聖ペーター・パウル教会を眺めながら、ポーランド料理やビールを楽しめば、夏にはとくに気持ちのいいひとときを過ごすことができる（図２）。

ゲルリッツにゆかりのある歴史上の人物としてもっとも有名なのは、17世紀の神秘主義思想家ヤーコプ・ベーメ（１５７５—１６２５）（図３）かもしれない。ベーメはゲルリッツで靴職人として生計を立てながら、神秘体験にもとづいた独自の汎神論的な思想を著し、近世ヨーロッパの哲学や思想に大きな影響をあたえた。ゲルリッツのニコライ教会の墓地にベーメの墓があるほか、ズゴジェレツではベーメが住んでいた家が小さな博物館になっている（図４）。もっとも、筆者がこの博物館を訪れたときは、入口に書かれている開館時

図２　ポーランド側からみたゲルリッツの聖ペーター・パウル教会。画面下にナイセ川を渡る橋がみえる

間になってもいっこうに開く気配がなく、ゲルリッツの観光案内所で尋ねても、よくわからないということだった。ヤーコプ・ベーメ博物館に興味のある人は、事前に問い合わせたほうがいいだろう。

ゲルリッツを訪れたことのない人も、スクリーンのなかでこの町を目にしているかもしれない。第2次世界大戦による破壊をほとんどまぬがれたゲルリッツには、歴史的な建築物が数多く残されている。ゴシック、ルネサンス、バロック、歴史主義、そしてユーゲントシュティールと、町の発展にともなって建てられた各時代の様式の建物が並ぶゲルリッツは、さながら町全体が建築史博物館のようなものである（図5）。東西ドイツの統一後、歴史的建造物の保存や修復が進められ、現在、文化財に指定されているものは4000件にのぼる。とくにユーゲントシュティールの建築はドイツの他の都市ではみられないほどの充実ぶりで、最初にふれた駅舎もそのひとつだが、20世紀初頭につくられたパサージュや百貨店などもこの町の往事の繁栄を物語っている。

そして、近年、それらの建物や街並みが映画の撮影の舞台として注目されるようになった。ドイツ映画にかぎらず、最近では『80デイズ』（2004）で19世紀のパリ、『愛を読むひと』（2008）では1950年代のハイデルベルクのシーンがゲルリッツで撮影され

図3　ヤーコプ・ベーメ

図4　ヤーコプ・ベーメの家

た。ほかにも『イングロリアス・バスターズ』（2009）、『ゲーテの恋』（2010）、『さよならアドルフ』（2012）、『やさしい本泥棒』（2013）、『ミケランジェロ・プロジェクト』（2014）など、ゲルリッツでロケーションがおこなわれた作品が次々に製作・公開されている。2014年に公開されたウェス・アンダーソン監督の『グランド・ブダペスト・ホテル』では、舞台であるヨーロッパ東端の架空の国のシーンの多くがゲルリッツで撮影され、作品の核となるホテルには、先にふれたユーゲントシュティールの百貨店が使われている。いわゆるロケ地めぐりのガイド・ツアーも催されており、ゲルリッツは「映画の町」という新たな貌を確立しようとしているようである。

ゲルリッツ文化史博物館とオーバーラウジッツ学術協会

このように歴史的な建物が立ちならぶゲルリッツの旧市街の一角に、ゲルリッツ文化史博物館がある。旧市街の中央にある広場、ウンター・マルクトからナイセ川へ下っていくナイス通りの角にあるクリーム色の建物――通称バロック・ハウスが、この章でとりあげるコレクションの舞台である（図6）。

図5　ゲルリッツの旧市庁舎（16世紀）

1726年から28年にかけて富裕な織物商人の家として建てられたバロック・ハウスでは、2階のぜいたくに装飾がほどこされた部屋に当時の家具や調度、美術工芸品が置かれており、17・18世紀にゲルリッツで栄えた上流市民階層の生活文化やバロックの芸術を知ることできる。だが、この博物館の一番の見どころは、2階の一部と3階全体を使って展示されているオーバーラウジッツ学術協会のコレクションの数々である。

オーバーラウジッツとはゲルリッツとその周辺の地方の名称で、オーバーラウジッツ学術協会は、この地方の学問・芸術・経済の発展を推進することを目的に、1779年にゲルリッツで設立された知識人の集まりである。18世紀のヨーロッパでは、啓蒙思潮の広がりとともに、学問や研究の場として大学やアカデミーのほかに、各地にローカルな学術的な組織が生まれた。オーバーラウジッツ学術協会もそのような小型の地方版アカデミーのひとつで、ゲルリッツの法律家カール・ゴットロープ・アントン（1751―1818）と近隣の土地の領主アドルフ・トラウゴット・フォン・ゲルスドルフ（1744―1807）のふたりを発起人とし（図7）、そのほか18人のメンバーが集まって創立された。

図6　ゲルリッツ文化史博物館（バロック・ハウス）

1801年につくられた協会の規約の第一条には「当協会の目的は、あらゆる種類の学問的知識の協同研究である。特にオーバーラウジッツを関心の対象とする」と書かれているように、設立当初に協会が目指していたのは、オーバーラウジッツという土地に根ざし、学問分野の全般にわたって研究を推進することだった。そして、そのための基盤として重要な意味をもっていたのが、書物や学問・芸術にかかわる物品のコレクションである。おなじ規約の第六条には、会員の義務として、入会時にはコレクションの増強のために寄付をすることと明記されている。また、1801年には創立者のアントンとゲルスドルフが、私有している書物やその他のコレクションを死後に協会に寄贈するという遺言書を共同で作成して公表しており、これものちに実行された。

こうして、協会のコレクションは順調に増えていったが、そうなると問題はその保管場所である。そこでアントンがナイス通り30番地の建物、つまりバロック・ハウスを購入して、1804年に協会に提供し、20万点におよぶコレクションを収めるとともに、協会の活動の恒常的な拠点とした。バロック・ハウスの3階には、協会の集会に使われていた部屋があり、アントンとゲルスドルフの肖像画

図7　アントン（右）とゲルスドルフ（左）。アントンはここではフリーメイソンのマスターとして描かれている

も飾られている（図8）。

オーバーラウジッツ学術協会は、19世紀半ば以降は歴史研究に重点を移しながら、20世紀まで存続した。1945年にソ連によって解体されたが、東西ドイツ統一後の1990年に再結成され、現在も研究活動をおこなっている。バロック・ハウスは東ドイツ時代にゲルリッツ市立博物館として利用されるようになり、オーバーラウジッツ学術協会のコレクションの一部も展示されていたが、2009年から11年にかけて大規模な改修工事がおこなわれ、並行してコレクションの学術的な調査と修復のプロジェクトも進められた。その成果として2011年に新たな姿で開館したのが、ゲルリッツ文化史博物館である。

このような歴史をふり返ってみると、バロック・ハウスのゲルリッツ文化史博物館では、オーバーラウジッツ学術協会のコレクションが、それが本来、属していた場所とコンテクストをとりもどしたことがわかる。ゲルリッツ文化史博物館はそのほかに、中世につくられた堡塁《ほうるい》カイザートルッツとライヒェンバッハ塔にも入っているが、バロック・ハウスこそが、ゲルリッツにおけるコレクションの文化の出発点なのである。

現在、バロック・ハウスの3階では、オーバーラウジッツ学術協

図8　オーバーラウジッツ学術協会の集会の間

会の初期のコレクションやその活動内容をしめす品々が展示されており、18世紀末から19世紀初頭にかけてこの地で発展した知の世界の全容を、具体的な物を通して知ることができる。展示品は、科学機器、鉱物や化石、地形模型、鳥類の剥製、植物標本、先史時代の土器、古代の壺や彫刻、エジプトの彫像、地誌、版画や素描、絵画、楽器など多岐にわたり、本書の第2章でとりあげられた「木の百科文庫」のうちのひとつもここでみることができる。

現代の博物館や美術館のイメージからすると、この博物館には特定の分野やジャンルがなく、雑多なものが集められているように思われるかもしれない。しかし、このように学問と技術・芸術のさまざまな分野が現代ほど明確に分化しておらず、自然と文化の全体を包括的にとらえようとする態度こそが、18世紀の知の特徴なのだ。それは、この時代にフランスで編纂された『百科全書』に代表されるような普遍的・総合的な知である。バロック・ハウスの入り口には1804年以来、「I. U. MUSEUM S. I. L. S.」、つまりラテン語で「統一／オーバーラウジッツ学術協会のミュージアム」という銘文が掲げられている（図9）。「I. U.」、つまり「IN UNO（統一）」は協会の印章にも用いられているモットーであり、ここにはまさに、さまざまな学問・芸術分野の統

図9　ゲルリッツ文化史博物館の入り口の銘文

合という18世紀的な知の理念があらわされている。

モンブランの立体模型と石

このように多彩なオーバーラウジッツ学術協会のコレクションは、ゲルリッツ文化史博物館では現代の見学者に配慮して、物理学、地質学・鉱物学、考古学、自然物、地誌、版画・素描、文学と音楽など、おおまかな分野ごとに部屋をわけて展示されている。そのなかでもとくに重要な物理学関係のコレクションについては、のちほどくわしくとりあげるが、そのまえに地誌関係の部屋にあるめずらしい展示品と図書室をみておこう。

18世紀後半のヨーロッパではスイス旅行がさかんになり、上記のゲルスドルフも1786年にスイスを訪れている。そして、この旅行に関連して収集された物がひとつの部屋にまとめて展示されている。ここでまず目をひくのは、アルプスの立体模型である（図10）。これは、ゲルスドルフがスイスでシャルル・フランソワ・エクスシャケ（1746―92）という地図制作者がつくった地形の模型をみかけて気に入り、のちにモンブランとその周辺をかたどった模型を注文したものである。木材を彫って形をつくった上に石英と水晶を貼りつけてあり、アルプスの地形が約1500分の1の縮尺で再現されている。地名や登山ルートも記されていて、学術的な価値があるだけではなく、鉱石でつくられた雪や氷河がきらめく美しいモデルである。また、それらの鉱石が実際にアルプスで採られたものであることによって、単なる模倣をこえて、本物のアルプスの石でできたアルプスの模型という妙味もある。

エクスシャケがつくったモンブランの模型は現在、世界に5個しか残されていないとされるめずらしいものである。しかし、この部屋にはそのほかに、この模型ほどは目立たないが、やはりモンブランと関係があり、希少性という点ではそれをうわまわるものがある。

ゲルスドルフは、スイス旅行に際してモンブランの初登頂を目撃し、その記録をとるというめずらしい経験をしている。アルプスの最高峰、モンブランの登頂に人類がはじめて成功したのは1786年8月8日のことだが、ゲルスドルフはちょうどそのとき、ふもとのシャモニーの町に滞在しており、スイス人の医師ミシェル・ガブリエル・パカール（1757—1827）とガイドのジャック・バルマ（1762—1834）がけわしい雪山に登るようすを下から望遠鏡でみていたのだ。そして旅日誌に、ふたりが登り始めてから頂上に到達するまでの過程を、そのつどの位置と時刻をそえて克明に記録した。その一部を引用しておこう。

「ふたりの登山者はしばらくしてようやく岩cに姿を現した。そこにたどりつくまでにはうまく淵を渡らなければならなかったにちがいない。岩のあいだに数分間とどまったあと、5時45分にふたたび登り始め、雪をかぶったふたつの非常に小さな岩

図10　アルプスの立体模型

dに6時12分に到着し、そこからふたたび、つねにすこし左側を進み続け、6時23分にモンブランの山頂に到着した」

ゲルスドルフは日誌にモンブランのスケッチも描いており、文中のアルファベットは、かれがこのスケッチに書きこんだ記号に対応している。

このように精密に書かれたゲルスドルフの記録は、パカールとバルマのモンブラン初登頂を証明する重要な資料となった。ゲルスドルフは翌日、下山したばかりのパカールのもとを訪ねており、パカールが山頂に到達する直前に、ゲルスドルフの記録のなかではdと呼ばれている岩で採取した2個の岩石のうちのひとつを贈られた。この石が現在、ゲルリッツ文化史博物館でゲルスドルフの日誌とともに展示されているのである（図11）。一見、なんの変哲もない小さな石だが、モンブラン初登頂の証拠として、登山史の貴重な資料といえる。さらに、当時は山がどのように形成されたのかという問題が学問上の重大なテーマだったことを考えれば、この石は地質学の資料としても重要な意味をもっていたのである。

図11　モンブラン初登頂時に採取された岩石

オーバーラウジッツ学術図書館

オーバーラウジッツ学術協会のもうひとつの重要なコレクションは図書室である。いうまでもなく、書物は知識の形成と伝達のために不可欠な要素であり、協会は設立時から書物の収集に力を入れていた。とくに1801年にアントンとゲルスドルフが公表した遺言によって、それぞれから1万冊近い書物が協会に寄贈されることになったことが、協会の蔵書の充実に大きく貢献している。そして、1806年からバロック・ハウスの一角が協会の図書室として使われることになった。

ゲルリッツにはべつに、18世紀前半にヨーハン・ゴットロープ・ミリヒ（1678―1726）という法律家が市に寄贈した書物のコレクションもあり、現在では、ミリヒとオーバーラウジッツ学術協会のコレクションはどちらも、第2次世界大戦後に開設されたオーバーラウジッツ学術図書館の蔵書となっている。しかし、バロック・ハウスの2階では、協会の図書室を当時の姿のままで見学することができる。

この図書室の特徴は、バロック時代の舞台の書き割り《クリッセ》のように書架が並んだ、「書き割り図書館《クリッセン・ビブリオテーク》」と呼ばれる形式をしていることである（図12）。部屋には幅一杯に床から天井まで届く書架がつくりつけられており、中央のアーチ状にくりぬかれた部分以外は、アーチ上部もふくめて一面に書物がぎっしりと並んでいて、文字どおり本の壁となっている。そして、同様の書架が部屋の奥に向かって並行にいくつも並んでいるため、アーチを通して書架のつらなりをのぞくと、遠近法の効果もあって、書物に満たされた空間が無限に続いているような感覚におそわれる。この図書室がモデルとしたハレのフランケ財団の図書館（第5章ハレ参照）ほど広くはないが、その分、書物で満たされた空間の密度は高く、知の小宇宙としての図書館の意味を実感することができる。

ところで、ゲルスドルフとともにオーバーラウジッツ学術協会を創立したアントンはフリーメイソンの会員であり、長年にわたってゲルリッツのロッジ「冠をいただいた蛇」のマスターの地位についていた。そのため、当時、バロック・ハウスの3階のいくつかの部屋はこのロッジが利用していた。現在ではそのひとつで、壁も天井も真っ黒に塗られ、入会希望者が心の準備をするために使われていた部屋が復元されている。フリーメイソンに加入することは18世紀の知識人にはめずらしいことではなく、これも18世紀文化史の一断面といえる。

物理学収集室

このようにゲルリッツ文化史博物館ではオーバーラウジッツ学術協会のコレクションの数々をみることができるが、そのなかでもとくに注目に値するのは「物理学収集室《フュジカーリッシェス・カビネット》」である。このように呼ばれているのはバロック・ハウスの3階の一角を占めるいくつかの部屋で、オーバーラウジッツ学術協会の創立者のひとり、ゲルスドル

図12　オーバーラウジッツ学術協会の図書室

フが所有していた科学機器が展示されている。
ヨーロッパでは17世紀に「科学革命」、つまり自然にかんする知識の構造の大きな変動が起こり、実験と観察、そして数学と測定にもとづいた科学的方法が確立されて、近代科学の基礎が築かれた。その際に重要な役割をはたしたのが、実験や観察に用いられる機器である。望遠鏡や顕微鏡などの光学器械、温度計や気圧計といった測定器具、そして真空ポンプなど実験器具の開発と改良は、さまざまな新しい発見をもたらし、自然にかんする人間の知識を飛躍的に拡大させた。

また、18世紀までは、プロの科学者といえるのはごくひと握りの人に限られ、さまざまな職業や社会的背景をもった人びとが自然科学研究に従事していた。有名な例としては、詩人であり一国の高級官僚でもあると同時に、植物学、光学、鉱物学などの研究に熱心に取り組んだゲーテがあげられる。ゲルスドルフもまた、そのような現在からみればアマチュア科学者のひとりだった。ゲルリッツの近くの領主の家に生まれたゲルスドルフは、ライプツィヒ大学で哲学や文学、歴史学などとともに物理学の講義も聴いた程度だったが、生涯にわたって自然科学に興味をもち、鉱物学、地質学、気象学、

図13　顕微鏡（右）と真空ポンプ（左）

電気学などの研究をおこなっていた。そのためにかれが収集して使っていた多くの科学機器が、ゲルリッツ文化史博物館の物理学収集室のコレクションである。

物理学収集室は5つの展示室からなり、最初の3つの部屋にはゲルスドルフが使用していた望遠鏡や顕微鏡、温度計や真空ポンプなどが展示されている(図13)。どれも当時、科学機器の製作の中心地だったオランダやイギリスの器具職人、あるいはドイツの職人によってつくられたもので、手仕事の産物であることを思うと驚くほど精巧にできている。しかし、ゲルリッツの物理学コレクションのなかでもっとも大きな部分を占め、またこのコレクションの特色となっているのは、他のふたつの部屋に展示されている電気実験のための器具や装置である。

18世紀は電気研究の黎明期にあたる。琥珀をこするとほこりが引きつけられるという静電気現象は古代から知られていたが、それが学問の対象となったのは17世紀であり、実験装置が開発されて電気研究が本格化したのは18世紀のことである。当時、多くの人が電気がひきおこす不思議な現象に魅了され、実験に熱中したが、ゲルスドルフがもっとも関心を抱いていた学問分野のひとつも電気学であった。

物理学収集室の一番広い部屋の中央には、木製の台と支柱にガラスの円盤と金属球がとりつけられた装置が2台、展示されている(図14)。円盤は両側からそれと直角をなす金属製の弧にはさまれており、ハンドルで回転できるようになっている。透明なガラスと金色の球や弧、そしてマホガニー色の支柱が組み合わされた奇妙な装置である。

また、これら2台の装置と並んで、巨大な角ばった牛乳瓶のような形の容器が4つ、ロの字型に並

図14　物理学収集室の一番広い部屋。静電起電機とライデン瓶、壁にはリヒテンベルク図形が展示されている

べられたものも2組、展示されている。それぞれの容器からは金属製の棒が突き出ており、それらが一箇所にあわさったところにも金属球が輝いている。

現代の私たちには見慣れないこれらの装置は、18世紀の電気研究には欠かすことのできない器具、静電起電機とライデン瓶である。電流という現象が発見される以前の18世紀には、電気といえば静電気を指し、実験には摩擦によって電気を発生させる起電機が用いられた。摩擦式の静電起電機としては、最初は琥珀やガラスの球を手で摩擦していたが、18世紀後半にはガラス製の円いプレートや円筒(シリンダー)を回転させて、布や皮をあてて摩擦するタイプのものが一般的になった。発生した電気は、球形や先端を丸くした円筒形の金属製の集電極に集められるしくみである。

ゲルリッツ文化史博物館は、ゲルスドルフが使用していたプレート式起電機とシリンダー式起電機を2台ずつ所蔵している。物理学収集室にあるプレート式起電機のうち大きいほうの装置は、オランダのハーレムの物理学者マルティヌス・ファン・マールム(1750―1837)の設計にもとづいて、1792年にアムステルダムの器具工房でつくられたものである。マールムは当時、1784年に

図15　プレート式起電機

設計した直径1・65メートルのガラス板2枚からなる巨大な起電機で知られていた。直径約80センチのゲルリッツの起電機は、現在もハーレムのテイラー博物館に所蔵されているマールムの起電機にはおよばないが、18世紀の起電機のなかでは大型のものに属し、間近でみると迫力がある（図15）。

また、シリンダー式起電機のうち1台はイギリスのメーカー製の医療用の起電機である（図16）。18世紀には、電気を医学に利用することへの関心も高く、実際にこのような装置を用いて電気治療もおこなわれていた。

そして、起電機で発生した電気を蓄えるための器具がライデン瓶である。発見者のひとりでオランダのライデンの物理学者ピーテル・ファン・ミュッセンブルーク（1692－1761）にちなんで名づけられたライデン瓶は、ガラス瓶の内側と外側を金属箔でコーティングしたもので、内部を金属製の棒や鎖を介して起電機の集電極と接続できるようになっている。絶縁されたふたつの導体に電圧をくわえると電気が蓄えられるという原理を利用した、コンデンサーの原形といえる。

ライデン瓶の形状にはヴァリエーションがあり、ゲルリッツの物

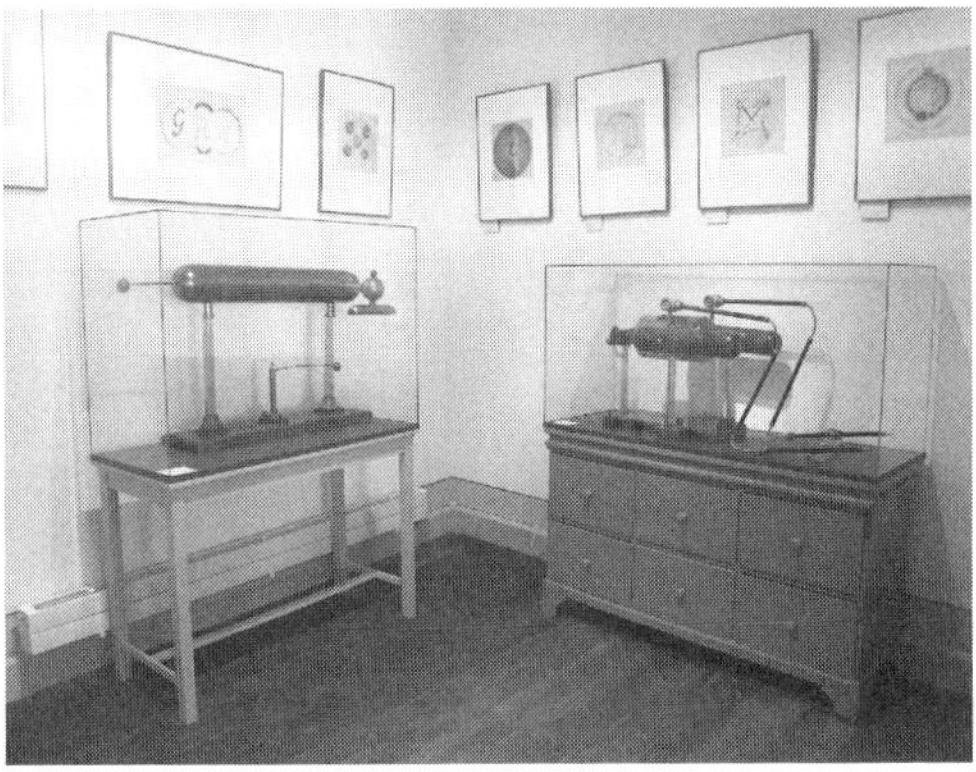

図16　医療用のシリンダー式起電機（右）と集電極（左）。壁に掛かっているのはリヒテンベルク図形

理学収集室でも壁ぎわの棚のなかには、片手で持てるようなサイズのものから、高さ1メートルほどの円筒状のものまで、さまざまな大きさや形のライデン瓶が展示されている。部屋の中央に起電機と一緒に展示されているライデン瓶は、小型のドラム缶ほどの大きさである。

また、ここでは4本のライデン瓶が金属の棒で結ばれているが、これはより多くの電気を蓄えるためのバッテリーである（図17）。イタリアの物理学者アレッサンドロ・ヴォルタ（1745―1827）によって電池が発明されたのは1800年のことで、それ以前の18世紀の電気学で「バッテリー」といえば、複数のライデン瓶をつないだものをさしていた。先にふれたマールムの巨大な起電機でつくられた電気は、100本のライデン瓶からなるバッテリーに蓄えられたという。

物理学収集室にはこのほかにも、ゲルスドルフが所有していたさまざまな電気実験器具が展示されている。18世紀には電気は学術的な研究の対象であっただけではなく、娯楽の対象でもあり、電気という現象の効果をわかりやすくデモンストレーションする実験が、貴族や市民のサロンや町の広場でおこなわれて人気を博していた。

図17　ライデン瓶のバッテリー

各地を巡業する大道芸人や、科学器具職人、アマチュアないし準プロフェッショナルの自然研究者などがおこなう電気実験を見て楽しんだり、当時数多く出版されたポピュラー・サイエンスの指南書を参考に自分で試してみたりすることは、18世紀の後半には「ためになる遊び」として広く普及していたのである。

ゲルスドルフのコレクションのなかには、「稲妻板」や「稲妻蛇」、「名前板」といって、放電によって発生する火花で稲妻や蛇行する曲線、人の名前の頭文字の形などを光らせてみせる装置や、おなじ方法で狩人が猪をねらって撃った銃の弾道にそって火花を散らす「電気式猟師」、放電によってカードに小さな穴をあけてみせる「放電装置」、放電火花による爆発を利用した「電気ピストル」、

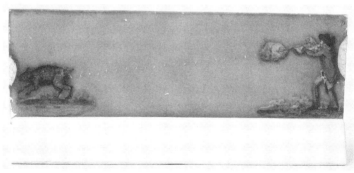

図18　娯楽向きの電気実験器具。「放電装置」(上)と「電気式猟師」(下)

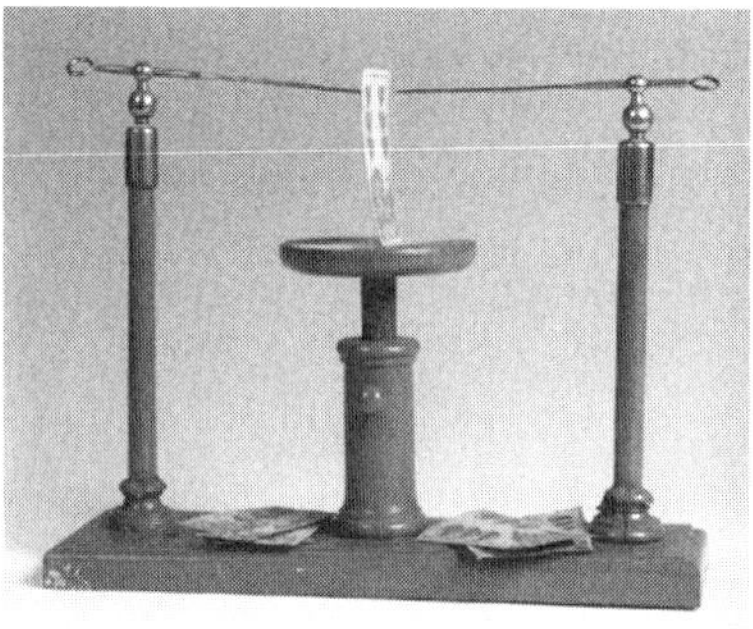

観客が選んだ数字をあててみせる「電気式魔法の数字」、小動物を使って電気の力をしめす装置など、電気の効果をデモンストレーションするさまざまな装置がふくまれている（図18）。なかには奇術めいたものもみられるそれらの装置は、学問と娯楽や見世物との境界が流動的だった18世紀の電気研究の特徴を体現しているといえる。

リヒテンベルク図形

物理学収集室では、もうひとつ、世界でここにしかない貴重なコレクションをみることができる。起電機とライデン瓶が展示されている部屋と、その奥の部屋の壁には、額縁に入った絵のようなものが何枚か掛けられている（図14、16）。紙の上に褐色や黒色の円や放射状の図形が並んだもののほか、アルファベットや人名が書かれているものもある。微妙な濃淡のある色合いと、藻類やシダ植物の標本を連想させる繊細な形をした不思議な図形や文字である（図19）。

これらは、ゲルスドルフが実験でつくったリヒテンベルク図形を直接に紙に転写したものである。リヒテンベルク図形とは、絶縁物に放電したあとでその上に粉末をまくとあらわれる現象で、専門的な言い方をすれば、沿面放電における電荷の分布を可視化したもの

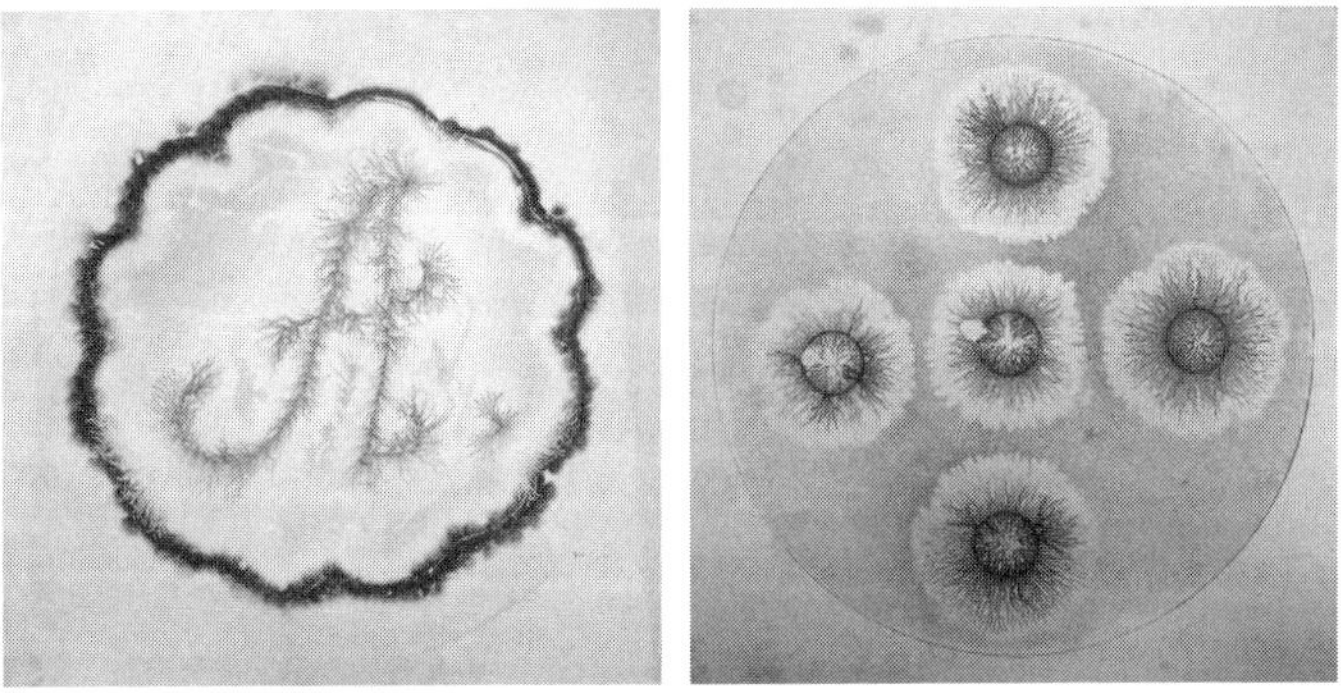

図19　リヒテンベルク図形

ということになる。1777年にドイツのゲッティンゲン大学の物理学教授、ゲオルク・クリストフ・リヒテンベルク（1742―99）によって発見されたリヒテンベルク図形は、電気というそれ自体では目にみえない現象を視覚化する新しい手段として注目された。また、正電荷（プラス）の電気を放電した場合は放射状の図形、負電荷（マイナス）の場合は円形の図形があらわれるため、電荷の種類を区別する方法としても、同時代の電気研究者たちに広く受容された。ちなみにリヒテンベルクは、この図形にかんする論文のなかで、プラスとマイナスの電気を表すためにはじめて＋と－という記号を用い、これが現在まで2種類の電荷の記号として使われている。

ゲルスドルフは1783年にゲッティンゲンを訪れた際にリヒテンベルクに会い、そこでリヒテンベルク図形を目にしたようである。その後、1790年代後半からこの電気現象を本格的に研究し始め、論文もいくつか発表している。ゲルスドルフによるリヒテンベルク図形の研究の特徴は、さまざまな色と性質の物質の粉末やそれらの混合物を用い、電気の種類や強さの条件を変えることによって、ヴァリエーションに富んだ実験をおこなったことと、それらの実験によってつくりだされた図形をそのまま紙に転写して保存したことである。

リヒテンベルク図形は18世紀には、樹脂などの電気を通さない物質でできた板にライデン瓶を使って放電したあとで、樹脂や鉱物などの粉末をまくという方法でつくられていたが、ゲルスドルフは、ライデン瓶の先端で樹脂板の表面に円や線を描いてから粉末をまいたり、金属で文字や星などの形の型をつくって樹脂板上に置き、それを介して樹脂板に放電したあとで型を取りのぞいて粉末をまくなどして、さまざまな形のリヒテンベルク図形をつくった。また、粉末の物質の電気的な性質と、放電する電気の強さや電荷の種類との組み合わせを変えると、図形の大きさや形にちがいが生じることや、性質と色の異なる2種類の粉末を混ぜ合わせてまくと、粉末が分離することも実験した。

物理学収集室には、ゲルスドルフがリヒテンベルク図形の実験に用いた数十種類の粉末が入った小瓶や、さまざまな器具——ライデン瓶、樹脂板、粉末をふりかけるための蛇腹状の筒、星や文字の形をした金属製の型など——も展示されている（図20）。

こうしてつくられたリヒテンベルク図形は、粉末でできているため、そのままでは簡単に形が崩れて失われてしまう。また、細かな粉末が描きだす複雑な形と微妙な濃淡をもつ図形は、描き写すのも簡単ではない。ゲルスドルフは、はじめは実験でつくったリヒテンベルク図形をゲルリッツの画家クリストフ・ナーテ（1753―1806）に描き写させたが、すぐにその難しさに気づき、図形を紙に転写する方法に切り替えた。ゲルスドルフの論文にくわしく書かれているその工程はかなり手間のかかるものだが、一言でいえば、版画を刷るときの要領で、樹脂板の上につくられたリヒテンベルク図形の上に紙をかぶせてしっかりと押しつけることによって、図形を転写するのである（これはリヒテンベルクが最初に思いつき、「新種の印刷

図20 リヒテンベルク図形の実験に使われた器具

術」と呼んだ方法で、ゼロックス・コピー機とおなじ原理である）。それによって、複雑な色と形のリヒテンベルク図形が、人の手で描き写すのでは不可能な忠実さで紙の上に写しとられ、定着される。

ゲルスドルフが実験を始めた頃には、リヒテンベルク図形が発見されてから20年ほどたっていた。かれの実験や図形の転写方法は、リヒテンベルクが最初に試してみたり、論文で言及したりした方法を、同時代の学者たちがさらに発展させたものにもとづいており、ゲルスドルフが一から新しい方法を編み出したわけではない。しかし、かれが用いていた材料や器具を通して、当時、リヒテンベルク図形の実験が実際にどのようにおこなわれていたのかを具体的に知ることができるのは興味深い。ゲッティンゲン大学にも、リヒテンベルクが使っていた実験器具の一部が保存されているが、リヒテンベルク図形の実験に用いられたものについていえば、数も種類もゲルリッツのコレクションのほうがはるかにうわまわっている。

そしてなによりも、リヒテンベルクがつくった電気図形は残っていないのに対して、ゲルリッツにはおなじ時代につくられた膨大な数のリヒテンベルク図形の転写が保存されているのである。ゲルリッツ文化史博物館には、ゲルスドルフがつくったリヒテンベルク図形の転写が１３００枚以上所蔵されており、その内容、規模とも他に類をみない貴重なコレクションとなっている。物理学収集室に展示されているのはそのごく一部で、筆者は研究のために申し込んで、別の場所に保管されているコレクション数百枚もみることができたが、多様な形と色の図形は、２００年以上も昔につくられたとは思えないような鮮明さを保っていて、ゲルスドルフの転写方法の有効性を証明している。また、科学史に関心がない人も、装飾的につくられたゲルスドルフのリヒテンベルク図形からは、絵画でも版画でも写真でもない不思議な美しさを感じることができるのではないだろうか。美と科学の共存という、これも18世紀の知の特徴のひとつがここにみられる。

ゲルスドルフのコレクション

ゲルスドルフは科学機器を、ゲルリッツから南東に30キロメートルほど離れたメッファースドルフ（現在はポーランド領）の館に置いており、電気実験もここでおこなっていた（図21）。かれはこの館にそのほか、書庫と、版画や素描、地図、鉱物、自然物などのコレクションも所蔵していた。1801年にアントンと共同で発表した遺言のなかでは、ゲルスドルフは書物と手稿や書簡のほかに、「さまざまな2つ折り判の冊子に綴じられている数々の旅行の際の手書きの覚書、大部分がそれらに属する自分で描いたさまざまな地方のスケッチ――それらは古いものはばらばらで、1784年以降はさまざまな4つ折り判の冊子にゆるく綴じられている――、ナーテやその他の画家の素描、絵画、銅版画、地図、私の鉱物およびその他の自然物のコレクション、すべての望遠鏡、顕微鏡、起電機およびその他の物理学機器、モンブランおよびいくつかの他のイタリアとスイスの山岳地方の大小の立体模型、建築術と機械類にかかわる模型

図21　メッファースドルフのゲルスドルフの館。絵は19世紀後半のもの

すべて」を死後に協会に寄贈すると述べている。

そして、1807年にゲルスドルフが死去すると、遺言どおり、かれのコレクションはメッファースドルフからゲルリッツへ移され、オーバーラウジッツ学術協会の所有するところとなった。移送に際しては100台の荷馬車が使われたと聞けば、その膨大さが想像できるだろう。起電機はこわれやすいため、分解して人夫がかついで運んだという。

このようにオーバーラウジッツ学術協会の設立だけではなく、そのコレクションにも大きく貢献したゲルスドルフとは、どのような人物だったのだろうか。

ゲルスドルフは熱心なコレクターであり、メッファースドルフのかれの館はすでに一種のミュージアムでもあったといえる。しかし、ゲルスドルフはたんなる所有欲や収集欲のためにそれらの品々を集めたわけではなく、趣味として自然科学研究をおこなっていたわけでもない。ゲルスドルフのコレクションは、領地の農業や産業を合理的に管理・運営して利益をあげるとともに、領主として住民の幸福を増大させることを目指したひとりの地方貴族の啓蒙主義的な改革の意志のもとで築かれたのである。

ゲルスドルフが1766年にライプツィヒ大学での勉学を終えて故郷に戻り、ゲルリッツ周辺に点在する領地をおさめ始めた頃、オーバーラウジッツ地方は、オーストリアとプロイセンのあいだで3度にわたって争われたシュレージエン戦争（1740―63）の影響からまだじゅうぶんに立ち直っていなかった。また、オーバーラウジッツ地方では農民が世襲的に領主に隷属するしくみがとられていたが、農村の人口の増加や不作の影響もあって、農民たちは苦しい生活を強いられていた。そのような状況を目のあたりにしたゲルスドルフは、新しい技術を導入し、科学的に裏づけられた農業経営を目指すとともに、土地の資源を生かした新たな産業の開発に取り組み、住民の生活を改善することにも力をいれた。つまり、ゲルスドルフの自然科学研究やコレクションは、すべてこのような実際的な目的に結びついていたのである。

たとえば、ゲルスドルフは長年にわたって気象日誌をつけ、気象学を研究していたが、それはいうまでもなく、農業には気象状況を把握することが不可欠だからである。そして、そのためには、温度計や気圧計などの測定器具が必要になる。ゲルスドルフはより精度の高い器具を求めて数多くの温度計や湿度計を収集し、使用していた。当時はまだ温度計の目盛りが統一されていなかったため、ゲルスドルフのコレクションのなかには、異なった種類の目盛りを相互に比較できるようにつくられた温度計もふくまれている。

また、ゲルスドルフは領地の地形を正確に把握するためにオーバーラウジッツや周辺の土地の測量をおこなっていたが、当時、土地の高度を計測するために用いられた一般的な手段も気圧計だった。ゲルスドルフが収集していた素描や版画のなかにはオーバーラウジッツ地方をはじめとして各地の景観を描いたものが多いが、これも芸術的な関

図22　ゲルリッツ文化史博物館の鉱物コレクション。その多くはゲルスドルフが収集したもの

心だけではなく、地誌的な興味によるところが大きい。

鉱物学や地質学もゲルスドルフが情熱を傾けた分野で、かれは8600点以上の鉱物のコレクションを所有していた（図22）。当時、ドイツで鉱山は重要な産業のひとつで、とくにゲルリッツとおなじザクセンのフライベルクにあった鉱山学校は、鉱物学や鉱山技術の先進的な教育・研究機関として知られていた。ゲルスドルフはフライベルクの鉱山学校を見学し、そこで教鞭をとっていた学者とコンタクトをとりながら、地元の鉱物資源を用いて鉱業や窯業など新たな産業をおこせないかと模索していた。かれが収集したザクセンの地質標本のコレクションや、実験に使った陶器のプレートも、ゲルリッツ文化史博物館に展示されている（図23）。

そして電気研究も、ゲルスドルフにとっては実用的な意味をもっていた。アメリカのベンジャミン・フランクリン（1706―90）が雷が電気現象であることを確認し、避雷針を発明したのは18世紀半ばのことである。落雷は農民や旅人にとっては命にかかわる危険であり、火事の原因にもなったため、ゲルスドルフはメッファースドルフの館に観測台をつくって大気中の電気の研究をおこなったほか、オーバーラウジッツ地方に避雷針を導入して普及につとめた。

図23 ゲルスドルフが実験に使用した鉱物や陶器のプレート

また、ゲルスドルフは電気の医学的な利用にも関心をもち、先に述べたように、イギリス製の医療用の起電機も所有していた。そして実際にこの装置を用いて、領地の住民に電気治療をほどこし、その記録をとっている。それによると、手足の麻痺などの症状に改善がみられたらしい。

そして、リヒテンベルク図形の実験も、ゲルスドルフにとっては、鉱物資源の産業化を視野に入れて、さまざまな鉱物の粉末の電気的性質を調べるという実用的な関心と結びついていたのである。

このように、ゲルスドルフは学問や芸術をそのもののために追究したのではなく、かれの興味はつねにそれらの実用的な側面にむけられており、産業や生活への応用を念頭において研究をおこなっていた。領地を中心とした自分をとりまく世界と、そこに暮らす人びとの生活をよりよいものにする。そのためにはまず、その世界をよく知る、つまり気候、地形、資源などの自然条件の特徴を把握する必要がある。そして、人びとを自然の脅威から解放するとともに、自然を人びとのために役立てる方法を考えなければならない。――啓蒙の時代のただなかに生まれたゲルスドルフの活動からは、このような合理主義的な認識や改革の思想をはっきりとみてとることができる。そして、そのような意識のもとでかたちづくられたのが、かれのコレクションなのである。

オーバーラウジッツという文化圏

ゲルスドルフに典型的にみられるように、オーバーラウジッツ学術協会の初期の活動は、この土地と深く結びついていた。オーバーラウジッツの自然、歴史、地理、文化をよりよく知り、この地方の発展に役立てること――アントンやゲルスドルフたちはこのような目的をもって協会を設立し、コレクションを構築していたのである。本章のしめくくりとして、ゲルリッツ文化史博物館のコレクションの背景にあるオーバーラウジッツ地方の歴史とその特徴にふれておきたい。

オーバーラウジッツは、現在のドイツ東部とポーランドの西端にまたがり、チェコに接する地域で、北側のニーダーラウジッツとあわせてラウジッツ地方を形成している。オーバーラウジッツは11世紀にボヘミア、17世紀にはザクセンの支配下に入ったが、長いあいだ地理的・政治的・文化的にひとつのまとまりをなしていた。とくに1346年に、ゲルリッツ、バウツェン、カメンツ、ラウバン、レーバウ、ツィッタウの6都市が同盟を結んだことは、この地方の結束を強めた（図24）。現在でもゲルリッツの市庁舎の壁には他の5つの都市の紋章

図24　オーバーラウジッツ地方とその周辺（●が6都市同盟の都市）

が飾られている。オーバーラウジッツの政治的な中心はバウツェンにあったのにたいして、ゲルリッツは商業や産業の中心地だった。そして、18世紀末にオーバーラウジッツ学術協会がつくられたことによって、ゲルリッツはこの地方の学問的な中心にもなったといえる。

中世以来、何世紀も続いてきたオーバーラウジッツという地域のまとまりに変化が生じたのは、19世紀に入ってからである。1815年、ナポレオン戦争後に開かれたウィーン会議で、ゲルリッツをふくむオーバーラウジッツ地方の大部分はプロイセン領になり、残りの地域はザクセンに残った。そして、第2次世界大戦後、この地方は今度はドイツとポーランドのあいだで分割される。ドイツ側のオーバーラウジッツは東ドイツのザクセン州の一部となり、ゲルリッツが2つの町に分裂したほか、かつての6都市同盟のひとつ、ラウバンは、ポーランドのルバンとなった。さらに1952年に東ドイツで州が廃止されたときには、ドイツ側のオーバーラウジッツはドレスデン県とコットブス県にわかれて属することになった。

オーバーラウジッツはこのように、度重なる支配者や境界線の変更という、中・東欧の多くの国が経験した歴史を共有している。さらにラウジッツ地方は古くからスラブ系の民族であるソルブ人の居住地であったことも、この地方の民族的・文化的な事情をより複雑にしている。6世紀頃にラウジッツ地方に移動してきたスラブ系の諸民族を祖先とするソルブ人は、ドイツ人が進出したあともこの地に残り、独自の言語や風習を受け継ぎながら暮らしてきた。ゲルスドルフの領地の住民のなかにもソルブ人がかなりの割合でふくまれていたと思われる。

オーバーラウジッツ学術協会では、当初からソルブ人の会員もいただけではなく、ソルブの言語や文化の研究もおこなわれていた。このような研究の中心的な人物は創立者のアントンで、かれはドイツ語圏におけるソルブ研究の草分けのひとりといえる。また、1798年に協会の会員であった医師クリスティアン・アウグスト・シュトルーヴェ（1767―1807）が、怪我や病気の対処法を民衆向けにわかりやすく説いた1枚刷りの説明書を作ったが、協会はこれをソルブ語に翻訳して無料で配布したという事実も、この地方におけるソルブ人の存在の大きさをしめしている。

現在でもラウジッツ地方には約6万人、そのうちオーバーラウジッツ地方には約4万人、ソルブ人という意識をもつ人びとが暮らしており、ドイツ政府から少数民族として認められている。ゲルリッツはソルブ人の居住地域からははずれるが、バウツェンでは人口の5―10％がソルブ語話者とされ、学校教育や自治体でのソルブ語の使用が認められているほか、その言語や文化を守るための活動もおこなわれている（図25）。

このようにオーバーラウジッツ地方では、近代以前には西欧と東欧のはざまでさまざまな民族や言語が行き交いながら、独自の文化圏が形成されていた。そして、そのなかでゲルリッツは、けっして

図25　ドイツ語とソルブ語の二言語で表記された標識（バウツェン）

辺境の地ではなく、ひとつの文化的・経済的な中心として発展してきたのである。オーバーラウジッツ学術協会のコレクションは、そのひとつの証といえる。そこでは18世紀末から19世紀はじめにかけて、土地に根ざした独特の知の文化が花開いた。それは、現代の私たちが知っている学問や科学のあり方とはすこし異なったかたちをしているが、そこには近世から近代への移行期における知の特徴が映しだされている。そして、ゲルリッツ文化史博物館は、この知の文化を当時、その拠点が置かれていたのとおなじ場所で現代に伝えるものとして、他に類のないミュージアムなのである。

ゲルリッツとズゴジェレツは1998年に「ヨーロッパ都市」を宣言して、文化や教育の分野で共同のプロジェクトを進めている。さらに2030年までに議会をひとつにするという案も検討されており、実現すれば、ゲルリッツとオーバーラウジッツ地方の歴史だけではなく、ヨーロッパ統合の歴史においても新たな一歩となるだろう。

（濱中　春）

8. マンハイムとカールスルーエ　驚異の都市計画

奇妙な市街図

……この帝国では地図の作製技術が完成の極みに達し、そのため一州の地図は一市全域をおおい、帝国全土の地図は一州全体をおおうほどに大きなものになった。しばらくするとこの厖大な地図でもまだ不完全だと考えられ、地図学院は帝国と同じ大きさで、一点一点が正確に照応しあう帝国地図を作りあげた。
（中村健二訳）

20世紀のアルゼンチンの幻想文学者ホルヘ・ルイス・ボルヘス（1899－1986）の最初の短編集に収録された作品「学問の厳密さについて」の1節であるが、地図の厳密さを追求するあまり、実物大の地図を制作した帝国の物語である。とはいえ、同様の発想は、幻想文学の実物大地図にだけみられるものではない。なぜなら、いつの時代であっても、世界の強大な支配者たちは、自身の権力と財力を投資して、夢の都市を夢そのままに実現してきたからである。

とりわけ、近代ヨーロッパは、ルネサンスを経由して、建築術、築城術、造園術が発展をとげた結果、世俗の支配者たちは広大な庭園と壮麗な城館をもつにいたった。ルイ14世のヴェルサイユ宮殿がその最たる例である。後述するが、宗教改革を経験したキリスト教の教会権威が衰微したのとひきかえに、世俗の君主や領主の権威が強大化したことも要因のひとつでもあった。

近代のドイツには、日本の江戸時代の藩とおなじく、およそ300の国があった。それぞれの国に君主がいて、それぞれが独立した行政をおこなっていた。領主たちは当然ながら、領地の都市設計も思いのままである。こうした都市には、その地図や景観をみれば、すぐにどの町かわかるような構造や理念をもつことが多い。

本章で紹介するのは、その区画のありかたじたいがひとつの〈驚異〉として現存している都市、バーデン・ヴュルテンベルク州のマンハイムとカールスルーエである。マンハイムは1606年、カールスルーエは1715年に建設されたが、この2都市の共通点はいくつかある。都市建設思想が2世紀にわたって系譜がうまくつらなっていることと、ライン河畔に位置していることだ。黄金が川底に眠っているとか、妖精ローレライの歌声が船を沈めるなどの伝説をもつ大河の魔力が風変りな町を建設させたといえば、ロマンティックすぎるだろうか。もうひとつとしては、プファルツ選帝侯の居城都市マンハイムが、1803年にカールスルーエを居城都市とするバーデン大公領に組み入れられて、この2都市はバーデン大公が所有したことである。

ちなみに、冒頭に紹介したボルヘスの小編の後半部分はつぎのようになっている。「その後、人々はしだいに地図学の研究に関心をもたなくなり、この巨大な地図は厄介ものあつかいされるようになる。不敬にも、地図は野ざらしにされ、太陽と雨の餌食となった。／西部の砂漠では、ぼろぼろになって獣や乞食の仮のねぐらと化した地図の断片がいまでもみつかることがある」。

ボルヘスの幻想小説に描かれた帝国とは異なり、都市マンハイムとカールスルーエは戦争で荒廃しようとも、そのたびに再建されてきた。17世紀と18世紀には増大した権力をもてあましていた君主たちの居城都市であった。そして、18世紀後半の1789年にフランス革命が発生すると、これ以降は、市民が台頭し、かれらが歴史の主役となる時代がやってきた。それでも、市民の時代となったいまもなお、マンハイムとカールスルーエの市民は、近代の領主が自身の思想を実現した町に、愛着をもって暮らしているのである。

「クヴァートラーテ」

マンハイムの市街図の特殊さは、一目瞭然である。とりわけ、その特徴は、バロック庭園のごとく、一種、幾何学的な美しさともいうべき、「クヴァートラーテ」（方形街区）と呼ばれる区画割りに集約される。マンハイムが「クヴァートラーテシュタット」（方形街区都市）という別名をもつゆえんである。

地図も載せておくが、いちおう解説しておくと、旧市街のかたちは、ほぼ円形であって、円形の枠部分は環状道路になっている。その底辺部は、ビスマルク通りが左右に直線をなしている。これだけであれば、よく似た形状の旧市街はめずらしくないだろう（図1）。

ところが、マンハイムの驚嘆すべき性質とは、この円形内を、上下に中心を貫くブライテ通りと、左右に貫くプランケン（渡り板）という通りが十字を描き、これを基準にして、碁盤や将棋盤のように、格子状に区画されていることなのだ。

底辺部下部の中央には、宮殿を底辺中心部に配しているために、字のごとく、「緯度」通りという意味のブライテ通りは、宮殿から上方へ伸びており、宮殿を中心に、マンハイムという町は区割りされている。厳密にいうと、このまるい形状の旧市街部分は、じっさいの地図をみれば、北方向にあたる頂点部分が少し東へ傾いでいる風である。そのような方角の取りかたであるのは、底辺部にあたる

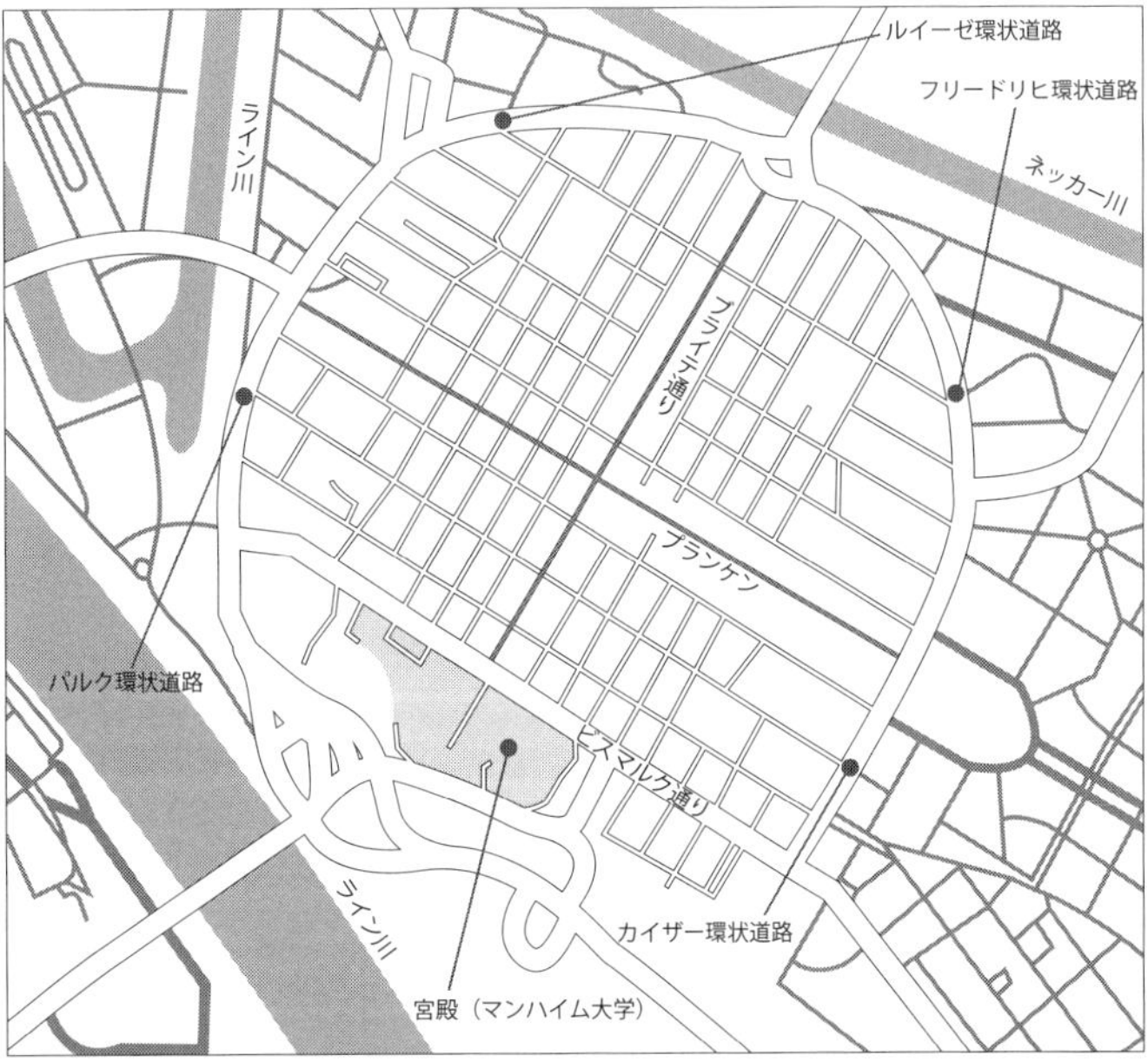

図1　現在のマンハイム中心部の地図

宮殿がライン河畔に位置し、頂点部分がネッカー川に面するように、町の建設当時からの位置取りになっているからなのだ。

いずれにせよ、この「クヴァートラーテ」という区割りは、ヨーロッパでの住所表示の常識が通用しない。一般的には、「○○通り○番地」というように、通りの名前と番地表記が住所に不可欠な情報であって、これに、あて名があれば、手紙や電報は届く。ところが、マンハイムの「クヴァートラーテ」に存在する通りの名称は、パルク、ルイーゼ、フリードリヒ、カイザーという名の環状道路のほか、ブライテ通り、プランケン、ビスマルク通りしか存在しない。

それではいったい、どのような表記になっているのかというと、碁盤のような格子状の区画の列に、ビスマルク通りから上方へ、アルファベットを1字ずつ割りふるのである。ブライテ通りとプランケンの十字で4分割された部分を南西、北西、南東、北東だとみなすと、南西部4列がA・B・C・D、北西部6列がE・F・G・H・I・K、南東部4列がL・M・N・O、北東部6列がP・Q・R・S・T・Uとなる。

これに、中央に位置するブライテ通りから外縁部へ、このそれぞ

図2　マンハイム宮殿

れの列の区画に番号を1、2、3と順番にふっていく。このアルファベットと数字がひとつずつ組み合わされたものが、「A1」というふうに、その区画の住所となるのである。

すなわち、底辺部中央の宮殿から上方へ発しているブライテ通りを基準に、若いアルファベットが下方から上方へ、さらに中央から外縁部へ若い数字が付与されているのであって、その序列こそが、この都市の中心が宮殿であることを示している。やはり、宮殿こそが都市の中心であるのだ（図2）。

とはいえ、最初からマンハイム中心部の住所がアルファベットと数字の組み合わせではなかった。1684年までは、ふつうの都市とおなじく、住所は通りの名前と番地で表していた。その後、通りの呼称が変更されたのだが、「XXXI」のように、当時はローマ数字で格子区画を呼びあらわしていた。おもしろいのは、マンハイム市民たちは当初、新制度の住所を嫌がって、かつての通りで呼んでいたという（図3）。

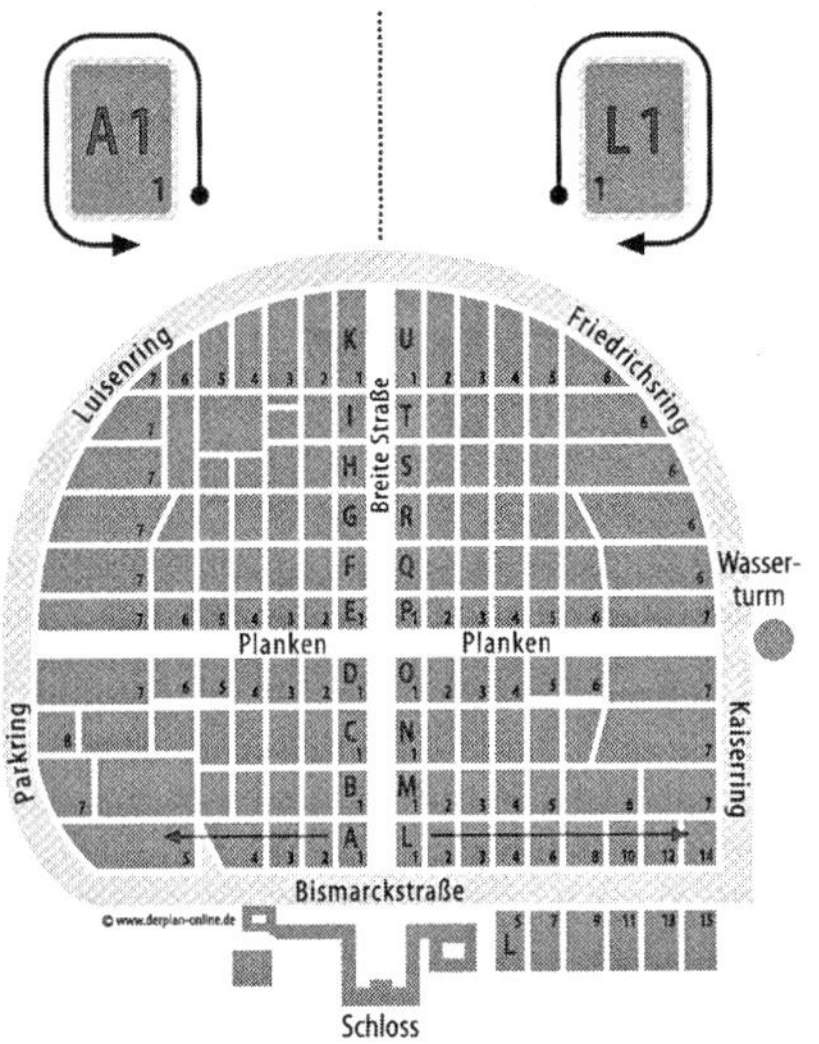

図3　区画の方法と住所番号のふりかた

この格子区画は、1689年にフランス軍に破壊されたのちに再建したときも、ひきつづき採用された。1730年代に、クヴァートラーテははじめてアルファベットが付与されたが、さらに1798年には格子区画を新たに再構築したさいに、アルファベットを順番に割りふるようになった。現在だとAからUまでしかないが、この当時はAからZまであった。現在のようなアルファベットと数字のコンビネーションで呼びならわすようになったのは、1811年のことである（図4）。

稜堡要塞都市として

ところで、マンハイムがこのようなクヴァートラーテと呼ばれるような都市区画になっている理由は、この都市の来歴に大きく関わっているので、その歴史を知る必要があるだろう。

マンハイムの創建は、史料によって異なるため、766年とも899年ともいわれるが、もともとは西ゲルマンのフランク人の入植地であった。その名の由来は「マンノの居所」という意味で、要するに、「マンノ」という名のフランク人がいて、その居所という程度の名前であったらしい。この村は、現在の宮殿が建っているあた

図4　アルファベットと数字による住所表記

りにあった。

13世紀後半には、ライン河畔に税関塔が建てられて、それがのちのアイヒェルスハイム城砦になった。この税収は莫大な収益をもたらしたので、プファルツ選帝侯最大の収入源であった。中世のライン川はもっとも重要な水上交通路だったからである。このころには、ライン川の支配権はプファルツ伯の特権として承認されて、マンハイムは譲渡不可の所有地となり、神聖ローマ帝国皇帝を選挙する権利と連結した選帝侯領となったのである。

14、15世紀になると、税関塔に小さな港も設置されて、行政機能をもつ居住可能な城砦アイヒェルスバウムへと発展する。マンハイム村の人口は、1439年から1577年のあいだの記録では、400人から786人へと増加した。同時期の近隣の諸村が500人前半の人口であったから、マンハイム村の規模が大きかったことを示しており、農民や漁師のほかに、税官吏や書記などの行政官も多く住んでいた。教育機関も早くから設置されていたらしく、1566年には住民713名のうち、30人の学童がいたという記録があるが、これらは行政職につく住民の子弟と思われる。

そして、現在のマンハイムの原型となる2つの要塞、フリードリヒスブルク要塞は1606年、要塞都市マンハイムは1607年に、建設が開始された。地図をみると、このふたつの要塞は、ライン川とネッカー川の合流地点一帯をくりぬくような規模で建設されている。プファルツ選帝侯の城館としてのフリードリヒスブルクが7つの稜堡を、城下町としてのマンハイムが8つの稜堡をそなえた要塞が併存する2重構造になっており、アイヒェルスバウム城砦がまるで出城になるような巨大さであった（図5）。

プファルツ選帝侯フリードリヒ4世の居館要塞フリードリヒスブルクならびに、漁師裁判所、税関、兵器庫、ワイン貯蔵庫などの都市機能をもっていたマンハイムは、オランダ独立戦争（1568－1648）で発展した当時最新のイタリア式の要塞築城術で建設されており、まったく新奇な都市計画を採用した。このときに、マンハイム市内の街区割りは四角形という形状に統一されたのであって、これこそが「クヴァートラーテシュタット」、現在のマンハイムが誕生した瞬間である。

マンハイムの断続的な建設は1609年まで継続していたが、1622年の地図では、完成した方形区画は全体の3分の1にとどまっていたようだ。住民人口は30年戦争勃発まで増加しつづけて、一説には1200人にまで達したといわれる。とはいえ、その半分がかつての村民であって、新造成区画には、村落時代からの住民がそのまま移住し、農業と漁業を以前と同様に営んでおり、裁判所職や市長職はかれらから選ばれるのをつねとした。このほか、プファルツ選帝侯配下の役人、フリードリヒスブルク要塞の駐留部隊が住民に算入された。

その一方で、当時のプファルツ選帝侯はプロテスタントを奉じていたがゆえに、オランダ独立戦争の難民やフランスのユグノーなどのプロテスタントたちが大量に、新興都市マンハイムに移住してお

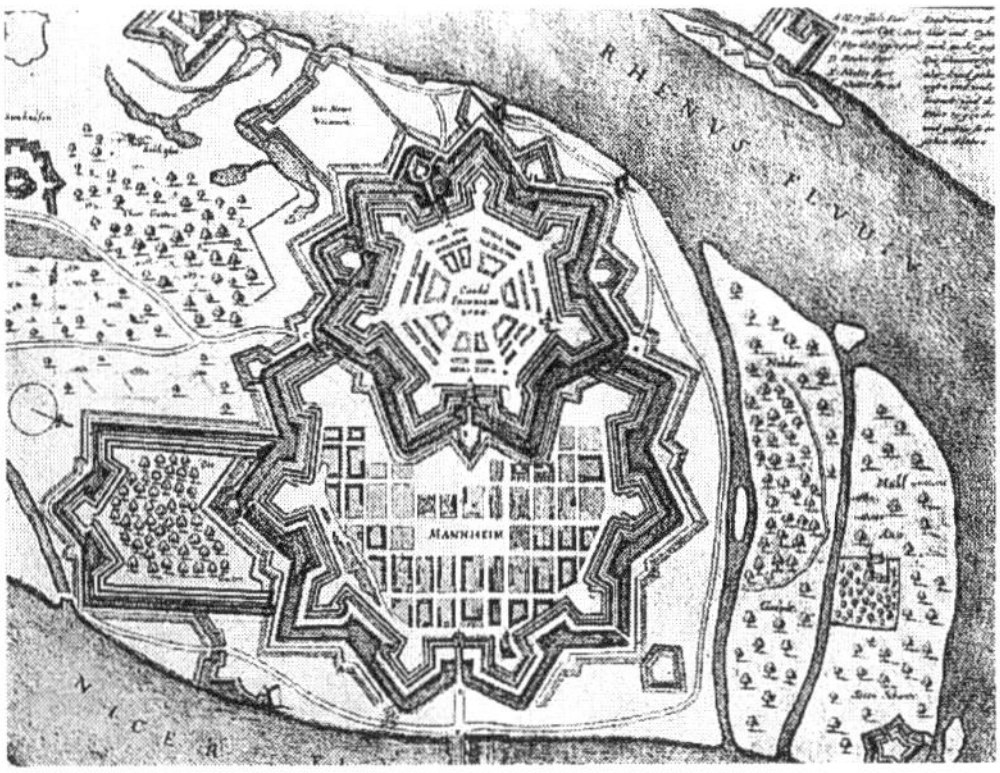

図5　マンハイムの地図（1620年）

り、ミサもフランス語でおこなわれるほどであった。都市マンハイムの素地は、こうした時期につくられたのである。

要塞都市として建設されたとはいえ、マンハイムはライン川とネッカー川の合流地点に位置する要衝の地であったため、17世紀という戦乱の時代にあって、度重なる戦災をこうむらざるをえなかった。というのも、1618年にはじまった30年戦争から1714年のスペイン継承戦争を終結させるラシュタット講和条約までの96年間で、63年間も戦争状態に置かれたのだ。6度の征服を経験し、そのうち1644年および89年から94年までの2度にいたっては、町は完全に破壊されたというのだから、凄絶である。だが、破壊されるたびに、マンハイムは再建されてきたのだ。

30年戦争の時代

マキアヴェッリの『君主論』(1532)は16世紀前半の著作であるが、そのなかで、ドイツの権力者たちの都市を高く評価している。ドイツの居城都市がきわめて自由で、周辺の権力者を恐れない理由を説明している。

なぜならば、[…]、堅牢な防備で固められているから。なぜならば、都市にはみな周到に城壁と濠や水路がめぐらせてあり、大砲も至る所に配備され、公共の倉庫はつねに一年分の飲料と食糧と燃料とが貯蔵されているから。その上さらに、[…]、都市ではつねに一年間は共有の仕事が彼ら[市民]に与えられ、そのような職業活動のなかにこそ都市の活力や生命が宿っていて、それらの産業を糧に平民は命をつないでゆくことになるのだから。加えて、軍事訓練を尊重し、これをめぐって多数の規則を設け、実戦に励んでいるから。（第10章）

マキアヴェッリのそうした高評価は、17世紀のドイツ都市にも通用するような記述であるが、要塞都市マンハイム建設の時期は、ドイツにおいては戦禍と戦災が猖獗《しょうけつ》をきわめた17世紀初頭のことである。マンハイムのクヴァートラーテが形成された理由と経過については、もう少し詳細な時代背景を知る必要だろう。

マンハイムが建設された1607年は、時代の転換期にさしかかっていた。1618年に勃発する30年戦争の11年前である。ルターによる宗教改革が16世紀初期にはじまって、中世的な教会権力が弱体化していくと、世俗の領邦君主たちは絶対的な権力を行使できるようになった。その結果、国家間での権力をめぐる抗争は激化する。

くわえて、火薬の発明がもたらした火砲の登場は、戦争のありかたを一変させた。また、騎士団のかわりに、職業軍人で構成された軍隊が戦争の主役になったため、この常備軍を駐屯させる生活空間を都市の城壁内につくらなければならない。都市そのものも要塞化が進む一方で、山を下りて、平地に住みはじめた君主たちは、かつての大教会建築よりも、都市の要塞化および宮殿の城壁といった大規模建築事業のほうに重点を置くようになるのだ。

宗教、つまり教会が秩序の中心に位置するのではなく、いまや絶対的な権力者である君主が秩序を保持するのである。都市を支配するのは、もはや教会や市民ではなく、絶対専制君主の権力なのである。すなわち、17世紀の都市の構造的特徴とは、君主たちの絶対的な権力の象徴としての宮殿と、新しい稜堡防衛機能だといえよう。

たとえば、ドイツ・ルネサンスの多才な画家にして美術理論家でもあったアルブレヒト・デューラーには、『都市、城、村落の防衛システムに関する講義』（1527）という著作があるが、そこでは、四角形と円形の2種の要塞都市を構想している。とくに興味深いのは、3重の塁壁で厳重に囲まれた四角形の要塞都市の中央に置かれているのが王の城館であって、教会は東の角に追いやられていることである。時代を敏感に感じ取っていたデューラーにとっても、世界と都市の中心はすでに教会ではなくて、世俗の君主であったのだろう（図6、7）。

北海道函館市の五稜郭は、オランダの築城術を導入して設計された稜堡型城址であるが、この稜堡型防衛システムそのものの発案は、16世紀のイタリア人都市計画理論家によるものだ。1598年に上梓した『要塞の建築』でこのシステムをさらに発展させたのは、ストラスブール出身のドイツ人ダニエル・シュペックレである。

ちなみに、稜堡型要塞が幾何学的にシンメトリックな形態をとっているのは、合理的な理由がある。ひとつの稜堡の側面が隣接する

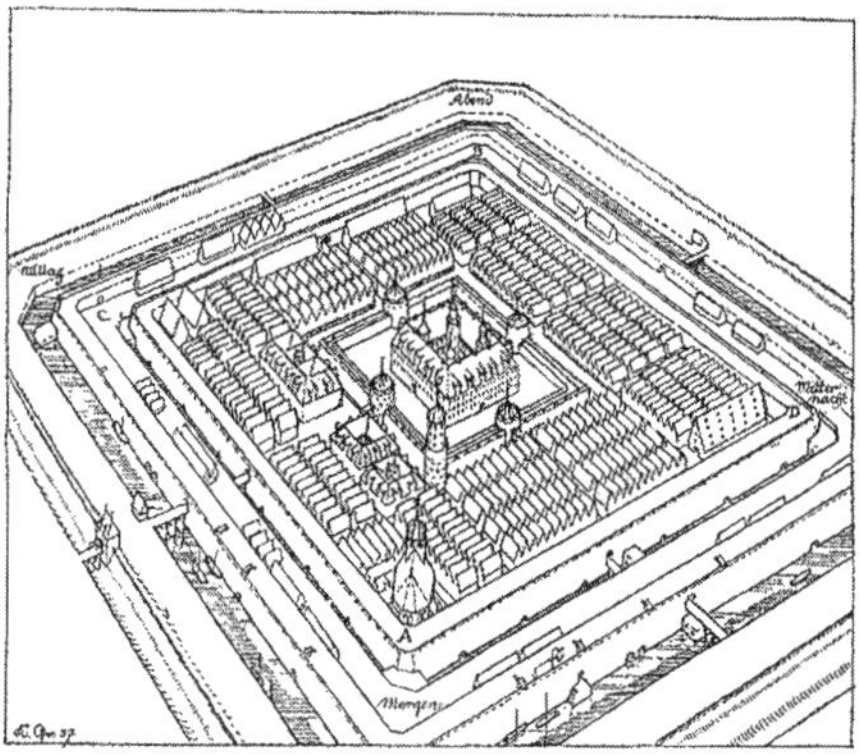

図6　デューラーの構想による要塞都市図。中心に宮殿がある

稜堡に防衛されて、しかもその逆も同様に機能するという発想にもとづくからだ。それゆえ、要塞都市には死角がなくなり、攻囲する側がつねに攻撃にさらされるという状況をつくりだすことがこのシステムの根幹なのである。

つまり、シュペックレの『要塞の建築』が出版された8年後に建設されたマンハイムは、当時最新の要塞都市理論にもとづいて造成された町ということになる。

おなじく、クヴァートラーテもまた、マンハイムを新概念の都市としているのだが、この方形街区の発想はやはり、君主の絶対専制主義の発想に由来している。すなわち、クヴァートラーテを形成する街区の面積および街路幅の均質性は、領主の絶大な権力のあらわれとして把握される。この思想にあっては、教会建築や歴史的建造物でさえ、ほかと同一で均等な空間のひとつに位置づけられてしまうのである。街区や街路にまで君主の支配が行き届いた状態にされているのだ。

くわえて、建築学の視点では、カタカナの「ロ」のような方形街区における建築物のありかたも、この要塞都市の近代的な新しい特徴である。四角形の4辺すべてに建物が配されて、方形街区の内部

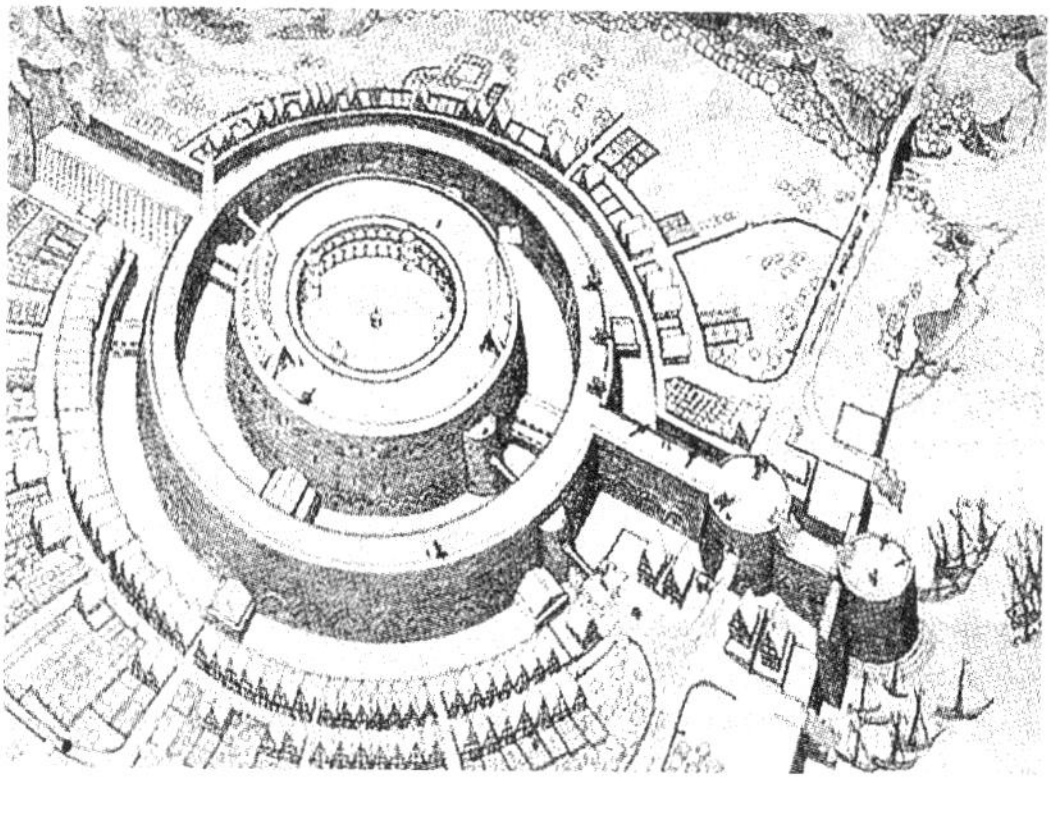

図7　円形ゆえに、シンメトリックな構造がさらに強調されるデューラー要塞都市図の別案

空間があるという建築物の配置は、じつはユグノーに由来するものであって、ユグノー派の都市に一貫してみられる街区様式なのだ。

フリードリヒ4世は、自身の名にちなんだ城館フリードリヒスブルク要塞と要塞都市マンハイムを建設したことで知られているプファルツ選帝侯である。政治家としては凡庸であったようだが、城館と都市造成をめぐっては、その絶対専制の権力をもつ君主として、中世から脱却した新時代にふさわしい発想の所有者であったといえよう。

筆者が最初にマンハイムをおとずれて、すぐに眼についたビールブランド「アイヒバウム」は、1679年にマンハイムで醸造が開始されてから、300年以上つづく老舗ビールで、2012年にはめでたく333周年をむかえている（図8）。おもしろいのは、1758年の地図をひろげると、この都市を代表するアイヒバウム・ビール醸造所の住所が「P5」であるとちゃんと記録されていることである。

18世紀マンハイムの光芒

18世紀になると、マンハイムはプファルツ選帝侯領の首都としてヨーロッパ全土にその名を轟かせる。ライデン大学やルーヴァン大

図8 「アイヒバウム」のブランドロゴ。「プファルツ選帝侯の醸造技術」とある

学で教育を受けた選帝侯カール・テオドール（1724—99）が優れた文化人であったからである（図9）。絵画彫刻の膨大なコレクションや6万冊を誇る図書館、1763年の科学アカデミー創設で知られるほか、ドイツ語教育の普及、ドイツ語文化の確立をはかるために、プファルツ・ドイツ協会を設立した。おなじく、ドイツ人によるドイツ語での音楽劇を発展させるために、国民劇場を建設して、多くのドイツの文学者や音楽家を招聘した結果、「マンハイム楽派」と呼ばれるようなオーケストラを編成するまでにいたった。

カール・テオドールがいかに学術を愛していたかは、科学アカデミーのひとつとして、1780年に創設したマンハイム気象学会（プファルツ選帝侯気象学会ともいう）の活動が証明するだろう。

世界中の広範囲で気象情報を収集するために、ベルリン、ゲッティンゲン、ミュンヒェンなどドイツ国内の主要16都市、オーストリア、スイス、イタリア、フランス、ロシア、スカンジナヴィア半島のほか、グリーンランド、アメリカまでおよぶ39ヵ所に気象観測所を設置したのである。

各地での測量器具は温度計2器、気圧計1器、湿度計1器、方位角計1器と設定されており、7時、14時、21時と、1日3回測量す

図9　プファルツ選帝侯カール・テオドール

る決まりになっていた。これらの測量器具の購入費用は選帝侯カール・テオドールによって賄われ、データ資料や書簡の郵送も選帝侯の外交郵便網が使用された。集積された気象データは気象暦としてまとめられて、1783年から95年まで出版されつづけた。

このマンハイム気象学会は、世界規模で組織された気象観測を実施し、出版した最初の気象学会であり、集積された気象データは、のちの気象学にとって気候帯、気象図の策定の重要な基礎となった。本書のテーマに即していえば、この都市のもっとも重要なコレクションは、この世界的規模で集積した気象データであったといえるかもしれない。

現在の栄えある学術都市マンハイムの基礎は、名君カール・テオドールの事業に由来するものが多い。世界的に有名なマンハイム国立音楽大学もまた、その治世下、1762年創設のダンスアカデミーや1776年にかれの宮廷でおこなわれていた音楽学校が起源となっている。マンハイムは18世紀から音楽の都でもあったのだ。

モーツァルトは、このようなマンハイムがお気に入りだった。幼少のころから、後年のパリ旅行での往来もふくめて、4度も滞在した。とりわけ、2度目にあたる1778年の滞在時は、この華やぐ文化都市での就職活動のためであったが、指揮者や宮廷人の娘、バス歌手たちと多くの交情を深めたため、モーツァルトにとって、後年も忘れがたい思い出の町となった。

1782年1月13日には、マンハイム国民劇場で、フリードリヒ・シラーの『群盗』(1781)の初演がおこなわれた。シラーはその後、国民劇場専属作家になっている。それゆえ、とくに日本ではドイツ文学史で言及されることの多い町でもあって、マンハイム市内には、モーツァルトと同様、シラー関係の史跡やかれにちなんだ場所も多く存在している。

マンハイム大学は、1967年に設立された総合大学だが、その起源はやはり18世紀に設立された科学アカデミーである。あのバロック宮殿が本部校舎なのだから、学生たちも鼻が高い。法学部、経済学部、経済学部などの社会科学系が強い大学で、ドイツ国内で第1位のMBA、ビジネススクールをもっている。とはいっても、文系が弱いわけではなく、ドイツ言語研究所(IDS)もあり、日本のドイツ語学者たちにはよく知られている。

余談であるが、マンハイムは現在、ドイツで3番目に外国人が多い町で、1番目がライン川を隔てて隣接する町ルートヴィヒスハーフェンである。たとえば、マルクトプラッツ(市の立つ広場)は町の中心にあって、一等地であるのだが、マンハイムのばあい、その広場に大きなトルコ料理レストランが2軒もあるのだ。トルコ人がそれほど多く住んでいることの証左なのである。移民を受け入れ、共生をめざすドイツのシンボル都市といえるだろう。

18世紀にはプファルツ選帝侯の居城都市として覇を唱えたマンハイムであるが、19世紀初頭1803年の帝国代表者会議主要決議によって、神聖ローマ帝国が事実上、崩壊する。このとき、マンハイムは、以下で詳述するカールスルーエに居城を置くバーデン大公が領有することになったのである。

「扇の町」カールスルーエ

現在では、大学町としても名高いカールスルーエ市は、「扇の町」(フェッヒャーシュタット、Fächerstadt)という別名をもつ。それはこの町の地図をみれば、ほんとうに扇が開いたような放射状に、君主の城

図10　現在のカールスルーエ宮殿

館を中心にして、庭園や通りが拡張していくからである（図10）。

この町を建設したのは、辺境伯カール・ヴィルヘルム・フォン・バーデン＝ドゥルラッハ（カール3世ヴィルヘルム、1679―1738）である。ちなみに、かれの名跡を継いだ孫のカール・フリードリヒ（1728―1811）の時代には隆盛をきわめて、1803年に選帝侯、1806年には大公の地位を獲得するが、その祖父の代は、一介の地方領主でしかなかった。ちなみに、ドゥルラッハという地名は、現在はカールスルーエ市内の東部市区を指すが、辺境伯カール・ヴィルヘルムのもともとの居城があった場所である（図11）。

にもかかわらず、なぜ新しい城館を建てたかというと、1689年に旧居城都市ドゥルラッハはオルレアン戦争の被害で荒廃したからである。そのあとに勃発したスペイン継承戦争は1701年から14年までつづいたが、この戦争でも、再度の損害を受けたために、ドゥルラッハ全体の再建になかなかこぎつけられずに、破壊された宮殿が部分的に再建された。

それゆえ、カール・ヴィルヘルムはドゥルラッハ西方のハルトヴァルト（ハルトの森）に新しく宮殿を建設することを計画する。最

図11　辺境伯カール・ヴィルヘルム・フォン・バーデン＝ドゥルラッハ

初は狩猟小屋と園亭だけであったのが、のちには新しい居城となった。これがカールスルーエなのである。

ところで、このあたりの事情は、辺境伯カール・ヴィルヘルムがみた夢が伝説として伝承されている。長時間の狩りのあと、ハルトヴァルトで眠っていたとき、かれは夢をみた。扇の形状をした都市の夢で、あらゆる方向へと光を放っており、その中心に自分の居城があった。目が覚めると、カール・ヴィルヘルムはこの夢を忘れておらず、夢でみた都市を実現させなければならないと考えた。こうして、「扇の町」と呼ばれる都市カールスルーエを建設したという。

しかしながら、これはやはり伝説でしかないようで、じっさいは少し異なっている。ドゥルラッハは小さな地域であったために、すでに1711年には、カール・ヴィルヘルムは周辺部を増築することで居城都市の拡大を計画していた。しかし、戦争のせいで、家族はバーゼルへ逃れなければならず、計画を変更するだけの金銭的な余裕もなかった。さらに、ドゥルラッハの農民たちには都市再建を歓迎する気配もない。高い税金と賦役を恐れたからである。

そこで、この狩猟好きの辺境伯はまず、ハルトヴァルトに狩猟用別荘と狩猟園を置くことだけを考えた。1714年の夏、その森の空き地部分に狩猟用別荘を建設し、猟獣生息区域を柵で囲むことにした。しかし、翌年の1715年に、計画は変更され、この部分をカール・ヴィルヘルムが望むように「円型」にして、その中心に居館を建設するように指示した。倹約好きのかれにふさわしく、ハルトヴァルトはドゥルラッハ近郊にあり、安価な木材が豊富で、輸送費用もかからないからである。

そして、1715年6月15日、辺境伯カール・ヴィルヘルムは、宮殿の望楼の礎石を厳粛な態度ですえると、バーデン家の家章「フィデリタス」（Fidelitas、ラテン語で「誠実」の意）を制定、みずからを騎士に任じた。現在でも、この家章のモットーは、カールスルーエの市章に継承されている。ドイツの市章のデザインには、動物や紋章、聖人のアトリビュートが用いられることが多いのだが、マンハイムの市章は「誠実」というラテン語の文字だけが描かれている（図12）。

辺境伯カール・ヴィルヘルム

カールスルーエ建設で名を知られる辺境伯カール・ヴィルヘルムであるが、17、18世紀の啓蒙専制君主としては、かなり破天荒な趣味人だったといえよう。かれが愛したのは、狩猟であり、女性であり、植物であった。緑豊かな「扇の町」誕生も、かれのこうした趣向に由来しているといえるだろうか。町の名前「カールスルーエ」（Karlsruhe）が「カールの憩い」という意味であるとおり、この居城都市はまさしく辺境伯自身のやすらぎの場所であった。以下に、この稀代の町を残した辺境伯のエピソードをいくつか紹介したい。

カール・ヴィルヘルムがその居城都市を建設した理由に、妻との確執をあげる伝承がある。辺境伯夫人マグダレーネ・ヴィルヘル

図12 カールスルーエの市章

ミーネ（1677―1742）は厳格なルター派プロテスタントであったので、諍いをいとわず、また信心深い性格がその夫をドゥルラッハから追い出したといわれてきた。

真相は不明だが、このようにいわれてきたのは、それなりに理由がある。カールスルーエができたのちも、辺境伯夫人はドゥルラッハに住みつづけて、特別な機会がないかぎりは、新しい宮殿へおもむくことがなかったという事実があるからである。

もうひとつの理由は、カール・ヴィルヘルムの好色があげられるだろう。辺境伯夫人とおなじく、ルター派であったかれのカールスルーエ城には、「トゥルペンメートヒェン」（チューリップの乙女）といわれる女性たちがつかえていたという。伝えられているところでは、60人ほどいて、日替わりで多いときは8人が奉仕していた。

カール・ヴィルヘルムが外出するさいには、軽騎兵の服装をまとい、騎乗で随行した。彼女たちの大半は、音楽やダンスをたしなんでおり、カールスルーエ城には、歌劇場とダンスホールがあったので、それらの施設で彼女たちが歌劇を上演したり、さらには教会音楽の演奏もこなしていた。トゥルペンメートヒェンたちの素性は、ドゥルラッハ市民の娘たちと考えられており、全員がカールスルーエ城で暮らしていたといわれる。

そして、やはり彼女たちは辺境伯と親密な関係であったことも、歴史家によって証明されている。彼女たちの数名には父親不明の子どもがいて、子どもたちの名前はみな、男児がカール、女児はカルリーナであったという。その教育費は、カール・ヴィルヘルムが負担していた。当然のことながら、カールスルーエ城での辺境伯のこうした暮らしぶりは、周辺諸国の君主たちの耳にも、スキャンダルとして伝わっていた。

いずれにせよ、厳格なルター派を報じる辺境伯夫人マグダレーネ・ヴィルヘルミーネがカールスルーエで暮らさなかった最大の理由としてあげられても、おかしくはない。

しかしながら、「チューリップの乙女」というあだ名については、彼女たちが辺境伯のお気に入りの花チューリップを模写させられていたという話が、かなり後世になって、誤伝されたものである。

カール・ヴィルヘルムが熱狂したチューリップの話題が出たところで、かれがたいへんな造園家で草花愛好家でもあったことについて言及しよう。カールスルーエ城の庭園では、辺境伯みずからが、つましい緑の上着を着て、このうえなく熱心にシャベルや鋤をふるう姿がみられた。1738年5月12日に亡くなったカール・ヴィルヘルムだが、庭で花の手入れをしていたときに倒れたという。造園家の本懐をとげたのである。

記録によると、海外から6000種以上の植物がカールスルーエ城の庭園に植えられていたという(図13)。ヒヤシンスが800種、カーネーションなどのナデシコ属が600種、サクラソウが500種、キンポウゲ属は400種、アネモネが200種、スイセン属が

図13 扇状に仕切られた庭園をもつカールスルーエ城の地図(1721年)

100種植えられていたと記されている。

とりわけ好きだったチューリップは圧巻である。頻繁にオランダへ旅行し、球根を買いこんできては育てていた。かれの居城の庭園には、なんと5000種以上のチューリップが咲いていたといわれる。それら多種多様なチューリップをカタログにするために模写させて、20巻もの2つ折りの大型本を編集させたのである。しかし残念ながら、現在は2冊しか伝わっていない（図14）。

さらに、かれのコレクターとしてのエキゾティシズムの性質は、植物だけにとどまらない。異国の動物蒐集でも名を知られていたのだ。イヌ、ニワトリ、サル、ウサギ、ハト、カイコなども飼っていたのである。1739年のカールスルーエ城の地図には、扇がひらいたように建てられた城館の中心部分に塔がそびえている。その塔を中心に、4つの噴水があり、その周辺には、22軒の小屋が円形に建てられている。それらは、倉庫、工房、噴水ポンプ室、実験室、洗濯場、浴場などのほかに、異国の動物を飼っておく檻がある建物でもあった。植物コレクションと同様、動物コレクションに関しても、ドイツ全土に名声を博していたのだった（図15）。

1731年、珍奇な植物や動物を調達するために、ザクセン選帝

図14 『カールスルーエ・チューリップブック』のチューリップ水彩画（1730年ごろ）

侯の命を受けた人びとがアフリカへ向かった。かれらがその途中で立ち寄ったのが、カールスルーエである。それも、辺境伯カール・ヴィルヘルムから、珍奇な動物や多数のエキゾチックな植物を買うためであった。このとき、辺境伯は自身の庭師クリスティアン・トラーンにアフリカ同行を命じている。植物学と描画術に精通していたトラーンは、2年間のアフリカ旅行を日記で活写しつづけた。庭師としての自負があったのだろう、アフリカ旅行の成果として、トラーンは道中で蒐集した2000種の木々や植物をカールスルーエで模写し、カタログを1747年に出版した。庭いじりの最中に亡くなった君主にして、この庭師ありといったところである。

カールスルーエのピラミッド

1738年5月に亡くなった異才の領主カール・ヴィルヘルムの遺体はコンコルディエン教会に安置された。約70年後の1806年から20年間、カールスルーエ中心部は建築ラッシュの時代に突入するのだが、かれが眠っ

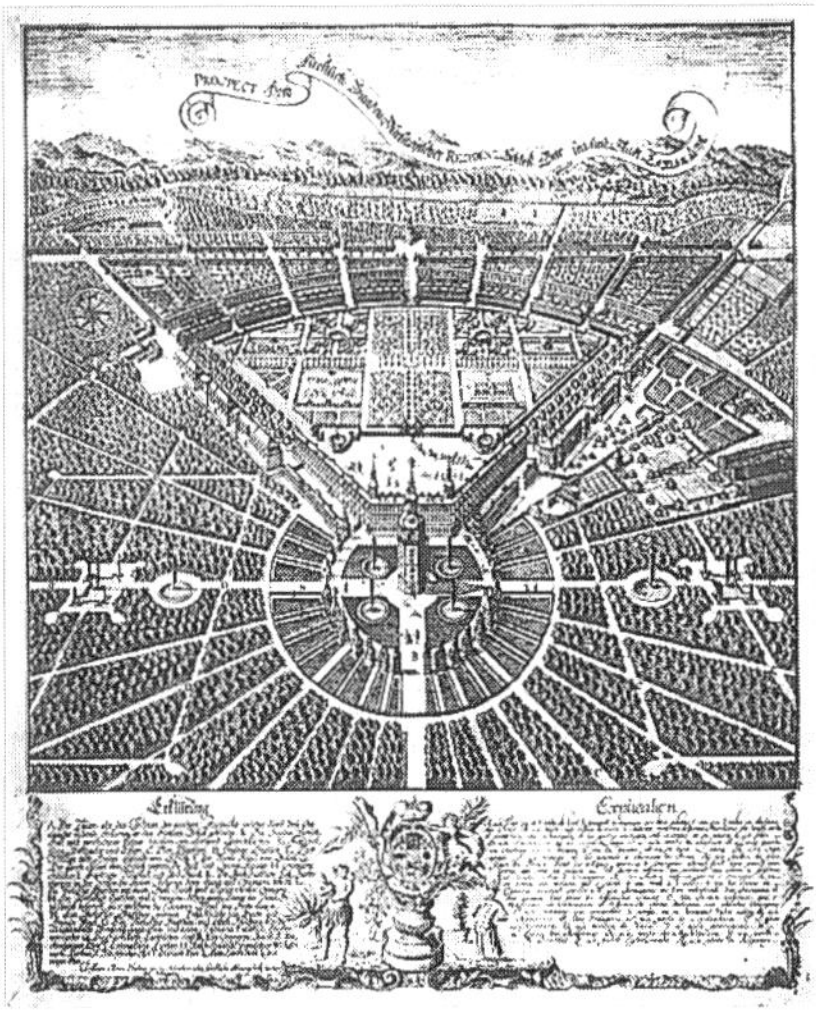

図15　カールスルーエ城の地図（1739年）

ているコンコルディエン教会も、マルクト広場を中心に実施される新都市計画の一環として取り壊されることになった。

この都市計画を一手に担っていたのは、建築家フリードリヒ・ヴァインブレンナー（1766―1826）である。いまなお、カールスルーエ中心部にそびえる市庁舎や教会など、市内の多くの建築物で名を残した。自身の手になる都市計画のひとつとして、ヴァインブレンナーはなんと都市創建者の墓所のうえに、ピラミッドを建てたのだ。1807年に建設されたこのピラミッドは当初、木製であったが、1823年から2年かけて、石づくりのものに建てなおされた（図16）。

なぜピラミッドなのかと疑問に思われるかもしれないが、ピラミッドやオベリスクといった古代エジプトの建築物は、19世紀初期にあっては流行の先端にあった。というのも、ナポレオンのエジプト遠征やロゼッタストーンの発見といった歴史的事件は、ヨーロッパに空前の異国趣味《エキゾティシズム》をもたらした。ヨーロッパ各地に現在も残るピラミッド、スフィンクス、オベリスクは、この時期につくられたものが多いのは、そのせいである。

現在も、中央駅からカールスルーエの宮殿と向かって進んでいく

図16　カール・ヴィルヘルムが眠るピラミッド

と、目抜き通りに突如としてあらわれるピラミッドに、眼を奪われる。だが、19世紀初期の古代エジプト趣味の流行と、異能の領主カール・ヴィルヘルムがその地下に眠っていると思えば、不思議と納得してしまう。

おもしろいのは、このピラミッドをめぐって、奇妙で愉快なエピソードが伝わっていることなのだ。1889年、ドイツ帝国の繁栄ははなはだしき時代のさなか、ドイツ皇帝の騎上像をカールスルーエに設置する話がもちあがった。ところが、カール・ヴィルヘルムが眠るピラミッドの場所が建設候補地になったために、ピラミッドの移築が決定した。当時のバーデン大公フリードリヒは、移築前に一度、堅固に封印されていたピラミッドのなかに入ることにした。

同年7月13日真夜中を過ぎたころ、フリードリヒ大公、宮廷顧問官ヤーコプ・フリードリヒ・ヘムベルガー以下の数人が建設以来はじめて、墓所内部に足を踏み入れた。一同がそこで発見したのは、1820年ごろのカールスルーエの市街図が描かれた石灰石板である。これをみて、大公は大いに心をうたれて、ドイツ皇帝像はほかの場所に建てることを決断した。そして、無事にピラミッドから一同が出たあとで、ヘムベルガーは手もとにあった自分の傘がなくなっているのに気づいたという。

もうひとつの逸話も、1998年にピラミッドの封印を解いたときのものである。今回は当時のカールスルーエ市長ゲルハルト・ザイラーと市会議員数名が内部へ入った。市街図の石板がふたつに割れていたことと、宮廷顧問官ヘムベルガーの傘がなかったことを確認できた。

ピラミッド内では、カール・ヴィルヘルムの墓所直通の入口がピラミッドの下方に存在しているのではなく、壁でいつの間にかふさがれて、墓所へ通じる階段が増築されていたことがわかった。それゆえ、辺境伯の墓側面上方から天井部分をうがち、マイクロカメラを挿入して、墓所内部のようすをうかがってみた。

すると、黒い木でつくられた簡素な棺があり、棺の蓋は一部が破損している。さらに、棺のなかにもなんとかカメラを挿入して、秘密にみちた内部の状態をのぞきみた。いくつかの骨のほかに、保存状態のよい金襴の織物が映っていたという。

だが、このときも変事があった。市長ザイラーがピラミッドの外へ無事に出てみると、今度はかぶっていたベレー帽がなくなっていることに気づいたのである。

宮廷顧問官の傘は真偽を確かめようもなく、市長のベレー帽にいたっては1998年のことであるから、伝説ではないのだろうが、いずれにしても、これらのいたずらを、市民たちは愛すべき都市建設者カール・ヴィルヘルムの武勇伝として考えているようである。

カール・ヴィルヘルムの直系カスパー・ハウザー？

カールスルーエと辺境伯カール・ヴィルヘルムの物語は、もっとセンセーショナルな歴史ミステリーを紹介することでしめくくりとしたい。

辺境伯亡きあと、その名跡を継承したのは、孫のカール・フリードリヒである。同時代においては、非常に有能な君主であったかれは、一代で1803年に選帝侯、1806年に大公の地位へと昇りつめた一方で、ボーデン湖からマイン川流域にいたる西南ドイツ一帯まで領土を拡大した。内政能力も優れており、重農主義を実施し、殖産興業に尽力した結果、ゲーテ、ヘルダー、ヴォルテールなどの知識人が来訪するようなヨーロッパ随一の文化都市となった。まさにバーデン大公家と都市カールスルーエの繁栄を築いた人物である（図17）。

領土と地位のほかに、先君にして祖父のカール・ヴィルヘルムからカール・フリードリヒが受け継いでいたのは、造園趣味と好色であった。立派な植物園と美しい侍女たちを愛したかれは、60歳にもなろうとしていた1787年に17歳の娘ルイーゼ・ガイヤーと再婚する。お気に入りの侍女であったルイーゼが平民出身であったため、結婚時にホーホベルク伯爵夫人と名乗らせている。

だが、ここで問題となるのは、4年前に亡くなっていた前王妃カロリーネ・ルイーゼの息子たちのほかに、この元侍女である若き新王妃とのあいだで4人の子どもをもうけたことである。こののち、1801年から1830年のあいだに、ヘッセン・ダルムシュタット侯国出身の前王妃に発する王位継承者たちが、事故や病気でことごとく急死していくのだ。そして1830年に、前王妃の3男ルートヴィヒ大公が67歳で亡くなると、新王妃ルイーゼ・ガイヤー・ホーホベルク伯爵夫人の長男レオポルトがバーデン大公に即位したのである。

ちなみに、前王妃の家系をツェーリング系、新王妃の家系をホー

図17　カール・フリードリヒ

ホベルク系というのだが、1830年に死去したツェーリング系最後のバーデン大公ルートヴィヒが居城の東部に創立したのがドイツ最初の工業大学、カールスルーエ工科大学（Karlsruher Institut für Technologie）である。現在は総合大学だが、メルセデス・ベンツ社を創建したカール・ベンツ（1844―1929）がかつて学んでいたことは、この大学の大きな誇りである。

そのルートヴィヒ大公が世を去る2年前の1828年5月26日、バーデン大公国からはるか西のバイエルン王国のニュルンベルク市内のウンシュリット（獣脂）広場に、謎の少年カスパー・ハウザーが突如、あらわれた。ことばはほとんど話せず、自分の名前だけしか書けない出自不明の16歳ごろの少年である。この捨て子少年の正体については当時、ヨーロッパの名士貴族をまきこんではさまざまに取りざたされたが、依然として不明であった（図18）。

ドイツやハンガリーの貴族、あるいはただの詐欺師とも噂された少年カスパーは、ニュルンベルクから南西約40キロにある都市アンスバッハでその短い晩年を過ごしていたが、その出現から5年後の1833年12月17日、同市の宮廷庭園で、謎の黒衣の男に刺殺される。犯人の正体も不明で、少年のすべてが謎のままである。

図18　謎の少年カスパー・ハウザー

しかしながら、現在、定説となっているのは、このカスパー・ハウザーの正体が、先述のカール・フリードリヒの前王妃カロリーネ・ルイーゼに発するツェーリング系の長男だとする説だ。これによると、カスパーは1811年から1818年にバーデン大公であったカールと、ナポレオン1世皇妃ジョゼフィーヌの姪ステファニー・ボーアルネとのあいだに誕生した皇太子である。辺境伯カール・ヴィルヘルムから数えると、6代のちのヘッセン・ダルムシュタット侯国系（ツェーリング系）第1皇子にして王位継承者ということになる。

この説を最初に提唱したのは、カスパーの義父代理人でもあったアンスバッハ控訴院長アンゼルム・フォン・フォイエルバッハ（1775―1833）で、唯物論的哲学論『キリスト教の本質』（1843）の著者ルートヴィヒ・フォイエルバッハ（1804―72）の父である。1832年刊行の『カスパー・ハウザー　人間の精神生活に対する犯罪の一例』で、アンゼルムはカスパーの正体に対する仮説を世に問うたのだが、アンゼルムが急死するのは、その出版後のことである。死因は卒中だが、一族には死ぬ間際の本人から毒殺の疑いをうち明けられたとの伝承が残っている。謎の少年は、周辺人物まで謎で包んでしまうようである。

この謎を明らかにするために、1996年と2002年に、カスパーの遺品から採取した血痕や遺髪のDNAを、バーデン家の子孫のものと照合するDNA鑑定がおこなわれた。カスパーの遺伝子サンプルそのものに疑義が呈されたり、鑑定結果がほぼ一致したものの、完全な一致をみなかった。いまのところ唯一、カスパーの謎を解く鍵をにぎるバーデン家は、すりかえられたはずの王子が埋葬された墓所や文書館の公開を拒否しつづけているゆえに、いまだにカスパーのバーデン王子説は未決着のままである。

とはいえ、現在のカールスルーエ市民のあいだでは、カスパーのツェーリング系第一皇子説が広く信じられているようだ。世が世であれば、謎の少年カスパー・ハウザーはバーデン大公となっていたはずである。とすれば、大公カスパーは「扇の町」カールスルーエを居城都市として住みながら、「方形街区都市」マンハイムを領有していたのかと、つい想像の翼を広げてしまうのである。

（森　貴史）

9. シュトゥットガルト 産業都市がもつ「ワイルド」な側面に迫る

シュトゥットガルトのクンストカンマーとその栄光

「シュトゥットガルト」と聞けば、「産業都市」をイメージする人が多いだろう。この町の見どころはなんといっても、メルセデス＝ベンツ博物館や、ポルシェ博物館ではなかったか？ シュトゥットガルトは、車のマニアがやってくる町だ。その中央駅にだって、巨大なメルセデス・ベンツのエンブレムが飾られているではないか。

しかし筆者は、あえて「車の話」はしないでおこうと思う。バーデン＝ヴュルテンベルク州の州都であり、かつてはヴュルテンベルク公領（のちに王国）の首都であったこの町は、たんに産業の中心であっただけでなく、文化的にも大いに栄えた町なのである。なるほど、19世紀に産業が発達した結果、第2次世界大戦で爆撃の対象となり、多くの部分が破壊されるか損傷を受けた。しかしいまもなお、かつての文化都市の片鱗は残しつづけているのである。

副題にもあるように、本章では、この町における、自然と文化が融合したちょっと風変わりなモノを紹介していきたい。たとえば、かつてドイツ最良とうたわれたクンストカンマーの所蔵品や、ヴィルヘルマ動物園の芸術的な施設などをとりあげる。ただ、まったく産業的な部分に触れないわけにもいかないので、ふだんは見過ごされがちな、シュトゥットガルト中央駅にまつわる秘話も紹介しておこう。

クンストカンマーの歴史

シュトゥットガルトのクンストカンマーは、18世紀半ばに、「ドイツにおいて、最良かつもっとも整理されたもののひとつであり、ドレスデンのものについで完璧だ」と評価されたことがある。

その歴史は、ヴュルテンベルク公フリードリヒ1世（在位1593―1608）が、ベルンハルドゥス・パルダヌスという人物から、その所蔵品をゆずりうけたことにはじまる。その後継者ヨーハン・フリードリヒ（在位1608―28）も、クンストカンマーが所有者の名声を高めることを知っていたため、さらなる充実をはかった。

ただ、かれは人びとに強い印象を与えさえすればよかったので、所蔵品を体系的にならべて展示することには、さほど興味がなかったらしい。台や机の上下に、さまざまな品が雑多に置かれていただけだったという。

もともと近世のヨーロッパ人は、世界の珍妙な収集品をヴンダーカンマーやクンストカンマーに集めて、「世界の縮図」を再現し、神のつくりたまいし世界を堪能しさえすればよかったのだから、秩序だった展示はおこなわれていなかった。シュトゥットガルトのクンストカンマーも、例外ではなかったわけである。

しかし、フリードリヒ1世やヨーハン・フリードリヒのせっかくの収集品は、30年戦争（1618—48）のあいだに、神聖ローマ皇帝軍とバイエルン軍の略奪を受けてしまう。そしてその大部分は、ミュンヒェン、ウィーン、インスブルックへと送られてしまった。

だから、現在わたしたちが目にすることのできる所蔵品の多くは、戦後にエーバーハルト3世（在位1633—74）が再建してからのものである。かれは、1634年に残っていた品物をいったん旧園亭(Altes Lusthaus)へ移動させ、さらにこれを城へ移してコレクションの再充実をはかった。エーバーハルトの最大の収穫は、ヨーハン・ヤーコプ・グート・フォン・ズルツ＝ドゥルヒハウゼン（1543—1616）の所蔵する品々を手に入れたことであった。グートは、1579年から1613年にかけて公爵の財務管理を統括していた人物だが、教養人としても有名であった。かれは独自のクンストカンマーをズルツにもっており、貨幣、宝石、自然の事物、民族工芸品、武器などを集めていたのである。

その後、クンストカンマーは順調に所蔵品を増やし、1654年には目録がつくられたが、このころはまだ、品物の体系化が不十分であり、自然物《ナトゥラリア》と人工物《アルティフィキアリア》の区別もなかった。

しかし1669年、エーバーハルトはクンストカンマーをふたたび旧園亭に移動させるとともに、アダム・ウルリヒ・シュミットリンを雇って、かれに所蔵物の体系化をまかせることにした。シュミットリンは、芸術や自然について豊富な知識を有しただけでなく、独自の収集品ももっていた人物で、その能力が見込まれたのである。やがてかれは、人工物と自然物を区別したほか、おなじ自然物でも、動物、植物、鉱物というふうに区分していった。ちなみに、シュトゥットガルトのクンストカンマーのようすを伝える唯一の絵は、このころに由来する（図1）。シュミットリンは、1670年から1692年にかけて新目録をつくっている。

シュミットリンのもとではじまった体系化は、そのあとを継いだ人びとによってより精緻なものとなっていく。これはちょうど、混沌とした世界の事物を整理し、表にして、効率的に利用していこうとする、当時の時流にかなったものであった。

ただ、エーバーハルト以降のヴュルテンベルク公たちは、しだいにクンストカンマーへの興味を失ってゆく。1750年に、旧園亭はクンストカンマーともども解体されてしまった。所蔵品の一部は大学に譲渡されたが、残りは1886年に旧城館すなわち現在の州立博物館（Landesmuseum Württemberg）へ移送された。その貴重な品々のほとんどが公開されたのは、1971年になってからのことであった。

珍妙な所蔵品とその由来

筆者がシュトゥットガルトを訪ねた2013─14年、州立博物館は改修工事中であって、クンストカンマーの品々が展示されるはずの階は、閉じられていた（工事完了は2016年の予定）。幸いにして、

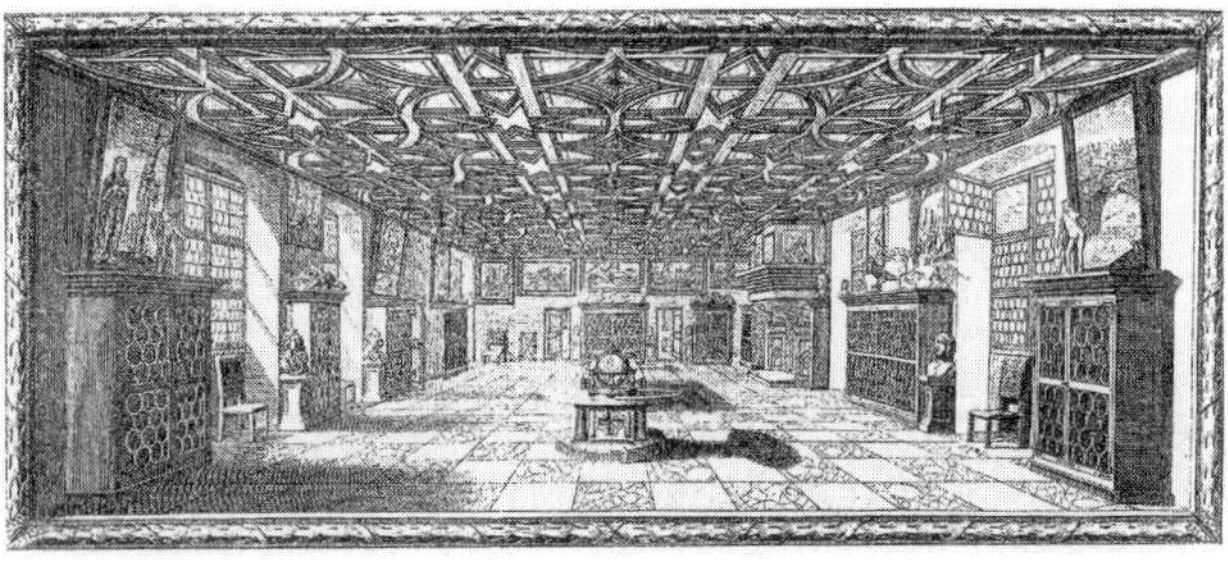

図1　シュトゥットガルトのクンストカンマー（ルートヴィヒ・ゾンマー画、1670─80）

クンストカンマーの所蔵物の大半は、1階の特設コーナーに置かれていたものの、ラベルが貼られていなかったので、くわしい来歴を把握できないものが多かった。そこで今回は、博物館に置かれていたパンフレットや、美術史家エルケ・ブヨクの著作をもとに、代表的なものに絞って紹介していきたい。

最初にとりあげるのは、自然物に手をくわえた、風変わりな品々である。たとえば、レリーフをほどこされた大きくて白い球体が展示されているが、これはダチョウの卵である（図2）。

ダチョウは、鳥類でもっとも大きな卵を産むことで知られている。伝説においては、卵を砂のなかに埋め、孵化を神の手にまかせるなどといわれていたので、ことさら人びとの関心を引いたようである。しかも、卵の価値をさらに高めるために、表面に彫刻が施されるようになったのだ。ダチョウの卵は、厚さが2ミリあるので、彫刻することじたいは可能だが、やはり破損の恐れがあった。ちなみに、レリーフつき卵の多くは、17—18世紀になってから出現したもののようである。

同様に近世ヨーロッパ人は、貝殻を加工した作品を多く産出した（図3）。かつて貝殻は、「欺瞞」を象徴するとか、無用な財産のは

図2　ダチョウの卵

かなさをあらわすものとされていたが、その一方で、海から生まれたという美と豊穣の女神ヴィーナスの表徴《アトリビュート》でもあった。すなわち貝殻は、海の神秘的な創造力をも具現化したのである。

王侯貴族のあいだでとくに好まれたのは、オウムガイであった（図3）。太平洋南西部から、ポルトガルやオランダの船ではるばる運ばれてきた。貴重品だったからである。これらもまた、模様を刻んだうえで展示されたが、壊れやすいという点ではダチョウの卵とおなじで、今日まで残っているものの数は多くないという（ヨーロッパのクンストカンマーでは、ダチョウの卵は300以下、オウムガイは300超が残存）。なお、オウムガイがヨーロッパ人の想像力をかきたてるものであったことは、そのラテン語名nautilus――日本では「ノーチラス」と表記される――がジュール・ヴェルヌ（1828－1905）の『海底二万海里』（1870）にでてくる潜水艦の名に使われていることからもわかるだろう。

また、シュトゥットガルトのクンストカンマーが所蔵しているなかで、ひときわ目を引くのは、貝殻でできた酒杯である（図4）。酒杯の上部には、鏡をもった女性の上半身の彫刻があるが、貝殻がその下半身を構成している。この女性像は、人魚ないし歌声でひとを

図3　オウムガイを加工した杯

図4　人魚を冠した貝殻製の酒杯（17世紀初頭）

誘惑するセイレーン（もとは半人半鳥の怪物だが、のちに半人半魚の姿でイメージされた）をあらわすものであろう。というのは、中世から近世にかけて、人魚は虚栄心を象徴する鏡をもち、髪をくしけずる姿でしばしば描かれたからである。しかしそれはまた、海から生まれたヴィーナスをあらわしているのかもしれない。

だが、これよりもっとユニークなのは、サイの角を加工した杯である（図5）。サイは、近世のヨーロッパ人にとって、謎につつまれた生きものであった。というのも、ポルトガル王マヌエル1世（1469―1521）がインドからとりよせるまで、この動物をじかに目にする機会は、古代ローマ期をのぞいてほとんどなかったからである。

ドイツの画家アルブレヒト・デューラー（1471―1528）は、ポルトガルから送られたサイのスケッチをもとに、銅版画を掘っている。これが、有名な「デューラーのサイ」の絵である（図6）。

「デューラーのサイ」は、おおむね正確に描かれているが、首のつけ根に、本来ないはずの小さな角が生えている。そして、クンストカンマーの杯の上部にある彫刻を注視すると、やはり同様の角が生えている。つまり、杯の製作者がデューラーの絵を参考にしたの

図5　サイの角でできた杯（17世紀初頭）

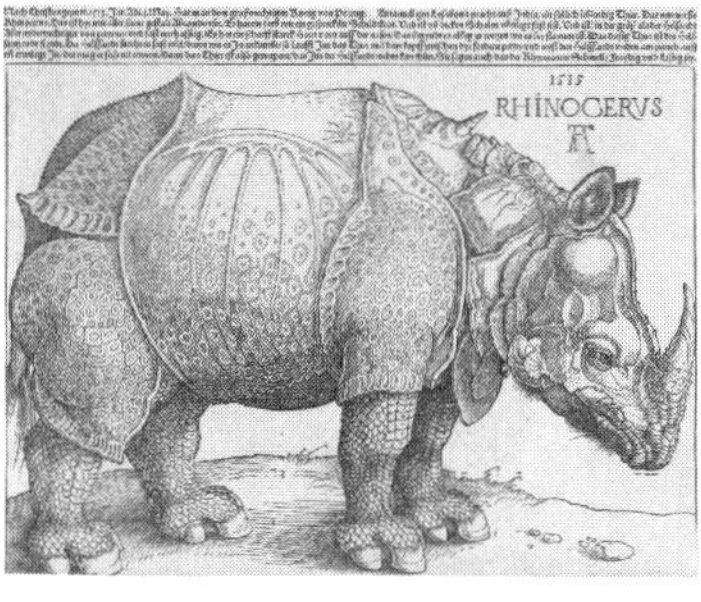

図6　「デューラーのサイ」（1515）

は明らかである。

ところで、なぜサイの角を使った杯が制作されたりしたのだろう。じつはかつて、サイの角製の杯に毒を入れると、杯が汗をかくと信じられていたのである。つまりこの杯は、君主を毒殺から守ってくれるありがたい代物でもあったわけだ。

さらに、その形状に注目すると、新しい事実が判明する。サイの角をカップ状に加工するにあたって、旋盤がもちいられているらしい。そのことじたい、たいしたこともないように思えるかもしれない。しかしルネサンス期ならびにバロック期において、旋盤の使用は「ひとの手によって自然の力を克服すること」、つまり、さまざまなかたちをなす自然の事物に、秩序をもたらすことを意味していた。

キリスト教の教えでは、神は世界のすべてに規律をもたらす。ならば、人間――とくに支配者たち――もまた、個々の事物に規律をもたらさねばならない。このような意識のもと、旋盤加工の技術は、貴族たちの教育プログラムにも組み入れられていたという。

つまりサイの角製の杯は、はるかなる異郷の香りを送り届けてくれるばかりでなく、支配者を毒から守るものであり、また同時に、かれらの自然を支配する力をもイメージ化していたわけである。

クンストカンマーには、魔術的な力を秘めたモノも所蔵されている。図7は、竜涎香《りゅうぜんこう》を使ったお守りである。竜涎香とは、マッコウクジラの腸内でつくられる香料であり、餌とするイカの嘴《くちばし》がもとになっているのではないかといわれている。時代はくだるが、ハーマン・メルヴィル（1819―91）の『白鯨』（1851）のなかでも、捕鯨船員がクジラの体を切り開き、竜涎香をとる場面がでてくる。

「あったぞ、あったぞ」スタッブは肉の土の底の何ものかを叩きながらよろこんで叫んだ。「金袋だ、金袋だ！」

刃を放り出して、両手を突っこみ、それから手いっぱいに、何かむっちりした香料入り石鹸というか、豊かに味ののった色まだらのチーズというか、とにかくひどく匂のいい味わいのよさそうなものを、引っぱり出した。親指で、わけもなくへこみを付けられただろう。色は黄と灰の間のものだった。これこそが諸君よ、竜涎香であって、どこの薬種屋に持って行っても、一オンス一ギニアにはなるという代物だ。（阿部知二訳）

メルヴィルはさらに、腸内の汚物のなかから、かくも神々しい物質が発見される不思議に驚嘆する。そして、「人は汚辱のうちに投じられ光栄のうちによみがえる」（同訳）という、聖書の教えに思いをはせるのである。

さて、この竜涎香が、なぜ魔除けに使われたりするのか。州立博物館の解説によれば、竜涎香の強烈な匂いは、不浄な力を遠ざける力があり、したがって疫病から身を守るのに有益だと判断されたのだという。なお、この魔除けは右手のかたちをしているが、これは

図7　竜涎香でつくられた魔除け

イスラム圏で、邪視（ひとを病気にする力をもった視線）を避けるために使われる、「ファーティマの手」をかたどったものである。また下に向けた右手は、防衛魔術（白魔術）をあらわすともいわれているが、いずれにせよこの魔除けは、素材と形状によって、その力を高めようとしたものと判断される。

このほかにも、自然の驚異を伝える品々がクンストカンマーには所蔵されているが、ここでは最後に、象牙をつかった作品群を紹介しておこう（図8）。

古代ローマの詩人、オウィディウス（前43—後18）の『変身物語』では、象牙は特別な力をもった素材とされている。たとえば、ペロプスというギリシアの英雄が、父によって殺され、バラバラにされたとき、神々はその体をふたたびつなぎあわせた。ところが、首と腕のつけ根の骨だけが見つからなかったので、神々はそのかわりに象牙を使い、よみがえらせたという。また、ピュグマリオンというキュプロス島の王は、象牙を彫って美しい女性像をつくったが、ヴィーナスはこの像に命を吹きこんで、ふたりを結婚させたとも語られている。

このように、象牙は再生するときに使われる素材、いや、命の宿

図8　象牙の彫刻作品

る素材なのである。かような神話に彩られたものを、王侯貴族が欲しがらないわけはない。

象牙もまた、ダチョウの卵やオウムガイなどとおなじく、その価値を高めるためにひとの手で加工された。旋盤を使って容器がつくられることもあれば、レリーフをほどこされたりもした。ちなみに、象牙の大部分はなかが空洞になっており、容器や楽器の製造に適していたが、先端へ向かうにつれ、密度が高くなっていくので、その部分は彫刻作品に使われた。

しかしながら、クンストカンマーで重要なのは、(ひとの手の入った)自然の事物だけではない。珍奇な民芸品もまた、大いに好まれた。シュトゥットガルトの所蔵品で代表的なのは、「ショロトル」というアステカの神をかたどった軟玉製の彫刻である(図9)。ショロトルは、有名なケツァルコアトルのふたごの兄弟であり、地下世界をつかさどる。またその姿は――彫刻でははっきりわからないかもしれないが――イヌの頭をした骸骨像として表現された。

この彫刻はもともと、ヴュルテンベルク=メンペルガルト家系のルートヴィヒ・フリードリヒ公(在位1628―31)が、1613年にライプツィヒをたずねたさいに、購入したものと考えられている。その

図9　ショロトル

後、長くメンペルガルトの城に所蔵されていたが、この家系を継ぐ最後の公爵が死んだのをきっかけとして、1740年にシュトゥットガルトのクンストカンマーに組み入れられたらしい。

同様に、現在州立博物館には、アステカの「羽毛の盾」(Federschild)が2枚展示されている(図10、11、12)。これらの盾は、1599年においてすでにシュトゥットガルト近辺に存在したことがわかっている。というのもこの年、先述のフリードリヒ1世は、盛大な「輪突き大会」を催したが、そのときの絵に、問題の盾が描かれているからである(図13)。

「輪突き」(Ringrennen)とは、騎士たちがおこなっていたスポーツである。かつてヨーロッパの騎士たちは、槍をもってぶつかりあう馬上試合《トーナメント》を好んだが、やがて吊るされた輪をめがけて突進し、これを槍で貫くという優雅な形式が生まれた。そしてそのさい、騎士たちの技量が競われただけでなく、仮装行列もおこなわれたのである。1599年の輪突き大会では、「アメリカの女王」の行列が登場したが、アステカの盾もこれに欠かせないものであった。

ただし、これらが当時クンストカンマーに所蔵されていたのかというと、じつはそうではないらしい。アステカの盾は、もともと

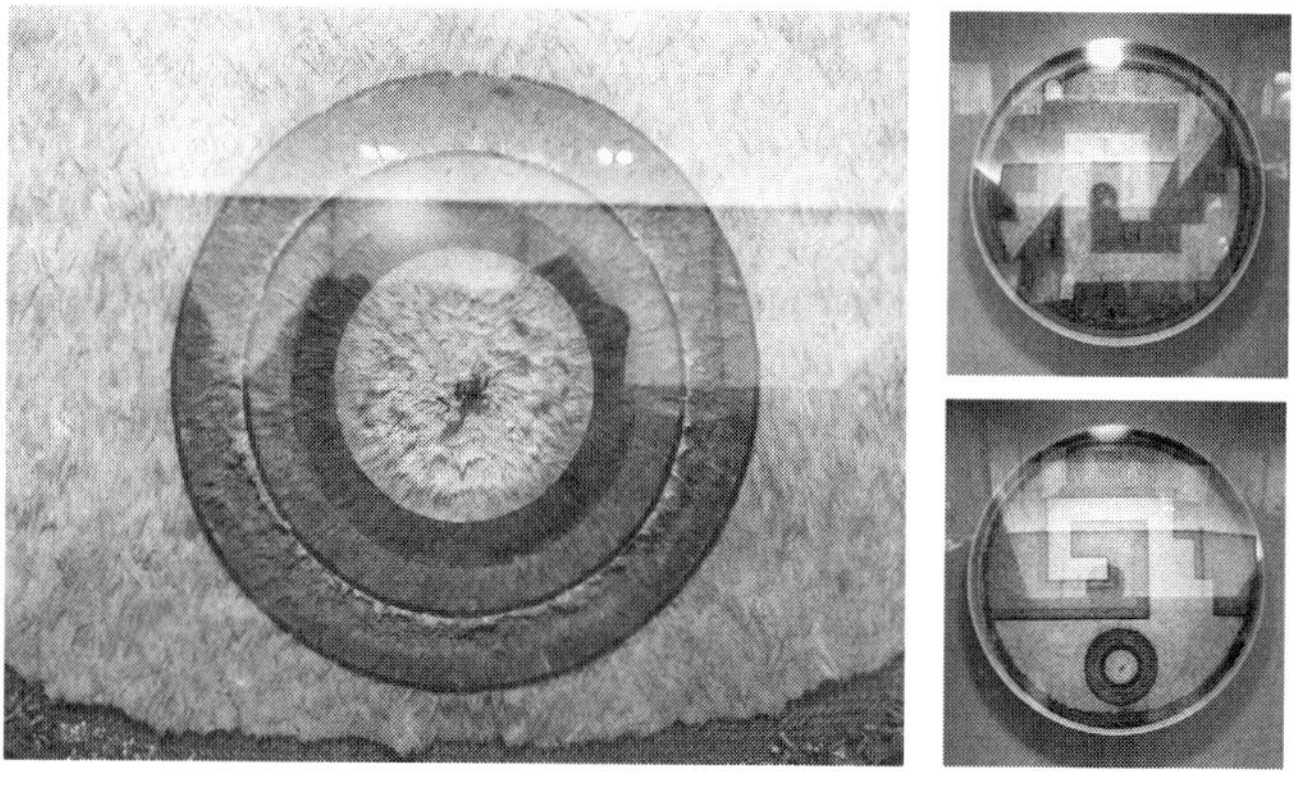

図10、11、12　アステカの「羽毛の盾」(右)とその拡大図(左)

テュービンゲンの城を管理していたニクラス・オクセンバッハ（1562―1626）が所有しており、1599年の大会のさいは、かれが貸しだしたらしい。やがて、オクセンバッハの息子がベネディクト会修道院に入ると、盾は修道院に譲渡された。そして、これらがヴェルテンベルクの支配者の手にわたったのは、修道院が国有化された1809年になってからだという。

むろん、だからといって、盾の価値が減ずるわけではない。これらは、エルナン・コルテス（1485―1547）がアステカを征服した1521年より前の時代に由来するとみなされるが、類似する作品は、世界にあと2つしか残存していない。それゆえ、素通りするにはあまりにももったいない展示物なのだ。

このように、シュトゥットガルトのクンストカンマーは珍妙なものをたくさん所蔵していたが、もし時間に余裕があれば、レーヴェントーア（Löwentor）にあるシュトゥットガルト国立自然史博物館を訪問してみると、さらにおもしろいものを発見するだろう。それは、「1600.化石」と書かれた、氷河期時代のオオツノシカの角である（図14）。かつてヴュルテンベルクの支配者たちは、化石にも関心を示していたが、オオツノシカの角は、クンストカンマーに

図13「アメリカの女王」の行列（1599）

あった初期所蔵品のひとつである。

同博物館には、ほかにも1749年（クンストカンマーが解体される直前）に発掘された、胎内に胚を宿したイクチオサウルスの化石（図15）や、プロイセン王フリードリヒ1世（1657―1713）が1708年にヴュルテンベルクへ贈呈した、1・5キログラムの巨大な琥珀など、歴史あるものが所蔵されており、たんなる自然史博物館以上に見どころが多いといえる。

動物園のなかにエキゾチックな建物が!?――ヴィルヘルマ

今日、「ヴィルヘルマ」（Wilhelma）といえば、シュトゥットガルトの動物園のことを指す。そして多くの観光客は、ドイツで動物園におとずれる必要はないと考えて、ここを素通りしてしまうかもしれない。ところがヴィルヘルマには、動物園のイメージからはほど遠い、豪華な建物がいくつも存在しており、しかもその重要性は、町の新城館（Neues Schloss）や旧城館（Altes Schloss、州立博物館）に劣らないどころか、ある面でははるかに上回ってさえいるのだ。

じつはヴィルヘルマは、もともと動物園などではなく、ヴュルテンベルク王ヴィルヘルム1世（図16、1781―1864）の宮殿であった。

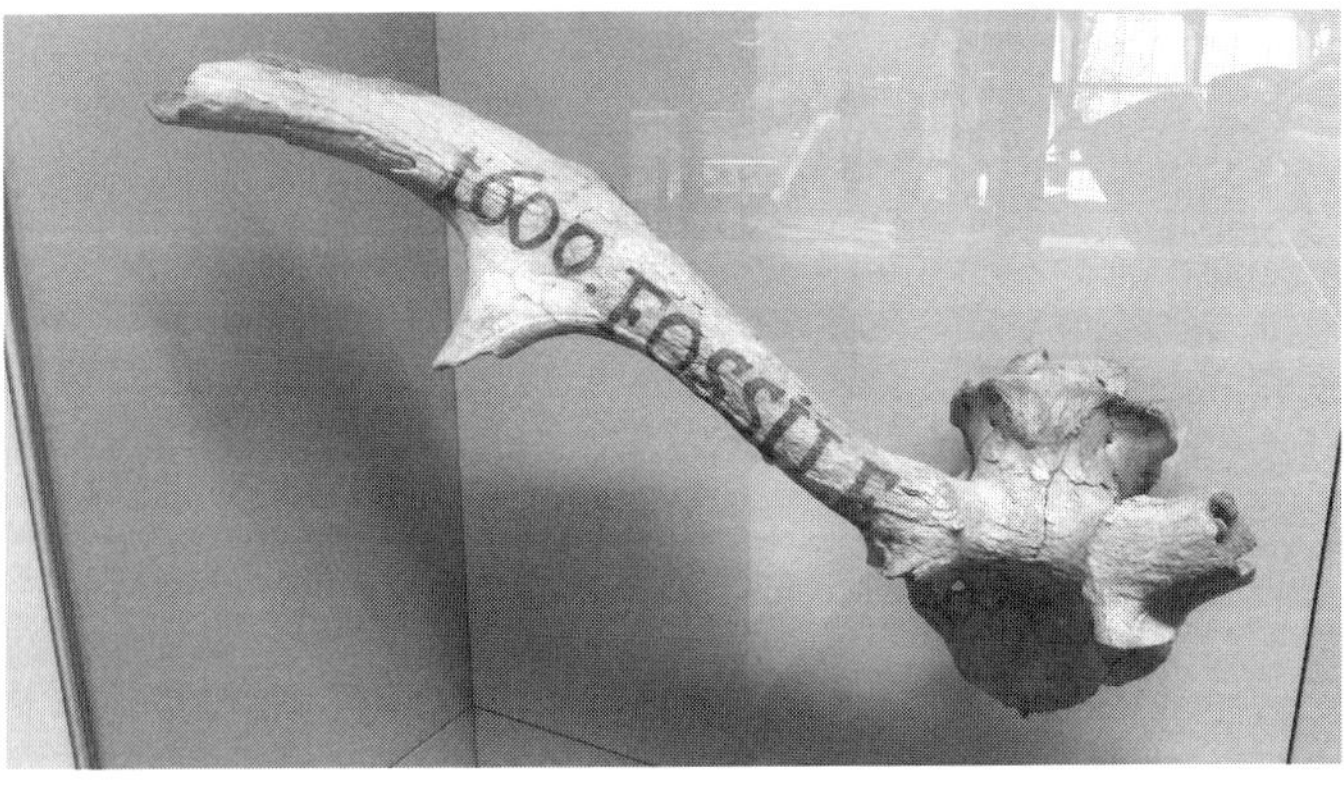

図14 氷河期時代のオオツノシカの化石

ここで少し説明しておくと、ヴュルテンベルクは、長年ドイツの各地域を束ねてきた神聖ローマ帝国のもとで、公爵によって統治された地域である。しかし、ナポレオン・ボナパルト（１７６９―１８２１）によって帝国が滅ぼされると、この地域は王国へと昇格、ときの公爵フリードリヒ2世（１７９７―１８１６）は、国王フリードリヒ1世として君臨することになった。そしてシュトゥットガルトは、その首都となったのである。

フリードリヒのあとをついだヴィルヘルムは、市民の服を着用して市内を歩くような人物で、自由主義的な憲法を１８１９年に制定したことで知られるが、この町の産業の発展にも力を入れた。たとえば、かれはホーエンハイム城に世界初の農科大学をつくり、より洗練された技術を研究させただけでなく、それをじっさいに農業に導入させている。そうして、ヴュルテンベルクの生産量を高めたのち、１８４８年には産業促進協会をつくって工業化にとりくんだ。その結果、１８３２年の時点で工場数が17だったのが、１８６１年にはなんと１７３にまで増えている。そして、市の人口のうち３分の1が工業、商業そして交通業に従事することとなったのである。

ヴィルヘルムは、鉄道の発展にも力を入れた。シュトゥットガル

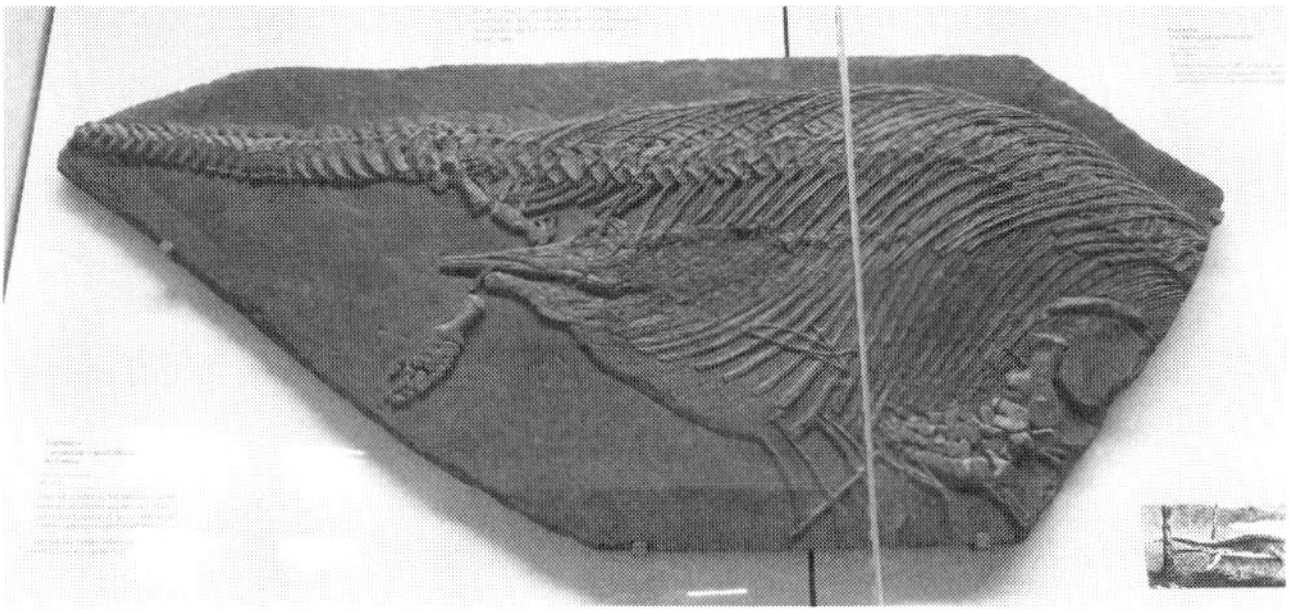

図15　胎内に胚をやどしたイクチオサウルスの化石

トに最初の駅がつくられたのは19世紀半ばのことだったが、以後、鉄道は必要とされる物資を町に送りこみ、逆に加工された品々を積んで出てゆくのだった。こうしてシュトゥットガルトは、近代産業都市としての基盤を整えていったのである。

ヴィルヘルムはしかし、国土の産業にばかり目を向けていたわけではない。シュトゥットガルトに新しい建築物をつくることにも熱心であった。

たとえばかれは、ローゼンシュタイン（Rosenstein）という、シュトゥットガルト盆地とネッカー渓谷のあいだにある丘に、新しい城を建設させた（図17）。これは１８３０年に完成したが、奇妙なことに、王の一族はめったにここに滞在しなかった。

この不可解なふるまいについては、嘘かまことか、言い伝えがある。ある占い女が国王に、この城館で一泊したが最後、命を落とすであろうといったというのである。そのため、ヴィルヘルムはここによりつかなかったのだが、１８６４年、健康を害したかれは、治療のために、医師たちとともにローゼンシュタインまでやってきた。すると、ここでほんとうに死んでしまったのである。

ちなみにローゼンシュタイン城は、第２次世界大戦中の爆撃で損

図16　ヴィルヘルム1世（ヴュルテンベルク王）

傷したのち、国立自然史博物館として再開している（シュトゥットガルトには、ローゼンシュタインとレーヴェントーアにそれぞれ自然史博物館がある。前節で紹介したのは後者なので、混同しないようにご注意いただきたい）。

さて、ローゼンシュタイン公園の建設作業が進められていた1829年、たまたま鉱泉の湧きでているところが発見された。これを契機として、丘からネッカー川にかけて、国王のプライベートな温泉施設をつくる案が浮上する。ヴィルヘルムは、カール・ルートヴィヒ・フォン・ツァント（図18、1796―1857）という建築家に、その設計を委ねることにした。

ツァントはブレスラウの生まれで、その父は医者としてヴィルヘルムの妹であるカタリーナ・フォン・ヴェストファレンに仕えた。のちに、ブレスラウとカッセルで建築、素描、数学を学び、ついでパリ、そしてシュトゥットガルトへとたどり着いた。シュトゥットガルトでは、建築監督官のもとで働いたが、ふたたびパリへ向かい、そこで知り合った建築家ヤーコプ・イグナーツ・ヒトルフ（1792―1867）とともにイタリアも訪問した。やがてかれは、1832年、テュービンゲン大学にて『ポンペイの住居について』と

図17　現在は国立自然史博物館となっているローゼンシュタインの城館

いう論文で博士号をとっている。その後、かれはヴィルヘルムから設計等を依頼されるようになったのである。

ヴィルヘルムが、ツァントに命じてつくらせた温泉施設――「ヴィルヘルム」を女性形にした「ヴィルヘルマ」の名で呼ばれるようになった――は、独特の趣をもっていた。なぜなら、その建物のほとんどは、「ムーア様式」（maurischer Stil）だったからである。

「ムーア様式」とは、スペインから北アフリカにかけて存在する、イスラム風の建築様式のことで、グラナダのアルハンブラ宮殿や、コルドバのモスクなどに代表される。ただし、当時においては、「ムーア様式」とは、エキゾチックな様式すべてをひとくくりにして表現する言葉でもあった。だから、「ムーア風」も「ビザンチン風」も「アラブ風」も、あまり区別がなされていなかったのが実情である。

いずれにせよ、シュトゥットガルトが産業化しつつあったことと、こうした建築様式が好まれたこととは、無関係ではない。このころヨーロッパの都市部では、近代文明の影響を受けていない、はるか遠くの異郷の地にたいする憧れが高まりつつあった。それに、エキゾチックな建物は、まだ手がつけられていない未開の自然の象

図18　カール・ルートヴィヒ・フォン・ツァント

徴とも映ったのである。

ただしヴィルヘルマの設計にあたっては、慎重な調査もおこなわれている。たとえばヴィルヘルムは、コンスタンティノープル（イスタンブール）、ベイルート、エルサレム、カイロなどに調査団を派遣して、情報収集をさせた。またツァントもイギリスへわたって、最新のガラスと鉄をもちいた建築法や、温水を使った暖房について研究したさい、『アルハンブラ物語』で有名なワシントン・アーヴィング（１７８３―１８５９）の著作や建築家オーウェン・ジョーンズ（１８０９―74）の理論に触れたと考えられている。ジョーンズは、「ムーア様式」の基盤をなすのは、黄、赤、青であると述べているが、ツァントはこれらを、黄を金に置換したうえで採用しているからだ。

ツァントは、いまからつくろうとしている建物を、徹頭徹尾、「ムーア様式」にしてしまおうとは、考えていなかった。かれは、あくまでも古いヨーロッパの建物を模範とすべきだと勘案していたので、ヴィルヘルマの見取り図もイタリアの邸宅を基本としている。かれはまた、鉄やガラスを使用した温室もつくった。「ムーア様式」はむしろ、派手な装飾など、ディティールの部分にあらわれることとなったのである。

だから、ヴィルヘルマは「純ムーア様式」の施設というよりは、ヨーロッパ人が、オリエントへの憧憬をこめてつくった文化融合的な建物ということができる。しかしそれゆえにこそ、いまやヴィルヘルマの建物は、独特の歴史的・文化的価値をもつにいたったのである。

それでは、ヴィルヘルマの歴史的建築物を、具体的に見ていくことにしよう。

ヴィルヘルマは、１８４２年から１８６４年にかけて建設された。最初につくられたのは、「温泉館」（Badhaus）と、その左右に広がる温室である（図19）。かつて「温泉館」の上部はドームに覆われていたが、1944年の爆撃で破壊されたため、いまはガラス屋根となっている。「温泉館」からは、ネッカー渓谷へつづく庭園を見晴らせるようになっており、同時に横に並ぶ熱帯植物を視野に入れることができた。かつて、内部は金、赤、青の装飾で埋めつくされ、さらに腰かけ、カーテン、絨毯など、エキゾチックな家具が置かれていた。ヨーロッパ人の「オリエント」への幻想を高めるために、裸の女性が描かれたハーレムの絵も、欠けてはいなかった。

「温泉館」の正面にあるのは、「内庭」（Innerer Garten）である。ここには、ヒヤシンス、ペチュニア、アスター、ペラルゴニウム、サンザシ、イトスギといった植物が植えられていた。またテラスにはオレンジやモクレンが植えられていたが、モクレンはいまも、毎年美しい花を咲かせることで有名である。1846年には、「外庭」（Äußerer Garten）の建設が開始された。これは、半月型の池と運河を備えたもので、ネッカー川に向かって伸びている。また「内庭」と「外庭」のあいだには、「宴の広間」（Festsaal）を中心とした、新しい温室が設けられた。この「宴の広間」が、きわめて豪華な内装を

図19　ヴィルヘルマの「温泉館」と「内庭」

もっていたことは、当時の絵から確認することができる（図20）。
残念ながら、「温泉館」と「宴の広間」は、ともに爆撃で大きな被害を受けてしまった。とくに後者は、完膚なきまでに破壊され、現在はもとの入り口を残すのみで、あとは近代的な「爬虫類館」に変貌している。しかしながら、ほとんど無傷で残っている建物もある。「外庭」の「ダマスツェーナーハレ」（Damascenerhalle）がそれである（図21、22）。

これは、側面にキジ舎を備えた施設だが、ヴィルヘルム・ボイマーという建築家が、ツァントの建物をモデルに設計している（1863年完成）。「ダマスツェーナーハレ」は、戦後はしばらく小型肉食獣舎として使われていたが、1992年に清掃され、建設当時の状態に戻された。かつてヴィルヘルマが誇っていた内装も、まだ見ることが可能である（14－16時のみ見学可。また雨天のときは閉鎖されているので、注意が必要である）。

ヴィルヘルマには、ほかにも見どころがある。たとえば「温泉館」のさらに上へいくと、「ベルヴェデーレ」（Belvedere、見晴台の意）が建っている。これは1851年の設計で、爆撃でいったん破壊されたが、1996年にオリジナルのかたちで復元された。ここから

図20「宴の広間」（1855／56）

図21、22「ダマスツェーナーハレ」とその内装

は、幾何学的な美しいヴィルヘルマの庭園を一望することができる。ちなみに、現在チケット売り場となっているパビリオン（図23）は1843年に、そして「温泉館」へ向かって伸びている温室は1853年につくられたものである。そのうえ、パビリオンからさらにネッカー川沿いに歩いていくと、劇場が建っているが、これもまた、ツァントの設計による。

ところで、国王の宮殿であったはずのヴィルヘルマが、なぜ動物園になったのだろうか。これもやはり、爆撃の影響が大きい。戦後、損害を受けたヴィルヘルマは、病院に供給する野菜を栽培するところとして使われた。温室には、トマトが植えられていたという。やがて、ここの監督をまかされていたアルベルト・シェホレ（1905－98）は、1949年に動植物園として利用させることにした。以後、動物のコレクションや動物飼育舎を充実させて、現代にいたったのである。

シュヴァーベンが誇る文化遺産――シュトウットガルト中央駅

本章ではこれまで、クンストカンマーやヴィルヘルマなど、動物や植物に縁の深いスポットに光をあててきた。そこで最後は趣向を

図23　ヴィルヘルマのチケット売り場

かえて、「産業都市シュトゥットガルト」らしい場所を紹介しておきたい。といっても、ベンツ博物館やポルシェ博物館のような、どの旅行ガイドでもとりあげられているところについて、書くつもりはない。

ヴュルテンベルク王ヴィルヘルム1世が、シュトゥットガルトへ鉄道を引くのに尽力したことは前述した。そこで、その鉄道ゆかりの場所である、中央駅をとりあげようと思う（図24）。そう、塔上をベンツの巨大なマークがぐるぐるまわっていて、「いかにも自動車都市だなあ」と思いながら、多くの人びとがとおりすぎてしまう場所である。しかしここは、シュヴァーベンの城砦《じょうさい》建築の様式を導入した貴重な建物なのだ。よくみれば、非常に趣のあるつくりをしていることがわかるだろう。

20世紀初頭、前世紀につくられた最初の駅が、シュトゥットガルトの発展についていけないことが明らかとなりつつあった。そこで、より多くの車両を収容できる駅をつくる計画がもちあがった。そのさい、重い荷物をかかえて歩く遠距離旅行客、急いで移動する近郊通勤者、郵便物運搬係などの移動をスムーズにすることや、便利なスポットに書籍店、食料店、待合室などを設けることが重視さ

図24　シュトゥットガルト中央駅。手前が「大出札ホール」の入り口、左奥にあるのが「小出札ホール」の入り口

れた。だが、たんに機能的なだけでなく、地元の文化を採用したモニュメンタルな性格をもつことも条件とされたのである。

そして、新しい駅の設計図が募集された結果、70もの応募のなかから、建築家パウル・ボーナツ（1877―1956）と、フリードリヒ・オイゲン・ショーラー（1874―1949）の「シュヴァーベンのへそ」案（Umbilicus sueviae）が採用された。

かれらの案の画期的な点として、プラットホームの上に分割した屋根をとりつけたことがある。それまで、ドレスデン、ライプツィヒ、フランクフルトといった大都市の駅では、すべてのホームがひとつの屋根に覆われていた。しかし、より自由な駅の建設をおこな

図25、26 「大出札ホール」正面と、アーチの上部をかざるヴュルテンベルク王国鉄道のころのマーク（王冠のついた車輪に、羽根がはえたデザイン）

うために、これをやめたのである。

　また、ベルリンの建築監督官アレクサンダー・リューデル（1852―1920）の意見を入れて、長距離旅行者用と近距離移動者用の出札ホールが、それぞれ設けられることになった。図24でいうと、手前の入り口が長距離移動者用の出札ホール（大出札ホール Große Schalterhalle）に、左奥の入り口が近距離移動者用の出札ホール（小出札ホール Kleine Schalterhalle）につながっている。また、現在メルセデス・ベンツのエンブレムが立っている塔は、駅にやってくる人びとが目印にできるように、建てられたものであった。

　だが、ここでとくに関心をもってほしいのが、その建築様式である。ボーナツらは、シュヴァーベン地方（シュトゥットガルト周辺）の文化をとり入れるべく、赤みがかった砂岩と、貝殻石灰岩統を素材とした方形石材を使用することにした。これは、この地域の中世の城砦に使われていたものである。

　また、「大出札ホール」のなかには、スイスの彫刻家ヤーコプ・ブリュルマン（1872―1938）による、ヴュルテンベルクの紋章がとりつけられているが、そこでも中世の雰囲気をだすために、紋章動物であるライオンやシカとともに、騎士風の人物が紋章を

図27　「大出札ホール」にあるヴュルテンベルクの紋章

もって立つ姿で表現された（図27）。

ちなみに、こうした駅の特徴については、すべてローゼ・ハイドゥとウルリーケ・ゼーガーの著作に依拠して解説しているが、彼女らによると、シュトゥットガルト中央駅でとくに意識されているのは、「過剰な大きさ」と「等身大」のくりかえしであるという。

どういうことかというと、駅の正面を走るシラー通りから見ると、アーチ型の窓のせいで、「大出札ホール」の建物が異様に大きく見える。しかしこれに近づいていくと、等身大の小さな入り口をとおらなければならないことに気づく。そこをくぐると、巨大なホールが姿をあらわす。だが、階段をのぼった先には、ふたたび等身大の入口がある。やがてその向こうには、ふたたび異様な高さの屋根をもった空間が待っているというわけだ（図28）。

さらに、駅の北側にある入り口は、左右の建物から、やや奥まったかたちでつくられている（図29）。これは、利用者心理を誘導し、かれらが駅の構内へ吸いこまれていくようなデザインにした結果である。ただし写真（2014年現在）を見ればわかるように、後述する駅の改築にともない、左側の建物はとり壊されている。また「小出札ホール」では、イタリアの托鉢修道会の建築に散見される放物線

図28　等身大のドアの向こうには、巨大な空間が広がっている

がとり入れられているが、こういった工夫はいずれも、第1次世界大戦前後の「表現主義」の影響を受けているといわれる（図30、31）。

この新しいシュトゥットガルト中央駅は、1914年に起工され、1928年に完成した。このときある批評家は、駅が「騎士の城と大聖堂へのロマンチシズムが混合したもの」と表現したという。

なお、中央駅は、シュトゥットガルトの他の場所にもれず、第2次世界大戦中の爆撃で損傷しているが、再建されて、1987年には文化記念物に指定されている（塔のうえにあるベンツのエンブレムは、1952年になってはじめてつけられたものである）。

また現在、中央駅では、従来の頭端式ホームをとりやめ、周辺地域との接続や地下鉄への乗り換えをより簡便にし、なおかつ環境にも優しい通過式のホームをつくる計画が進行中である。それは地下に設けられる予定だが、ボーナツらが設計した建物の大部分は保存される。この計画については、駅の塔内で解説されているので、興味のある方は立ち寄ってみてはいかがだろうか。

さらに、新しい駅の形態は、You Tubeで、“Fakten S21”と打ちこんで検索すると映像で確認できる（URLはwww.youtube.com/watch?v=J-vs_9txol4）。

図29　北側の入り口

以上で、筆者によるシュトゥットガルト案内は終了する。もちろん、この町に来たからには、メルセデス・ベンツ博物館やポルシェ博物館にいくのもいいだろう。しかし、自然と文化が融合した、不思議なクンストカンマーの所蔵品や、ヴィルヘルマ動物園の建物にも、ぜひ触れていただきたい。

かつてヴンダーカンマーやクンストカンマーは、自然物《ナトゥラリア》と人工物《アルティフィキアリア》の両方をそろえることで、「世界の縮図」を再現しようとした。これと同様に、シュトゥットガルトそれじたいも、この町がもつ自然との結びつきと、産業との結びつきの両方を満喫して、はじめてその魅力がわかるといっても、過言ではない。

（溝井裕一）

図30、31 「小出札ホール」と荘厳な雰囲気をたたえた内部

▼ギムナジウム

現在も、ギムナジウム（Gymnasium）は大学入学希望者のための中等教育機関として機能しているが、かつては、大学の準備教育を目的とした、社会的エリートのための子弟教育機関だった。女子禁制の寮暮らしをするエリート男子の高校生活の舞台で、日本では萩尾望都の古典的な少女マンガで知られているが、この全寮制の設定はイギリスのパブリック・スクールから援用されたものらしい。全寮制ギムナジウムはまれで、遠方から入学した子弟は下宿暮らしだったようである。

たとえば、ヘルマン・ヘッセの『デミアン』（1919）、エーリヒ・ケストナーの『飛ぶ教室』（1933）は、日本でも親しまれてきたギムナジウム小説といえよう。『飛ぶ教室』には、クリスマス休暇に帰省するための交通費を送れないという母親からの手紙を、主人公が悲嘆にくれて読むシーンがあるが、子弟たちに優れた教育とキャリアを身につけさせるために、無理をしている中流家庭のようすが読み取れる。

ちなみに、ドイツでは大学入試がないことは知られているが、それもそのはず、「高校卒業試験」と訳されるアビトゥーア（Abitur）とは、中等教育までの学習の総決算として、最終成績を平均値に還元する試験制度であって、この平均値というひとつの数字で入学できる大学や学部がすべて決定してしまうのだ。医学部や法学部へ入学したくても、アビトゥーアの数値が規定された以下であれば、門前払いされてしまう。それゆえに、大学入試がないのである。換言すると、アビトゥーアは大学入試もかねているのだから、ドイツの学生たちは高校卒業時に過酷な受験勉強をしているのである。

（森　貴史）

10. ランツフート
ヴィッテルスバッハ家と再現される驚異の部屋

トラウスニッツ城の蒐集品

ミュンヒェンからドイツ鉄道の快速に乗って45分ほどで古都ランツフートに到着する。現在、ランツフートの人口はおよそ6万5000人。バイエルン州ニーダーバイエルン行政区の政庁が置かれている。日本ではあまり知られていないが、この小さな町はかつてバイエルン公国の首都でもあった歴史を有する。

聖マルティン教会の尖塔とともに、この町のシンボルともいえるトラウスニッツ城は、ランツフートの町を見下ろす丘陵に建っている（図1、2）。この城の一部は現在、絵画、彫刻、工芸品、貨幣、狩猟道具、外国の工芸品、動植物や鉱物標本、化石、時計、天球儀

図1　聖マルティン教会とトラウスニッツ城

などをまとめて展示する博物館になっている。博物館の名は「クンスト・ウント・ヴンダーカンマー」(人工と驚異の部屋)、バイエルン国立博物館の分館である。「クンスト・ウント・ヴンダーカンマー」(単に「クンストカンマー」とか「ヴンダーカンマー」とも呼ばれる)とは、16—17世紀の王侯貴族らが蒐集品を並べた部屋《カンマー》である。トラウスニッツ城の博物館はクンストカンマーの蒐集品の展示を通して、16世紀のクンストカンマーとはどのようなものであったのかを展示する博物館なのである。

ヴィッテルスバッハ家の居城都市としてのランツフート

都市ランツフートの歴史は１２０４年に始まる。これより24年前の１１８０年に宮中伯オットー・フォン・ヴィッテルスバッハ(１１１７頃—83)が神聖ローマ皇帝フリードリヒ1世バルバロッサ(１１２２—90)よりバイエルンを封土として与えられたことと密接に結びついている。それまでバイエルン公であったハインリヒ獅子公(１１２９頃—95)が不服従の罪で失脚して領土を没収され、その後継のバイエルン公となったのがオットーであった。以来、ヴィッテルスバッハ家は公、選帝侯(１６２３年から)、王(１８０６年から)と

図2　トラウスニッツ城から眺めたランツフート旧市街

して1918年までのおよそ740年にわたり、バイエルンに君臨することになる（図3）。とはいえ、ヴィッテルスバッハ家のバイエルン支配は最初から順調だったわけではない。バイエルンの貴族たちはこの君主交代を自分たちの利益につなげようと臣従を拒否したため、新しいバイエルン公にとっては領内の掌握が急務であった。だが、オットーは1183年に亡くなったため、領内支配の確立は息子のルートヴィヒ1世（1173−1231）の仕事となった（なお、当時未成年だった息子のルートヴィヒがバイエルン公の継承を公式に承認されるのは1208年のことである）。

ヴィッテルスバッハ家のバイエルン支配を脅かす最大の存在は、バイエルンの古都レーゲンスブルクの司教だった。1203年、現在のランツフート近郊で戦闘が起こる。ルートヴィヒは、司教に関税収入をもたらしていたイーザル川の渡しを破壊することで交易のルートを変更させ、つぎの渡しに堅固な城とその城下に都市を築いた（図4）。敵対する司教の経済力を削ぎ、領内支配の確立を図るための要、それがランツフートの城と都市なのである。ランツフート（Landshut）という名前は「国（Land）の守り（Hut）」というこの城と都市に与えられた役割に由来している。

図3　地方会議所、1559年にヴィッテルスバッハ家の君主たちが描かれた。オットー1世から選帝侯マクシミリアン1世まで描かれている

1231年にランツフートを築いたルートヴィヒ1世が暗殺されると、跡を襲ったオットー2世（1206—53）はランツフートを居城都市とした。以来、ランツフートはバイエルン公国の首都となったわけである。オットーはライン宮中伯も兼任した。ところが、オットー2世の死にともない、残されたふたりの息子は国を分割する。兄のルートヴィヒ2世（1229—94）はライン宮中伯領とバイエルンの上部地域、つまりオーバーバイエルンを得てミュンヒェンを首都とし、弟のハインリヒ13世（1235—90）は下部地域、ニーダーバイエルンを手にして、ランツフートを首都とした。その後250年にわたって続くバイエルンの分割時代の始まりである。分割といっても、それぞれの地域における公爵の権利と義務、収入を分割したわけで、帝国の立場からすれば、形式的には与えた封土としてのバイエルンは変わらずひとつであった。

ニーダーバイエルンの首都として、ランツフートは都市を拡充していく。1338年の第4次拡大では、沼沢地だったところに市区フライウングを作り、免税特権（フライウングの「フライ」とは税金がかからないということ）を導入したり、年の市を設置したりして経済振興を図っている。その後、ニーダーバイエルンのハインリヒの系

図4　レント門、この門の前に高地から来た筏が着いた

統は4世代で途切れ、1340年にはオーバーバイエルンとふたたび統一される。このときのオーバーバイエルン公はルートヴィヒ4世（1282―1347）、神聖ローマ帝国皇帝であった。

もともとオーバーバイエルンは兄のルドルフ1世（1274―1319）が継いだが、ルートヴィヒは兄と争い、オーバーバイエルン公に、さらには神聖ローマ皇帝にまでのし上がったのである。ちなみに、甥たちはライン宮中伯を継ぐことで1329年に妥協し、プファルツ系ヴィッテルスバッハ家となる。皮肉なことに、18世紀にバイエルン系は断絶し、ヴィッテルスバッハ家はプファルツ系に統一され、バイエルン国王を輩出する王家となった。

ルートヴィヒ4世の時代に話を戻そう。バイエルンの統一は長くは続かない。息子たちの代になると、ふたたび分割が起こる。

1392年から1503年までランツフートを中心とするニーダーバイエルンを支配した3人のバイエルン＝ランツフート公は「富裕公」と呼ばれ、かれらの統治時代はランツフートの栄華の頂点であった。当時、ニーダーバイエルンの農業がもたらす収益は大きく、ニーダーバイエルンの国庫収入は、ミュンヒェンを首都とするオーバーバイエルンの倍以上であった。富裕公たちの治世下、ト

図5　トラウスニッツ城のヴィッテルスバッハ塔

ラウスニッツ城は大規模に整備され、今日のような後期ゴシック建築の外観になった（図5、6）。国の豊かさを表すエピソードとして欠かせないのは、ランツフートの婚礼だ。1475年のゲオルク（1455―1503）とポーランド王女ヘドヴィヒ（1457―1502）との婚礼はことのほか豪勢だったため、中世末期最大の祝祭のひとつとされている。ヨーロッパの高位の貴族がほぼすべてランツフートを訪れたといわれる。

1903年に婚礼の行列が再現されてから、以後4年ごとにランツフートの婚礼は盛大に開催されている。行列だけでなく、馬上槍試合など中世の祝祭イベントも開催され、多くの観光客を惹きつけている。なお、ゲオルクは1493年にバイエルン＝ランツフートでビール純粋令を発布している。これをもとにバイエルン全体に拡大したものが、1516年の有名なビール純粋令で、これは、現在のドイツビールの高品質を保証する基本的な法令として知られている。

ランツフートとルネサンス文化

1503年にランツフート系の男系が途絶すると、後継に定められていた女婿でプファルツ系のループレヒト（1481―1504）

図6　城の防壁、外壁と内壁のあいだの道の奥にはフンガー塔がみえる

とバイエルン＝ミュンヒェン公アルブレヒト4世（1447―1508）とが対立し、ランツフート継承戦争が勃発した。1505年に皇帝マクシミリアン1世（1459―1519）の仲介で和睦がなると、バイエルンはミュンヒェン系で統一されることになった。これによりランツフートの首都としての歴史は終わる。

そして、1506年にはバイエルンの分割を避けるために、長子相続が定められた。だが、政治権力を欲したルートヴィヒ（10世、1495―1545）は、長子相続の勅令が自分の誕生以後のものであり、自分には適用されないと主張し、兄のヴィルヘルム4世（1493―1550）にランツフートとシュトラウビングの財務管理局の統治を委譲するように要求し、共同統治者になった。1516年に統治についたルートヴィヒはランツフートを自分の居城に定めた。ルートヴィヒは旧市街にレジデンツ（居城）を建てるのだが、1536年の着工前にかれ自身はイタリアに旅立っていた（図7）。この旅行でルートヴィヒが受けたイタリア・ルネサンスの強い印象がランツフートに持ち込まれた。すでに着工していた旧市街のレジデンツはドイツ建築であったが、中庭をはさんだ奥に、マントヴァのテ宮殿の建築家を招聘して、ルネサンス様式の棟を建てさせたのである。

図7　ランツフートの旧市街、左の建物がレジデンツ

ルートヴィヒ10世の死後、ランツフートには甥のアルブレヒト（5世、1528—79）、その息子のヴィルヘルム（5世、1548—1626）が世子として住むことになる。

　ランツフートで世子時代を過ごしたふたりのバイエルン公は、ともにクンストカンマーと呼ばれる蒐集室を所有していた。かれらの生きた時代はもちろんだが、イタリア・ルネサンスの影響を大きく受けた叔父ないしは大叔父にあたるルートヴィヒ10世のレジデンツが身近にあったことも、蒐集欲を喚起したのかもしれない。

　父であるアルブレヒト5世はミュンヒェンの宮廷にクンストカンマーを作らせている。1565年のことである。君主の厩舎と呼ばれた建物の2階と3階部分がクンストカンマーにあてがわれた。この建物は現在では旧造幣局《アルテ・ミュンツェ》と呼ばれ、バイエルン州文化財保護局の事務所が置かれている（図8）。設置当初の蒐集についての詳細は不明であるが、1598年の収蔵品目録が残されている。それによれば3400点以上に及ぶ膨大な蒐集品があったという。

　一方、息子のヴィルヘルム（5世）は世子時代にランツフートにクンストカンマーを設置したことが知られている。大叔父がランツフートに残したルネサンス文化や父親のクンストカンマーの影響だ

図8　旧造幣局（アルテ・ミュンツェ）

けでなく、かれを取り巻く国際的な宮廷文化（妃レナータはポーランド、フランス、イタリアの廷臣を取り巻きに引き連れてきたという）や、母方の叔父でチロルの大公フェルディナント2世（1529—95）との交流もヴィルヘルムの蒐集に影響を及ぼしているだろう。アンブラス城のヴンダーカンマーで有名なフェルディナント2世とは蒐集の情報を交換する関係であり、大公はランツフートをしばしば訪れているし、ヴィルヘルムもまた何度かインスブルックへ旅行している。ヴィルヘルムは蒐集のために浪費を重ねた。世子の立場で自由になる資金は限られていただろうが、かれには借金のあてがあった。蒐集品の買いつけで主要な役割を果たしたフッガー家である。フッガー家はいわば将来のバイエルン公の立場を担保にしたわけである。

　ヴィルヘルムのイタリアへの愛着は城の改築にも表れている。中庭から城を見渡してみよう。城の2、3階には中庭から上がる階段のついた回廊が設けられ、ルネサンス様式の外観を呈している（図9）。そのほか、ヴィルヘルムの時代には、多くの部屋がルネサンス様式に改装され、1575年には旧本館の外側に「イタリア風増築部分」が増築された（図10）。この増築部分の内部には「道化の階段《ナレントレッペ》」と呼ばれる階段があって、16世紀イタリアの仮面劇

図9　トラウスニッツ城の中庭、君主館（フュルステンバウ、左）から大広間のある建物の2、3階に回廊が設けられている

コメディア・デラルテの場面が壁面に描かれており、見学ツアーでの鑑賞が可能である。

ヴィルヘルムは借金を重ねたうえでのぜいたくな宮廷生活を送っていたわけだが、1575年に熱病にかかったことをきっかけに悔悟し、一転して敬虔になった。79年には父アルブレヒト5世の跡を襲いバイエルン公となり、ランツフートを離れる。このときかれの蒐集はミュンヒェンに送られたのだが、その分量は72箱にもおよんだという。したがって、1598年時点でのミュンヒェンのクンストカンマーにはヴィルヘルムの蒐集品も多く含まれていたものと思われる。

ヴィルヘルム5世がバイエルン公となって以降、ランツフートはヴィッテルスバッハ家の居城となることはなかった。その後、領主は不在でもトラウスニッツ城は歴史の大きな波に飲まれることになる。ドイツを荒廃させた30年戦争（1618―48）である。1630年のスウェーデンの介入は、トラウスニッツ城にも影響を与えずにはおかなかった。というのも、スウェーデン軍はバイエルンにも進軍してきたからだ。1632年にスウェーデン軍が駐留した結果、城の施設の多くが破壊される結果となった。

30年戦争で皇帝側についたバイエルン公マクシミリアン1世（1

図10　トラウスニッツ城、中央の建物の外に張り出した部分が「イタリア風増築部分」である

573―1651）は選帝侯位を与えられた。その後、バイエルンのヴィッテルスバッハ家がマクシミリアン3世ヨーゼフ（1727―77）をもって断絶すると、1777年にプファルツ系のカール・テオドール（1724―99）がバイエルン選帝侯となり、バイエルン系とプファルツ系とが統合する。カール・テオドールにも後継者がいなかったため、選帝侯位は遠縁のマクシミリアン・ヨーゼフ（1756―1825）のもとへと転がり込む。かれはナポレオン戦争でフランス側について領地を増やし、1806年にバイエルンは王国に昇格、マクシミリアン・ヨーゼフは国王マクシミリアン1世となるのである。

その後のバイエルン王のなかに、ランツフートのトラウスニッツ城に注目した王が出現した。ルートヴィヒ2世（1845―86）である。中世の騎士の世界に憧れノイシュヴァンシュタイン城を築いたバイエルン王は、トラウスニッツ城の外観に残る中世的なイメージに魅了されたのかもしれない。かれは1870年にトラウスニッツ城の君主館《フュルステンバウ》の3階部分に8部屋の居室をしつらえさせたが、結局、ここを使うことはなかった。

ルートヴィヒの治世下、バイエルン王国は1871年にプロイセン主導のドイツ帝国に参入した。そして、1918年の革命でルートヴィヒ3世（1845―1921）が退位し、ヴィッテルスバッハ家のバイエルン支配も終焉を迎える。トラウスニッツ城もヴィッテルスバッハ家の所有を離れたのだった。

トラウスニッツ城のクンスト・ウント・ヴンダーカンマー

残念ながら、アルブレヒト5世によるミュンヒェンのクンストカンマーもヴィルヘルム5世によるランツフートのクンストカンマーも残っていない。現在のトラウスニッツ城にあるクンスト・ウント・ヴンダーカンマーは、トラウスニッツ城の婦人棟《ダーメンシュトック》（1階には台所が置かれていた）の全面改装にあわせて、バイエルン国立博物館が２００４年9月に開設した分館である（図11）。

展示物は国立博物館の収蔵品のほか、ほかから貸与されたもので構成されている。また、展示品のなかにはアイベックスの角のように20世紀の標本も含まれている。しかし、この博物館にはルネサンスの時代のクンストカンマーに蒐集されたであろう珍品が展示されており、実在はしなかったが、蒐集物の選択という点ではどこにでも存在しえたクンストカンマーだともいえる。いわばクンスト・ウント・ヴンダーカンマーの概念に具体的なイメージを付与したのがトラウスニッツ城の博物館なのである。ここでルネサンス時代の王侯貴族がどんなものに蒐集の価値を見出していたのかを知ることができるだろう。

トラウスニッツ城のクンスト・ウント・ヴンダーカンマーでは婦人棟2階および3階の4部屋に「人工物《アルティフィキアリア》」、「自然物《ナトゥラリア》」、「異国のモノ《エクソティカ》」、「学問に関するモノ《スキエンティフィカ》」を割り当て、ルネサンスの王侯貴族のクンストカ

図11　婦人棟（ダーメンシュトック）と城門、左の3階建ての建物が婦人棟。1階が城内ツアーおよび博物館の受付。2、3階が博物館になっている

ンマーに典型的な蒐集品を展示している。表におおよその展示内容をまとめておいたので参照されたい（表1）。ただし、この分類じたいは16世紀の蒐集に一般的に用いられていたわけではない。「人工物」や「自然物」といった専門用語は当時のカンマーからは読み取れないし、ハプスブルク家の神聖ローマ皇帝ルドルフ2世のクンストカンマーをのぞけば、蒐集目録の記載にもめずらしいといわれる。蒐集品を4つの部屋に分類しているトラウスニッツ城の博物館は、その点、後世の視点で整理しすぎた感があるかもしれない。

人工物（Artificialia）

トラウスニッツ城の婦人棟に城内の見学とクンスト・ウント・ヴンダーカンマーの受付がある。城内の見学はガイドつき（ドイツ語）となっていて、入場券は博物館と共通である。ミュージアム・ショップを兼ねた受付の奥の扉を入り、2階に上がると博物館の入口がある。最初に足を踏み入れた部屋が「人工物《アルティフィキアリア》」の展示スペースだ。ここにはさまざまな美術品・工芸品が集められている。さまざまな素材を人間の巧みの技によって加工したモノがこの部屋の主な蒐集品となっている。

表1　トラウスニッツ城クンスト・ウント・ヴンダーカンマーの展示内容

展示室	テーマ	展示内容
I	Artificialia 人工物	工芸品、小型彫刻、貨幣・メダル、金銀細工、琥珀、細密彫刻、狩猟道具
II	Naturalia 自然物	博物標本（動植物、鉱物、空想上のものも含む）
III	Exotica 異国のモノ	中国の磁器、漆細工、象牙細工、トルコの工芸品、ろくろ細工
IV	Scientifica 学問に関するモノ	機械時計、天体測定器、測量用具、道具類

部屋の中心には大きな展示ケースが3台設置されている。手前のケースにはおもに北イタリアの小型のブロンズ像が置かれているのだが、こうしたブロンズ像の蒐集はアルプス以北へのイタリア・ルネサンス受容につながる重要な一歩になったという。つぎのケースには貝殻やウニに混じって、ネプチューン像が展示されている。加工されずにそのまま置かれた貝殻もあるが、象牙細工の台が取り付けられたオウムガイの酒杯や、銀の台やふたをつけて彫刻を施した器もある。いずれも豪華なものであるが、貝殻じたいの美しさは自然の驚異であり、いわば神の創造の驚異ということになる。しかし、そうした自然の美に人間の手で装飾が施されることで、新しい美が産み落とされる。自然に人工の驚異がくわわってこそ「人工物《アルテフィキアリア》」に相応しい蒐集品となるわけだ。

さらに、一番奥のケースは「狩猟の場面および狩猟道具」がテーマになっている（図12）。狩猟は領主の楽しみのひとつであり、贅沢な装飾をしつらえた狩猟道具も同様に、クンストカンマーの蒐集品である。図左の箱は石弓の太矢を容れる箱であるが、象牙細工を施したぜいたくな装飾となっている。象牙や螺鈿の火薬筒などが並置されているほか、同じケースには鹿に乗るディアナが展示されている。ディアナはローマ神話の狩猟の女神だが、このディアナ像は単なる飾りではない。これは宴会を盛り上げるための道具なのだ。台座にからくりがしかけられていて、像が可動するようになっている。そして、この像が止まったとき、その前にいた客は鹿の頭をはずして、なみなみと注がれたワインを飲み干さなくてはならない。つまり、一気飲みの罰ゲームを決める宴会グッズなのだ。

壁面の展示ケースにもさまざまな自然素材を巧みの技で加工した逸品が並ぶ。雪花石膏《アラバスター》や蛇紋石を用いた食器、さらには琥珀の細工物もある。琥珀はじっさいには樹脂の化石であるが、ルネサンスの時代には石でありながら水に浮き、燃えて芳香を放つ不思議な素材であり、自然の驚異とみなされていたのである。

さまざまな肖像が蒐集されていることも見逃せない。クンストカンマーに不可欠なローマ皇帝の肖像入り貨幣は、時代順に並べれば歴史絵巻となる。もちろん貨幣だけではなく、カメオやメダル、肌の質感を表現するために蠟を使用した細密画もある。壁面にはヴィッテルスバッハ家の人物たちの肖像画が飾られている。こうした肖像を配置することで、クンストカンマーという空間のなかに写しとられた世界の統治者としてのヴィッテルスバッハ家がイメージされることになる。

2番目の部屋に移動するまえに、「人工物」として違和感を覚えたものに言及しておこう。それは窓際の壁面に飾られた鹿の頭のオブジェである。注目したいのは角だ。ここで飾られている鹿の角は奇形ばかりなのである。ミュンヒェンのクンストカンマーにも奇形の蒐集品がリストアップされているのだが、奇形もまた自然の驚異として珍重されたようだ。とはいえ、なぜ「人工物」に分類されているのだろうか。狩猟のモティーフということなのか、それとも鹿の頭のオブジェが模造品だからだろうか。

図12 「人工物」の展示、狩猟の場面と狩猟道具。右側の収納箱の上に載せられた金の像が鹿に乗るディアナ。台座に仕掛けが隠されている。© Bayerisches Nationalmuseum, München

自然物（Naturalia）

2番目の展示室は「自然物《ナトゥラリア》」をテーマにしている。部屋に入ってまず目に付くのが、天井から吊り下がっているクロコダイルである（図13）。図には写っていないが、カメの甲羅も天井から吊るされている。なるほどクンストカンマーに招かれた客たちにとっては、異国の、それも大きな動物は珍奇なものだったのであろう。16世紀といえば、前世紀に大航海時代がはじまり、ヨーロッパにとって世界が格段に拡大した時代である。それは未知の人間の営み＝文化との接触というだけではなく、自然物の多様性もいっそう認知される機会となった。

クロコダイル、カバの頭骨、ウミガメ、それに巨大な海洋生物であるクジラの骨はまさに自然の驚異だ。もちろん、動物の標本を揃えるのには困難をともなう。輸送手段も情報も現代と比較するとかなり限定されていた時代にあっては、異国の動物の買いつけには相当のコストがかかったであろう。くわえて、動物の標本をそろえるためには展示スペースの問題もある。それゆえ、野生動物は絵画の形で蒐集されることも少なくなかったのである。

だが、動物はクンストカンマーに蒐集されただけではなかった。バイエルン公ヴィルヘルム5世がまだ世子としてランツフートに居住していた時代、トラウスニッツ城には小動物園も作られており、動物の種類ごとに飼育係がいたのである。1569年にはミラノから送られてきた猿が、シチリア島からきたオナガザルとともに城内の「サル舎」で飼育され、77年には空堀に鳥小屋が設けられていたという。別の場所では環状壁が猛獣飼育施設に転用され、ライオン舎になっていたらしい。じっさい

図13 「自然物」の展示、天井からナイルワニが吊り下げられている。© Bayerisches Nationalmuseum, München

に購入が実現したのかは不明であるが、ヴィルヘルムはラクダやダチョウ、地中海の羊や珍しい犬などを買い求めようとした。フィレンツェの大公がトラやヒョウを贈ったという記録もあるようだ。また、魚などの海洋生物のために水槽も用意された。

動物だけではない。自然物として蒐集されたものには、植物や鉱物標本も含まれる。たとえばヴィルヘルムはコンスタンティノープルのチューリップの球根を熱心に求めたという。クンスト・ウント・ヴンダーカンマーには自国のモノにくわえて異国の珍奇な動植物や鉱物が展示されていたのだ。

「自然物」は自然の驚異を体現したモノであって、それはまた神の創造の神秘でもある。動植物や鉱物の多様性だけでなく、生物が石になった化石は当時の人びとには説明のつかない自然の驚異だったし、鹿の角が生えた木の幹も同様である。これは、死んだ鹿の頭蓋から木が成長して骨を隠してできたものだが、種明かしをされても絶妙な偶然に驚きを禁じえないだろう。

当然ながら、蒐集品のなかには、現代の視点からはかなりいかがわしいものも含まれている。想像上の生物までもが蒐集されているのだ。たとえば、ユニコーンの角は解毒作用や催淫作用のある秘薬とされていた。しかし存在しないはずの生物の角が蒐集品に含まれていることじたいが怪しいのであって、じっさいにはクジラ目のイッカクの牙なのである。こうした完全な偽物ではなくとも、空想と結びついた蒐集品もある。トラウスニッツ城の博物館にはダチョウの卵が展示されているが、ダチョウは抱卵せずに日光の力だけで孵化すると信じられていたことから、キリスト教では復活のイメージや処女懐胎と結びつけられていた。それどころか、ダチョウの卵は古代ギリシアの想像上の怪物グリュプスの卵ともみなされていたという。グリュプスはライオンの胴体に鷲の頭と翼を持つとされ、百獣の王と空の王者とが融合した怪物である。
さらに、実在の植物に伝説的な性質が結合した例として、マンドレイク（マンドラゴラ、ドイツ語ではアルラウネ）がある（図14）。これはJ・K・ローリングの『ハリー・ポッター』の魔法学校での実習にも登場した薬草であるが（ただし有毒）、媚薬やさまざまな魔法の薬に使われたという。また、根の標本の後ろに添えられた絵にも描かれているが、人の姿を連想させる根の形状から地の霊とみなされ、不思議な力が宿っているとされた。時代は下るがグリムの『ドイツ伝説集』にもマンドレイクの伝説が収録されている（邦訳上巻「84 アルラウネ（曼荼羅華）」）。それによると、マンドレイクは「絞首台の小人（ガルゲンメンライン）」と呼ばれ、童貞の若者が絞首刑になったときに漏らした小水ないしは精液が落ちた地面から生じるとされ、さらに採取方法や取り扱い方法が記述されている。きちんと扱われたマンドレイクには素晴らしい性質がやどる。

さてこうしておいてアルラウネに色々と聞くと、未来のこと、秘密のことを教えてくれるので人は富や栄えを手にすることができるのである。アルラウネを手に入れた者はその時から無敵

図14　植物の展示、手前左からヒシ、旅行用薬箱、ライオン型の箱。背後には人に似た形をしたマンドレイク、キノコ、ヤシの実、トウモロコシの絵が展示されている。© Bayerisches Nationalmuseum, München

であり、貧乏からまぬかれ、子供がいない場合には子宝に恵まれる。

（桜沢正勝・鍛治哲郎訳）

実際には正しく取り扱ってもマンドレイクは何も語ってくれなかっただろうが、実在しない「ユニコーンの角」や「グリュプスの卵」、「絞首台の小人」を蒐集に加えた王侯たちは「偽物」を手にして、何を思ったことだろう。偽物と百も承知で客人をかついで歓喜していたのだろうか。それとも、その霊力が自分の権力保持に寄与すると素朴に信じていたのだろうか。ヴンダーカンマーに蒐集された「自然物」は、現実の自然が提供する驚異から人間の想像力のなかの自然の驚異まで包含していたのである。

異国のモノ（Exotica）

残り2つの展示室は階を上がった3階にある。3つ目の展示室のテーマは「異国のモノ《エクソティカ》」である。ここには最初の展示室「人工物《アルティフィキアリア》」とおなじく、さまざまな工芸品が蒐集されているが、「人工物」の展示品との大きなちがいは、非ヨーロッパ文化圏の工芸品が中心となっていることである。この部屋も「人工物」同様、部屋の中央に

図15 「異国のモノ」の展示。©Bayerisches Nationalmuseum, München

大きなガラスケースの展示が3台あり、さらに壁面や小さな台が展示に供されている（図15）。

クンストカンマーの所有者たちは、いったい外国のどのようなものに好奇心を喚起されたのだろうか。「自然物《ナトゥラリア》」のところでも述べたが、16世紀はヨーロッパ人にとっての世界がかつてないほどに拡張した時代であった。クンストカンマーの蒐集品からも、それがうかがえる。トラウスニッツ城の博物館の展示品を眺めてみると、アジアの工芸品が多いことに気づかされる。ヨーロッパ世界と対立していたトルコからインド、中国や日本といった東アジアの地域まで網羅しているのだ。

まずは東アジアの工芸品に着目してみよう。部屋の一番手前に設置されたガラスケースには、白地に染つけをした陶器が展示されている（図16）。展示品目録によれば、17世紀中国の取っ手つきのポットと皿である。現在では、白磁や青花白磁のような染つけはもはや新奇なものではないが、16、17世紀のヨーロッパでは中国の白磁は模倣不可能な逸品であった。ザクセン選帝侯の肝いりで、ドイツのマイセンで白磁の製造に成功したのは、18世紀に入ってからの1708年であり、その製法は秘密にされた。今日では高級磁器のマイ

図16　中国の陶磁器と日本（?）の漆器。
©Bayerisches Nationalmuseum, München

センも当初は伊万里焼や中国の陶磁器の模倣にすぎなかったのである。ミュンヒェンやランツフートにクンストカンマーがつくられた16世紀には、ポルトガルの交易によって中国の磁器がヨーロッパ宮廷にもたらされた。白磁は奢侈品として王侯貴族同士の恰好の贈りものだったのだろう、1590年には、スペイン王女からヴィルヘルム5世に100個以上の陶磁器が贈られたという。

東アジアの珍品は磁器だけではない。青花白磁と同じ展示ケースには、中国産の象牙の仏塔や南ドイツの象牙の燭台のあいだに、塗り物の茶碗が顔をのぞかせている。目録では日本のものとされているのだが、文様などに違和感を覚える。ほかにも疑問が付されてはいるが、日本産とされるものとして小型の長持ちが展示されている。これは漆塗りの箱に螺鈿細工が施されたものである。螺鈿とは真珠層（貝殻の内側の真珠色に輝く部分）を薄く切って漆器に貼りつけたり、象嵌《ぞうがん》したりしたものである。また、この漆の箱の角などに細工された金細工の飾り金具はヨーロッパで取りつけられたものだという。また箱の蓋が平らではなくアーチ形になっていることにも違和感を覚えたのだが、図録の解説では輸出用に作られたものらしい。16世紀の半ば以降にはいわゆる南蛮貿易がおこなわれていたし、フランシスコ・ザビエル（1506―52）をはじめイエズス会宣教師が日本で布教活動をしており、かれらを経由して日本の工芸品もまたヨーロッパにもたらされたのである。

貝殻の真珠層を用いた細工ではインド産、とりわけ西海岸のグジャラート産の手工芸品が展示されている。16世紀の人びとは真珠のような輝きの美しさに魅了されたのであろう。真珠層で装飾された箱やテーブル、チェスなどがヨーロッパに輸入された。南アジアの工芸品では象牙細工も好まれた。

それではヨーロッパと地理的にも近く、関係の深い近東はどうか。16世紀前半にはオスマン帝国が、ハンガリーの大部分を版図にくわえたり、ハプスブルクの首都ウィーンにまで兵を進めた結果、脅威となっていた。しかし、トルコの工芸品や武器の評価は高く、蒐集品の数はミュンヒェンのクンストカンマーにおいても東アジアについで、2番目に多かった。

最後にヨーロッパのモノにも言及しておきたい。シチリア島のトラパーニのサンゴ、マジョリカ焼き、ベネチアングラスなどが展示されているが、これらは「人工物」をテーマにした第1展示室に置かれるはずのものである。じっさい、第1展示室にもマジョリカ焼きは置かれている。蒐集の分類テーマはかならずしも厳密に区別できるものではないのだ。なお、サンゴ細工はミュンヒェンのクンストカンマーにも多数置かれていたという。

学問に関するモノ(Scientifica)

最後の部屋には、学問に関連した道具類や時計などが展示されている。写真は展示室の様子である(図17)。この反対側からケースをのぞくと、さまざまな道具類や頭蓋骨の模型、天球儀などがある。のこぎりやハンマー、はさみといった道具もまたクンストカンマーの蒐集品なのである。頭骨の模型は図では後ろ向きでわかりにくい

図17 「学問に関するモノ」の展示 © Bayerisches Nationalmuseum, München

かもしれないが、大小2つ、大きいほうはブロンズ、小さいほうは象牙である。

なお、別の棚には教育用の解剖模型も展示されており、医学に関連した蒐集ということになる。天球儀はもちろん天文学、図のほぼ中央にある螺旋階段の模型は建築術に関連した蒐集であり、多様な学問と蒐集とが結びつけられている。写真の螺旋階段の右側にある台つきの多面体は日時計である。さらにその右側、頭骨の模型の手前にはアストロラーブと呼ばれるイスラム圏で発達した天体の高度を観測する装置がある。これは13世紀にヨーロッパ世界に伝えられたもので、16世紀には航海に欠かせないものとなっていた。

写真左側のオウムの模型は1600年ごろ制作された機械時計である。機械時計といっても、振り子時計はホイヘンス（1629—95）による完成（1656）を待たねばならず、この頃の機械時計は精確さに欠けるものであった。むしろ時計を動かす機械じかけがクンストカンマーの珍品そのものである。このオウムの時計はオウムを動かすからくりに面白みがある。博物館では動かしてみることができないため、図録の解説を読んでみよう。

鳥のかぎづめを通って導管が走っており、それを通して時計が時を告げる際に、台座に取り付けられたふいごを作動させるからくりが動作する。それによってオウムが正時に鳴き、驚くような仕方でくちばしと羽が動き、眼をぎょろぎょろとさせる。最後に玉いれからはねぶたを通して尾羽の下に玉が落ちてくる。

（図録『クンスト・ウント・ヴンダーカンマー　トラウスニッツ城』）

こうしたからくり時計を含め、トラウスニッツ城のクンストカンマーでは、とくにこだわりをもって時計が蒐集されている。小型化された時計が富裕層の邸宅に普及するのは16世紀になってからということなので、時計じたいがまだまだ高価で珍しいものだった時代だ。だが、クンストカンマーに時計が蒐集された理由はそれだけではない。展示品目録の時計に関する説明には、「時計と世界像」という見出しが立てられ、以下のような解説が付されている。

時の正確な測定は、天文学や物理学、地図学の絶対的な前提条件だった。［中略］君主のコレクションに含まれていた、選り抜きの装飾が施された多様な形状の時計は、同時に完璧で、うまく作動している機械じかけの象徴である。それはつまり、神によって創造され、君主たちによって導かれている国家という理想に対応するようなものである。この意味で多くの哲学者たちが世界を神の時計じかけと記述しているのである。（展示品目録『クンスト・ウント・ヴンダーカンマー一巡』）

ここでは科学の発展には時計という計測器具の発展が不可欠だったということとともに、クンストカンマーの世界像が言及されている。それは、宇宙と人間との照応関係を表すマクロコスモスとミクロコスモスの照応という考え方が、世界と蒐集品（ここでは時計）のひとつひとつとの関係にまで徹底されているということだ。そして、蒐集品がクンストカンマーに加わることで、蒐集品の照応関係を経由して、神によって創造された世界が、クンストカンマーの所有者と関係づけられるのである。

だが、世界を時計にたとえ、機械じかけとみなす世界像では、神の持続的な関与が不要となり、ひいては神じたいの不在を招来しかねない。クンスト・ウント・ヴンダーカンマーが神の創造の妙を自然物やその人間の手による加工を通じて再現しようとしているにもかかわらず、同時に神なくしても進行する世界という考えを内包しているのだとすれば、クンストカンマーじたいが「部屋《カンマー》のなか」で再現されるべき世界を否定する契機をはらんでいるともいえよう。

蒐集品の分類――クヴィッヒェベルクの提言

トラウスニッツ城に「クンスト・ウント・ヴンダーカンマー」を再現するにあたり、企画立案者たちが念頭に置いたのは、バイエルン公アルブレヒト5世がミュンヒェンに設置したクンストカンマーであろう。3400点以上の蒐集品が記録されているクンストカンマーをそのまま再現することは、空間や展示品の確保という点でも実現できないだろう。それゆえ、トラウスニッツ城のクンストカンマーは、ミュンヒェンのそれのエッセンスを具現化しようとしたのではないか。そのさい、キーとなる人物がザムエル・クヴィッヒェベルク（1529―67）である。

アルブレヒト5世の蒐集にはアントワープ出身の医師であり書誌学者であったクヴィッヒェベルクの関与が大きい。クヴィッヒェベルクはクンスト・ウント・ヴンダーカンマーの収蔵品の構成、展示空間や付属施設などについて述べた、史上初の博物館のための理論書『銘文あるいはもっとも豊かな劇場の標題』（1565）を残している。

まずはクヴィッヒェベルクの略歴について、『新ドイツ人名事典』の記述をもとに簡単に紹介しておこう。クヴィッヒェベルクは1529年にアントワープの商人の家に生まれ、1539年に信仰上の理由で移住した父とニュルンベルクへ移っている。バーゼルおよびインゴルシュタットの大学で学んだ。インゴルシュタットではヤーコプ・フッガー（1542―98）の家庭教師となって、アウグスブルクの豪商フッガー家と関係が生まれる。1555年にはアントン・フッガーの侍医となり、その後ヨーハン・ヤーコプ・フッガー（1516―75）の図書室および蒐集を一任された結果、ヨーハン・ヤーコプとバイエルン公アルブレヒト5世との関係から、バイエルン宮廷での活動の比重が高まった。1563年にはイタリアの有名なコレクションを見学し、バイエルン公のクンストカンマーのための新しい蒐集品を入手。1567年死去。なお、アルブレヒト5世の侍医と紹介されることもあるが、同事典の記事では明確な証拠はないという。

クヴィッヒェベルクの博物館理論では、クンストカンマーの蒐集品は大きく5つのクラスに分けられ、さらに各クラスが10―11の銘に分けられる。5つのクラスの大まかな内容は表に示した（表2）。表にあるように、クヴィッヒェベルクは第1クラスでキリスト教の救済史から、劇場の創設者（これはクンストカンマーの設置者のこと）に言及し、さらには歴史上の出来事、動物の模写、模型までを包括している。キリスト教の救済史と世界史・現代史上の戦闘は聖と俗の歴史を表し、クンストカンマーの創設者＝バイエルン公が世俗の世

表2 クヴィッヒェベルクによる蒐集品の分類

クラス	内容
第1	救済史（キリスト教絵画、彫刻）、劇場創設者の家系・領土・権威の称揚（系統図、肖像画、地図、都市図）、戦争や祝典などの出来事を描いた絵画、貴重な動物の絵画、建築物・機械類の模型
第2	人工物（工芸品、貨幣）
第3	自然物の標本（動物、植物、鉱物）、天然素材
第4	技術・器具・風俗（楽器、計測器具――天文・時計、道具、武具、衣裳）
第5	絵画、各地の王侯貴族の家系図・紋章、タペストリー・カーペット、劇場内に掲示される箴言や格言、収納家具

界を代表するということであろうか。そして、動物は第3クラス、模型は第4クラスで扱われる技術と結びつけられることから、第1クラスはクンストカンマーの全体像を提示している。そして、クンストカンマーによって表現された世界がその所有者と結びつけられて、神の創造した宇宙全体＝マクロコスモスと対応するミクロコスモスであることを表明しているのである。トラウスニッツ城の博物館でもヴィッテルスバッハ家の肖像画を展示することで、クンストカンマーと所有者との関連づけがなされていた。

興味深いのは、外国のモノが独立したクラスにはなっておらず、第2クラスの第5の銘「外国産の容器」や第4クラスの第9の銘「外国の種族の武器、および珍しく、またとても有用な武器」、第4クラス第10の銘「外国の着物、たとえばインド、アラビア、トルコの珍しい着物」といった下位分類に、クラスを越えて列挙されていることである（標題の日本語訳は桑原聡論文による）。

なお、クヴィッヒェベルクは『銘文』のなかで、蒐集品だけではなく、「劇場」と呼ばれるクンストカンマーの建物そのものや、必要な付属施設についても述べている。建物は「円形劇場」と呼ばれ、楕円形で中庭を持つ。付属施設としては、独立した図書室、印刷所、ろくろ工房、鋳物工房、貨幣鋳造工房、実験室があるべきだとする。ここでろくろ工房が含まれていることに注目しておきたい。おそらく、象牙のろくろ細工が王侯の子弟の教育の一環だったことと関係しているのだろう。象牙をろくろで細工するためには、完成品を想定して、そこに至るプロセスを見通す力が必要なうえ、なんといっても忍耐の必要な作業でもある。こうした作業を経験して獲得される能力こそ、帝王学に通じるものでもあったのだ。

『銘文』は理想のクンストカンマーの提言であり、クヴィッヒェベルクが直接関与したミュンヒェンのクンストカンマーも『銘文』を実現していたとはいえない。1598年にヨーハン・バプティスト・フィックラーによって編纂された蒐集品目録から、ミュンヒェンのクンストカンマーは再構成されているが、クヴィッヒェベルクのクラス分類に即した配置とはなっていないし、第2クラスの工芸品の割合が大きく、第3クラスの自然物が少ないように感じられる。だが、これは「劇場主」であるアルブレヒト5世の蒐集の傾向によるところも大きいと思われる。

ヴィッテルスバッハの蒐集品のゆくえ

16世紀にはアルプス以北で最も重要な蒐集という評価を得ていたヴィッテルスバッハ家のクンストカンマーはどうなってしまったのだろう。ミュンヒェンのクンストカンマーは設置から半世紀で潰えてしまった。ヴィルヘルム5世の跡を襲ったマクシミリアン1世は、クンストカンマーの蒐集品のなかでも貴重なものを、私室に隣接した「室内ギャラリー」に移している。クンストカンマーも王侯貴族や学者・芸術家など一部の人間にしか開示されなかったにしても、アルブレヒト5世のクンストカンマーのコンセプト作りに携わったクヴィッヒェベルクは「劇場」という名称を与え、「見せる」ことを前提としていた。しかし、マクシミリアンの室内ギャラリーは私的性格を強めている。さらに30年戦争でミュンヒェンがスウェーデン軍に占領されると、宮殿もクンストカンマーも破壊されてしまい、蒐集品は略奪され、スウェーデンやその指揮下に入ったドイツのプロテスタント諸侯の領地へと運ばれていった。略奪する価値もないとみなされたものは破壊されてしまった。

その後、ヴィッテルスバッハ家がクンストカンマーを再興することはなかった。17世紀を生きたバイエルン選帝侯マクシミリアンとその後継者たちにはもはや16世紀のルネサンスの世界観には魅力を感じなかったのであろう。残された蒐集品、新たに購入されたヴィッテルスバッハ家の宝は、今日、専門分化された博物館に分類されて、われわれの好奇心に語りかけてくれる。だが、〈分類〉というメスを入れられた収蔵品からは、総体としての世界は感じられない。トラウスニッツのクンスト・ウント・ヴンダーカンマーはそれでも、16世紀の王侯たちが感じていた世界をほんのわずかだが感じさせてくれる。そして、ランツフートの町じたいが16世紀ルネサンスの世界へ、あるいは富裕公たちの中世末期の世界へといざなってくれるのである。

（北原　博）

あとがき

日本旅行業協会の２０１３年度の統計によると、日本人の海外旅行先では、ドイツはベスト10にランクしており、ヨーロッパではフランスを押さえて、第1位であった。近隣のアジア諸国の人気が高いのは当然なのだが、アメリカ本土やハワイに猛追する勢いで、フランスを凌駕しているとは。やはり、日本人はドイツが好きなのだ。

ドイツについて研究し、その成果を教育機関で話すことで口に糊する者としては、感極まるデータではあるだろう。その一方で、アカデミズムの領域では、こうしたドイツの絶大な人気を実感することは、正直あまりないのが残念ではある。しかしながら、本書はこれらの「ドイツ好き」の読者諸氏の知的好奇心に対して充分にご満足をあたえられるものだと自負している。

このようなありがたいドイツ人気を証明してくれた日本の旅行業界には申し訳ないのだが、本書では、旅行会社のツアーにはなかなか組み込まれないような都市とその歴史が多く扱われている。それゆえ、編者としては、ツアーによるドイツ旅行でその魅力に目覚められた方たちが、リピーターとして再度のドイツ旅行を思い立ち、ご自身で旅行プランを計画されるようなさいには、本書が最適の読みものであることは、自信をもってご推挙申し上げたい。

2012年にドイツで刊行された『近代初期の文化的中心地ハンドブック』は重厚な3巻本であるが、この本には、1500年から1800年ごろまでのドイツの「文化的中心地」とされた53の都市が列挙されている。なかでも、本書でとりあげた町では、ゲルリッツ、ゴータ、ゴットルフ、カッセル、ルードルシュタット、シュトゥットガルト、ハレの7都市がふくまれる。本書における都市のチョイスが妥当であることを証明しているといえよう。

それゆえ、各章の都市とそのコレクションは（章によっては都市そのものであったりするが）、読者諸氏がじっさいにおとずれたとしても、それほど退屈しない、むしろかわったモノがみられてよかったと実感していただけると考えている。

ちなみに、各章の執筆者たちはみな、その担当する都市に足を運んで、直接に取材しているので、その情報がかなり新しいものであることも、本書の特色としてあげられる。

本書の企画そのものはもともと、共同執筆者の濱中、吉田と編者が考案したものが基礎になっている。この放置されていた企画が紆余曲折をへて、ふたたび日の目をみることになった。本書の執筆者は、編者が大阪で奉職することになってから、知己を得た方々であって、かれらの協力で成立したことは、このうえなく感慨深く、まさしく誇りに思う。

いつもながら、関西大学文学部の同僚である中澤務教授に、古代ギリシア語、ラテン語をご教示いただいた。かわらぬ丁寧なご教示に深謝申し上げる。勉誠出版の担当堀郁夫さんにもお世話になった。ここにあらためて、お礼を申し上げたい。

末筆であるが、個人的に大恩ある浜本隆志先生に本書第6章デッサウをご担当いただいたが、浜本先生は2015年3月で関西大学文学部（文化共生学専修）をご退職される。長らくお世話になった浜本先生のご退職に添える花として本書を捧げるものである。

2014年11月吉日

森　貴史

図版出典一覧

1．シュレースヴィヒ

図1　http://commons.wikimedia.org/wiki/File:Luftbild_Kulturdenkmal_Schloss_Gottorf_Schleswig-Holsteinische_Landesmuseen_-_Foto_Wolfgang_Pehlemann_IMG_6589.jpg
図2　http://ja.wikipedia.org/wiki/%E3%83%95%E3%82%A1%E3%82%A4%E3%83%AB:Jutland_Peninsula_map.PNG
図3　http://commons.wikimedia.org/wiki/File:Gottdorfer_Riesenglobus_100_1231.jpg
図4　筆者撮影
図5　http://www.schloss-gottorf.de/barockgarten-und-globushaus
図6　http://commons.wikimedia.org/wiki/File:Globusantrieb.jpg
図7　http://commons.wikimedia.org/wiki/File:Herzog_Friedrich_III_of_Gottorf_with_Neuwerkgarten.jpg
図8　http://commons.wikimedia.org/wiki/File:Adam-Olearius.jpg
図9　http://www.kunstkammer.at/gottorf.htm
図10　http://www.iwr.uni-heidelberg.de/groups/ngg/Xmas.php
図11　http://commons.wikimedia.org/wiki/File:Christian_Albrecht_-Schleswig-Holstein-Gottorf-.JPG
図12　http://www.schloss-gottorf.de/barockgarten-und-globushaus/neuwerk-garten/globusgarten
図13、14　筆者撮影
図15　http://commons.wikimedia.org/wiki/File:Gottorf_Neuwerkgarten_after_1715.jpg
図16　http://commons.wikimedia.org/wiki/File:Schloss-Gottorf-Schleswig_Terassengarten-Globus-Nord_2009-08-12.jpg
図17　http://commons.wikimedia.org/wiki/File:Kunstkamera_SPB.jpg
図18　http://commons.wikimedia.org/wiki/File:Kugelinneres.jpg

2．カッセル

図1　http://commons.wikimedia.org/wiki/File:Fridericianum-d12.JPG
図2　http://www.uni-kassel.de/uni/acartdemy/literatur/die-grimms-und-die-uni-kassel.html
図3　http://commons.wikimedia.org/wiki/File:Kassel-merian.jpg
図4　http://commons.wikimedia.org/wiki/File:Karl_%28Hessen-Kassel,_1654%29.jpg
図5　http://commons.wikimedia.org/wiki/File:Tischbein_Landgraf_Wilhelm_VIII_von_Hessen.jpg
図6　http://commons.wikimedia.org/wiki/File:Friedrich_II_Hessen_Kassel_in_Uniform_Preu%C3%9Fen_1773.jpg
図7　http://commons.wikimedia.org/wiki/File:Wilhelmihessenkassel.jpg
図8～図11　筆者撮影
図12　http://antoniusbuch.files.wordpress.com/2012/08/dscf0155.jpg

図13　http://antoniusbuch.files.wordpress.com/2012/08/dscf0152.jpg

図14　http://www.goerlitzer-anzeiger.de/goerlitz/kultur/7093_holzbibliotheken-im-kulturhistorischen-museum-goerlitz.html

図15　http://commons.wikimedia.org/wiki/File:Stift_Lilienfeld_-_Bibliothek_-_Xylothek_II.jpg

図16　http://www.monumente-online.de/12/04/sonderthema/holzbibliothek.php

図17　http://www.monumente-online.de/12/04/sonderthema/holzbibliothek.php

3．ゴータ

図1～28　筆者撮影

4．ルードルシュタット

図1　http://upload.wikimedia.org/wikipedia/commons/3/34/Schedelsche_Weltchronik_Struktur_des_Reiches.jpg

図2　ドイツの古地図（彩色銅版画、1710年）ザクセン・アンハルト州立図書館提供

図3　筆者作成

図4　http://commons.wikimedia.org/wiki/File:Probstzella-Haus-des-Volkes.jpg

図5、6　筆者作成

図7　http://commons.wikimedia.org/wiki/File:Siebmacher014.jpg

図8　http://www.deutsche-schutzgebiete.de/fuerstentum_schwarzburg-rudolstadt.htm

図9　http://commons.wikimedia.org/wiki/File:Schloss_Schwarzburg_mit_Zeughaus.jpg

図10　筆者撮影

図11　http://commons.wikimedia.org/wiki/File:Graf_Albrecht_VII._von_Schwarzburg-Rudolstadt.JPG

図12　http://commons.wikimedia.org/wiki/File:Graf_Ludwig_Günther_I._von_Schwarzburg-Rudolstadt.JPG

図13　http://commons.wikimedia.org/wiki/File:Fruchtbringende_Gesellschaft.jpg

図14　ハイデックスブルク博物館提供

図15　筆者撮影

図16　http://www.zeno.org/Ansichtskarten/M/Rudolstadt,+Thüringen/Schlosshof+der+Heidecksburg

図17、18　筆者撮影

図19　http://www.heidecksburg.de/cms/pages/de/startseite.php

図20　http://commons.wikimedia.org/wiki/File:Ludwig_Günther_IV_von_Schwarzburg_-Rudolstadt.PNG

図21　ハイデックスブルク博物館提供

図22　http://de.wikipedia.org/wiki/Friedrich_Karl_(Schwarzburg-Rudolstadt)#mediaviewer/File:Friedrich_Karl_Schwarzburg-Rudolstadt.jpg

図23　http://books.google.co.jp/books?id=0RYArrRxEHcC

図24　http://books.google.co.jp/books?id=0RYArrRxEHcC

5．ハレ

図1　筆者作成
図2　ハレの製塩所（銅版画、1700年頃）ザクセン・アンハルト州立図書館提供
図3　クリスティアン・トマジウス肖像画（銅版画、1700年頃）ハレ大学提供
図4、5　筆者撮影
図6　アウグスト・ヘルマン・フランケ肖像画（油彩画、1725年）ハレ大学提供
図7　筆者撮影
図8　http://commons.wikimedia.org/wiki/File:FranckescheStiftungen_3.jpg
図9　http://commons.wikimedia.org/wiki/File:Franckesche_Stiftungen_1749.jpg
図10　筆者撮影
図11　フランケ財団図書館提供
図12　筆者作成
図13　http://www.heiligenlexikon.de/BiographienB/Bartholomaeus_Ziegenbalg.htm
図14　Bartolomäus Ziegenbalg, Testamentum Novum（タミール語訳）, Tranquebar 1714. 表紙　ロンドン大学図書館提供
図15　筆者撮影
図16　ヘルンフートの地図（銅版画、1800年頃）ザクセン・アンハルト州図書館提供
図17、18　筆者撮影
図19　フランケ財団提供
図20　フィリップ・フリードリヒ・テオドール・メッケルの肖像画（銅版画、1750年頃）ザクセン・アンハルト州立図書館提供
図21　メッケル・コレクション提供

6．デッサウ

図1　Bundesarchiv_Bild_183-R14718,_Dessau,_Junkers-Werke.jpg
図2～4　筆者撮影
図5　http://pro-heraldica.de/blog/geburtstag-otto-von-bismarck/
図6　http://de.academic.ru/dic.nsf/dewiki/1511385
図7　http://de.academic.ru/dic.nsf/dewiki/1511385
図8～10　筆者撮影
図11　http://www.pharus-plan.de/a255-Pharus-Historischer-Stadtplan-Dessau-1938を元に筆者作成
図12～17　筆者撮影
図18　http://en.wikipedia.org/wiki/Leopold_III,_Duke_of_Anhalt-Dessau
http://www.gartenreich.com/de/gartenreichladen/publikationen/print_index.html
図19、20　筆者撮影
図21　http://en.wikipedia.org/wiki/William_Hamilton_(diplomat)
図22　http://cvgt.wordpress.com/2012/01/30/dessau-worlitz-gartenreich/

図23　筆者撮影
図24　http://www.gartenreich-dessau-woerlitz.de/diashow_woerlitz/diashow_woerlitz.html
図25　http://www.liverpoolmuseums.org.uk/picture-of-month/showlarge.aspx?id=119
図26　http://de.wikipedia.org/wiki/Rheinbundを元に筆者作成
図27　http://www.superstock.com/stock-photos-images/1848-563002
図28　http://www.haraldfischerverlag.de/hfv/dessau_philanthropinum_engl.php
図29　筆者撮影
図30　http://de.wikipedia.org/wiki/Johann_Caspar_Lavater
図31　http://commons.wikimedia.org/wiki/File:Forsterundsohn.jpg

7．ゲルリッツ

図1、2　筆者撮影
図3　http://commons.wikimedia.org/wiki/File%3AJacob-B%C3%B6hme.jpg
図4～6　筆者撮影
図7　Städtische Sammlungen für Geschichte und Kultur Görlitz (Hrsg.): Kunst und Wissenschaft um 1800. Die Sammlungen der Oberlausitzischen Gesellschaft der Wissenschaften zu Görlitz. Kerber, Bielefeld/Berlin 2011, S. 15, 22.
図8～10　筆者撮影
図11　Städtische Sammlungen für Geschichte und Kultur Görlitz (Hrsg.): Kunst und Wissenschaft um 1800. Die Sammlungen der Oberlausitzischen Gesellschaft der Wissenschaften zu Görlitz. Kerber, Bielefeld/Berlin 2011, S. 94.
図12　筆者撮影
図13　Städtische Sammlungen für Geschichte und Kultur Görlitz (Hrsg.): Kunst und Wissenschaft um 1800. Die Sammlungen der Oberlausitzischen Gesellschaft der Wissenschaften zu Görlitz. Kerber, Bielefeld/Berlin 2011, S. 62, 63.
図14　筆者撮影
図15　Städtische Sammlungen für Geschichte und Kultur Görlitz (Hrsg.): Kunst und Wissenschaft um 1800. Die Sammlungen der Oberlausitzischen Gesellschaft der Wissenschaften zu Görlitz. Kerber, Bielefeld/Berlin 2011, S. 60.
図16　筆者撮影
図17　Städtische Sammlungen für Geschichte und Kultur Görlitz (Hrsg.): Kunst und Wissenschaft um 1800. Die Sammlungen der Oberlausitzischen Gesellschaft der Wissenschaften zu Görlitz. Kerber, Bielefeld/Berlin 2011, S. 57.
図18　Constanze Herrmann: Das Physikalische Kabinett in Görlitz. Die Sammlung des Adolf Traugott von Gersdorf. Gunter Oettel, Görlitz/Zittau 2007, S. 14. Städtische Sammlungen für Geschichte und Kultur Görlitz (Hrsg.): Kunst und Wissenschaft um 1800. Die Sammlungen der Oberlausitzischen Gesellschaft der Wissenschaften zu

Görlitz. Kerber, Bielefeld/Berlin 2011, S. 60.
図19、20　筆者撮影
図21　http://commons.wikimedia.org/wiki/File%3ARittergut_Meffersdorf_Sammlung_Duncker.jpg
図22　Görlitzer Sammlungen für Geschichte und Kultur（Hrsg.）: Neißstraße 30. Das Barockhaus. Ein Rundgang. Sandstein, Dresden 2013, S. 124.
図23　筆者撮影
図24　筆者作成
図25　http://commons.wikimedia.org/wiki/File:Bauzen_City_Limit.JPG

8．マンハイムとカールスルーエ

図1　http://www.rae-marci.de/Standort.html
図2　筆者撮影
図3　Helmuth Bischoff: DuMont Direkt Reiseführer Mannheim. Dumont Reiseverlag, Ostfildern 2013, S. 7.
図4　筆者撮影
図5　http://commons.wikimedia.org/wiki/File: Mannheim Rheinschanze.jpg
図6　下村耕史（編著）、アルブレヒト・デューラー「築城論」注解、中央公論美術出版、２０１３年、１１８頁
図7　下村耕史（編著）、アルブレヒト・デューラー「築城論」注解、中央公論美術出版、２０１３年、１１９頁
図8　http://commons.wikimedia.org/wiki/File:Brauerei_Eichbaum.jpg
図9　http://commons.wikimedia.org/wiki/File:Kurf%C3%BCrst_Karl_Theodor_%28Bayern%29.jpg
図10　http://www.karlsruhe123.de/
図11　http://commons.wikimedia.org/wiki/File:Huber_Carl_III.Wilhelm.jpeg
図12　http://commons.wikimedia.org/wiki/File:Coat_of_arms_de-bw_Karlsruhe.svg
図13　http://commons.wikimedia.org/wiki/File:Karlsruher_Stadtansicht.jpg
図14　http://commons.wikimedia.org/wiki/File:Tulpen_Aquarell_1.JPG
図15　http://commons.wikimedia.org/wiki/File:Karlsruhe_Schlossgarten_um_1739.JPG
図16　http://commons.wikimedia.org/wiki/File:Karlsruher_Pyramide.JPG
図17　http://commons.wikimedia.org/wiki/File:Karl_Friedrich_von_Baden.jpg
図18　http://commons.wikimedia.org/wiki/File:Kaspar_hauser.jpg

9．シュトゥットガルト

図1　Elke Bujok: *Neue Welten in europäischen Sammlungen. Africana und Americana in Kunstkammern bis 1670.* Dietrich Reimer, Berlin 2004, Abb.23.
図2～5　筆者撮影

図6　http://en.wikipedia.org/wiki/Dürer's_Rhinoceros
図7〜12　筆者撮影
図13　Bujok 2004, Abb.1/6.
図14、15　筆者撮影
図16　http://de.wikipedia.org/wiki/Wilhelm_I._(Württemberg)
図17　筆者撮影
図18　Finanzministerium Baden-Württemberg（Hrsg.）: *Die Wilhelma. Ihre bauliche Entwicklung bis 1996.* Finanzministerium Baden-Württemberg 1996, S.22.
図19　筆者撮影
図20　Timo John: Die königlichen Gärten in Stuttgart des 19. Jahrhunderts. Werner, Worms 2000, S.80.
図21〜31　筆者撮影

10. ランツフート

図1〜11　筆者撮影
図12〜17　© Bayerisches Nationalmuseum, München
表1　筆者作成
表2　以下の論文を参考に筆者作成。桑木野幸司「アニムス（心）教育の普遍的劇場あるいはコモンプレイスの展覧。ザムエル・クヴィヒェベルク『広壮なる劇場の銘あるいは標題…』（1565年）における理想のミュージアムと書記情報処理システムの空間化」日本建築学会『計画系論文集』第590号（2005年）、195—200頁。

桑原聡「クンストカマーの思想：ノヴァーリスとザムエル・クヴィッヒェベルクのミュージアム論」新潟大学人文学部『人文科学研究』127巻（2010年）、1—35頁

主要参考文献一覧

1. シュレースヴィヒ

B・アルムグレン（編）蔵持不三也（訳）図説ヴァイキングの歴史　原書房　1990年
イヴ・コア　谷口幸男（監修）ヴァイキング　海の王とその神話　創元社　1993年
菅原邦城、早野勝巳、清水育男（訳）アイスランドのサガ中編集　東海大学出版会　2001年
武田龍夫　物語北欧の歴史——モデル国家の生成　中公新書　1993年
田中良幸　絶対行きたい！　世界の音楽祭　ヤマハミュージックメディア　2010年
橋本淳（編）デンマークの歴史　創元社　1999年
村井誠人（編著）デンマークを知るための68章　明石書店　2009年
Herwig Guratzsch（Hrsg.）: *Der neue Gottorfer Globus.* Koehler & Amelang, Leipzig 2005.
Uta Kuhl: *Schloss Gottorf in Schleswig.* Deutscher Kunstverlag, München 2002.
Heinz Spielmann, Jan Drees u. a.: *Gottorf im Glanz des Barock.*

Kunst und Kultur am Schleswiger Hof1544-1713. Bd. 1-4. Schleswig-Holsteinisches Landesmuseum, Schleswig 1997.

2. カッセル

エンゲルハルト・ヴァイグル、三島憲一、宮田敦子（訳）啓蒙の都市周遊　岩波書店　１９９７年

沖島博美（文）、朝倉めぐみ（絵）グリム童話で旅するドイツ・メルヘン街道　ダイヤモンド社　２０１２年

新村出（編）広辞苑第6版　岩波書店　２００８年

マーティン・ライアンズ、蔵持不三也（監訳）、三芳康義（訳）ビジュアル版本の歴史文化図鑑　５０００年の書物の力　柊風社　２０１２年

Horst Becker, Christiane Humborg: *Schloßpark Wilhelmshöhe Kassel*. Schnell & Steiner, Regensburg 2002.

Jörg Adrian Huber: *Stadtgeschichte Kassel*. Imhof, Peterburg 2013.

Jutta Korsmeier: *Wasserkünste im Schlosspark Wilhelmshöhe*. Schnell & Steiner, Regensburg 2000.

Museumsverein Kassel e V., Verein der Freunde der Kasseler Kunstsammlungen（Hrsg.）: *Museum Fridericianum 1779—1979. Ein Blick in Geschichte und Gegenwart des ersten deutschen Museumbaues*. Selbstverlag, Kassel 1979.

Staatliche Museen Kassel, Christiane Lukatis, Hans Ottomeyer（Hrsg.）: *Herkules. Tugendheld und Herrscherideal. Das Herkules-Monument in Kassel-Wilhelmshöhe*. Edition Minerva, Eurasburg 1997.

Stadt Kassel: Naturkundemuseum（Hrsg.）: *Carl Schildbachs „Holzbibliothek nach selbstgewähltem Plan“ von 1788. Eine „Sammlung von Holzarten, so Hessenland von Natur hervorbringt“*. Naturkundemuseum im Ottoneum Kassel, Kassel 2001.

StätischeSammlungen für Geschichte und Kultur Görlitz, Kulturhistorisches Museum（Hrsg.）: *Kunst und Wissenschaft um 1800. Die Sammlungen der Oberlausitzischen Gesellschaft der Wissenschaften zu Görlitz*. Kerber, Bielefeld/Berlin 2011.

http://www.goerlitzer-anzeiger.de/goerlitz/kultur/7093_holzbibliotheken-im-kulturhistorischen-museum-goerlitz.html

3. ゴータ

C.・ヴェロニカ・ウェッジウッド　瀬原義生（訳）ドイツ三十年戦争　刀水書房　２００３年

ガレッティ　池内紀（訳）ガレッティ先生失言録　創土社　１９８０年

菊池良生　神聖ローマ帝国　講談社　２００３年

鈴木克美　ケンペルの見た巨蟹——静岡県の海と生きもの　静岡新聞社　１９７９年

ミヒャエル・ニーダーマイヤー　濱中春、森貴史（訳）エロスの庭——愛の園の文化史　三元社　２０１３年

Allgemeine Deutsche Biographie. 56 Bde. Duncker & Humblot, Leipzig 1875-1912.
Martin Eberle: *Die Kunstkammer auf Schloss Friedenstein Gotha*. Stiftung Schloss Friedenstein Gotha, Gotha 2010.
Flugzeug Classic Special 11. Gera Mond Verlag, München 2013.
Johann Georg August Galleti: *Geschichte und Beschreibung des Herzogthums Gotha*. C. W. Ettinger, Gotha 1779.（＝『ゴータ公国史』）
Johann Georg August Galleti: *Gallettiana. Ergötzlich und nachdenklich zu lesen*. 5. Aufl. Rockstuhl, Bad Langensalza 2011.（＝『失言録』）
Franz Haarmann: *Das Haus Sachsen-Coburg und Gotha*. Börde Verlag, Werl 2011.
Roland Krischke: *Arthur Schopenhauer in Gotha*. Mitteldeutscher Verlag, Halle 2013.（＝『ゴータ時代のショーペンハウアー』）
Roland Krischke, Marco Karthe（Hrsg.）: *Elefantastisch! Gotha ganz groß*. Deutscher Kunstverlag, Berlin 2011.
Heinrich v. Löbell（Hrsg.）: *Jahrbücher für die Deutsche Armee und Marine*. Bd. 8. F. Schneider & Comp, Berlin 1873.
Helmut Roob: *Kleine Geschichte der Residenzstadt Gotha*. Rockstuhl, Bad Langensalza 2011.
Arthur Schopenhauer: *Schopenhauer*. Auswahl und Einleitung von Reinhold Schneider. Fischer, Frankfurt a. M./Hamburg 1956.（含『履歴書』）
Stiftung Schloss Friedenstein Gotha（Hrsg.）: *Museen der Stiftung Schloss Friedenstein Gotha*. Deutscher Kunstverlag, München 2007.
Stiftung Schloss Friedenstein Gotha（Hrsg.）: *Schloss Friedenstein in alten Fotografien*. Stiftung Schloss Friedenstein, Gotha 2012.
Echt Goth'sch: http://echt-gothsch.de/
Evangelisch-Lutherische Kirchengemeinde Gotha: http://www.kirchgemeinde-gotha.de/
Stiftung Schloss Friedenstein Gotha: http://www.stiftungfriedenstein.de/

4. ルードルシュタット

Wolfgang Adam（Hrsg.）: *Handbuch kultureller Zentren der Frühen Neuzeit : Städte und Residenzen im alten deutschen Sprachraum*. Berlin 2012.
Jens Berger: *Rudolstadt und die Schwarzburger : ein kulturgeschichtlicher Streifzug*. Rudolstadt 2002.
Jens Berger（Hrsg.）: *Hessen und Thüringen: Festschrift für Jochen Lengemann zum 75. Geburtstag*. Jena 2013.
Jens Henkel: *Die Schwarzburg - Kulturgeschichte eines Schlosses*. Rudolstadt 2008.
Patrick Mauriès: *Das Kuriositätenkabinett*. Köln 2011.
Thüringer Landesmuseum Heidecksburg（Hrsg.）: *Die Fürsten*

von Schwarzburg-Rudolstadt. Rudolstadt 1997.
Thüringer Landesmuseum Heidecksburg（Hrsg.）: *Schloss Heidecksburg*. Rudolstadt 2004.
Lutz Unbehaun: *Rudolstädter Judaica - Zeugnisse jüdischen Lebens aus dem 18. und 19. Jahrhundert*. Rudolstadt 2009.

5. ハレ

Frankesche Stiftung（Hrsg.）: *Vier Thaler und sechzehn Groschen*. Halle 1998.
Werner Freitag: *Geschichte der Stadt Halle*. 3 Bände, Halle 2006.
Peter Kersten: *Vergessen?: Halle（Saale）1969 - 1990*. Halle 2013.
Annegret Nippa: *Ethnographie und Herrnhuter Mission*. Dresden 2003.
Rüdiger Schultka: *Das vorzüglichste Cabinett - Die Meckelschen Sammlungen zu Halle（Saale）*. Wettin-Löbejün 2013.
Emil Szittya: *Das Kuriositäten-Kabinett - Begegnungen mit seltsamen Begebenheiten, Landstreichern, Verbrechern, Artisten, religiös Wahnsinnigen, sexuellen Merkwürdigkeiten, Sozialdemokraten, Syndikalisten, Kommunisten, Anarchisten, Politikern und Künstlern*. Konstanz 1923.
Claus Veltmann und Jochen Birkenmeier（Hrsg.）: *Kinder - Krätze - Karitas*. Halle 2009.

6. デッサウ

大口晃央・他　特集バウハウス１９１９―１９９９　Ｉ
ＮＡＸ出版１９９９年
坂井榮八郎　ドイツの歴史百話　刀水書房　２０１２年
ヨハン・ヴォルフガング・ゲーテ　相良守峯（訳）　イタリア紀行　岩波書店　２００８年
ブーガンヴィル、ディドロ　山本淳一、中川久定（訳）　世界周航記、ブーガンヴィル航海記補遺　岩波書店　２００４年
藤本淳雄他　ドイツ文学史　東京大学出版会　１９８１年
Ｗ・Ｈ・ブリュフォード　上西川原章（訳）　18世紀のドイツ　三修社　１９８１年
ミヒャエル・ニーダーマイヤー　濱中春・森貴史（訳）　エロスの庭　愛の園の文化史　三元社　２０１３年
Katharina Becher: *Eine Reise durch den Wörlitzer Park*. Berlin 2003.
Erika von Borries: *Wilhelm Müller – Der Dichter der Winterreise. Eine Biographie*. München 2007.
Matthias Prasse: *Geschichte des Landes Anhalt*, Dresden 2013.
Kulturstiftung Dessau Wörlitz（Hrsg.）: *Unendlich schön, Das Gartenreich Dessau-Wörlitz*. Berlin 2005.
Stadt Wörlitz（Hrsg.）: *Weltkulturerbe der UNESCO, Wörlitz. Zwölf Beitrage zur Geschichte der Stadt*. Wörlitz, 2004.
Vorstand der Kulturstiftung Dessau Wörlitz: *Der Vulkan im Wörlizer Park*. Berlin 2005.

7. ゲルリッツ

エンゲルハルト・ヴァイグル　三島憲一（訳）　近代の小道具たち　青土社　１９９０年

木村護郎クリストフ　ソルブ　ドイツ語圏とスラブ語圏のはざまで　綾部恒雄（監修）　原聖、庄司博史（編）　講座世界の先住民族　ファースト・ピープルズの現在　06　ヨーロッパ　明石書店　２００５年　１３８―１５３頁

橋本毅彦、梶雅範、廣野喜幸（監訳）　科学大博物館　装置・器具の歴史事典　朝倉書店　２００５年

Joachim Bahlcke (Hrsg.): *Geschichte der Oberlausitz. Herrschaft, Gesellschaft und Kultur vom Mittelalter bis zum Ende des 20. Jahrhunderts*. 2. Aufl. Leipziger Universitätsverlag, Leipzig 2004.

Görlitzer Magazin. Geschichte und Gegenwart der Stadt Görlitz und ihrer Umgebung 20. Gunter Oettel, Görlitz/Zittau 2007.

Willem Dirk Hackmann: *Electricity from Glass. The History of the Frictional Electrical Machine 1600-1850*. Sijthoff & Noordhoff, Alphen aan den Rijn 1978.

Constanze Herrmann: *Das Physikalische Kabinett in Görlitz. Die Sammlung des Adolf Traugott von Gersdorf*. Gunter Oettel, Görlitz/Zittau 2007.

Ernst-Heinz Lemper: *Adolf Traugott von Gersdorf (1744-1807). Naturforschung und soziale Reformen im Dienste der Humaniät*. VEB Deutscher Verlag der Wissenschaften, Berlin 1974.

Ernst-Heinz Lemper: *Görlitz. Eine historische Topographie*. 2. Aufl. Gunter Oettel, Görlitz/Zittau 2009.

Kerstin und André Micklitza: *Lausitz. Unterwegs zwischen Spreewald und Zittauer Gebirge*. 4. Aufl. Trescher, Berlin 2013.

Jürgen Paul: *Görlitz. Architektur, Kunst, Geschichte*. Sandstein, Dresden 2011.

Städtische Sammlungen für Geschichte und Kultur Görlitz (Hrsg.): *Kunst und Wissenschaft um 1800. Die Sammlungen der Oberlausitzischen Gesellschaft der Wissenschaften zu Görlitz*. Kerber, Bielefeld/Berlin 2011.

Frank Vater: *Görlitz. Eine Stadt mit vielen Gesichtern. Geschichte, Architektur, Kultur*. 2. Aufl. via regia, Görlitz 2010.

http://www.museum-goerlitz.de/

http://filmstadt.goerlitz-real.de/

8. マンハイムとカールスルーエ

海老沢敏　モーツァルトの旅③　マンハイム・パリ・ロンドン　西方への旅　音楽之友社　１９９２年

海老沢敏、高橋英郎（編訳）　モーツァルト書簡全集　III　IV　白水社　１９９０年

柏木貴久子、松尾誠之、末永豊　南ドイツの川と町　〜イーザル、イン、ドナウ、ネッカー〜　三修社　２００９年

カール・グルーバー　宮本正行（訳）　図説ドイツの都市造形史　西村書店　1999年
種村季弘　謎のカスパール・ハウザー　河出書房新社　1997年
アルブレヒト・デューラー　下村耕史（訳編）「築城論」注解　中央公論美術出版　2013年
J. L. ボルヘス　中村健二（訳）　汚辱の世界史　岩波文庫　2012年
マキアヴェッリ　河島英昭（訳）　君主論　岩波書店　1998年
松田雅央　環境先進国ドイツの今　緑とトラムの街カールスルーエから　学芸出版社　2004年
Helmuth Bischoff: *Mannheim*. DuMont Reiseverlag, Ostfildern 2013.
Annette Borchardt-Wenzel: *Karl Wilhelm und sein Traum von Karlsruhe. Ein Badener im großen Wlettheater*. Casimir Katz Verlag, Gernsbach 2013.
Adolf Drüppel, Michael Caroli: *Die Eichbaum Chronik. 333 Jahre EICHBAUM-Geschichte*. verlag regionalkultur, Ubstadt-Weiher. 2012.
Hartmut Ellrich, Alexander Wischniewski: *Barockschloss Mannheim*. G. Braun Telefonbuchverlag, Karlsruhe 2013.
Sibylle Peine: *Karlsruhe. Der Stadtführer. Rundgänge und Informationen von A-Z. 3., vollständ. überarbeitete, ergänzte und aktualisierte Auflage*. G. Braun Telefonbuchverlag Karlsruhe 2013.
Hansjörg Probst: *Kleine Mannheimer Stadtgeschichte*. 2. Aufl. Friedrich Pustet, Regensburg 2008.

9. シュトゥットガルト

アト・ド・フリース　山下主一郎ほか（訳）　イメージ・シンボル事典　大修館書店　2010年
オウィディウス　中村善也（訳）　変身物語（上・下）　岩波書店　2007年（上）、2005年（下）
ハンス・ビーダーマン　藤代幸一ほか（訳）　図説　世界シンボル事典　八坂書房　2000年
メルヴィル　阿部知二（訳）　白鯨（下）　岩波書店　1997年
Daniel Kirn: *Stuttgart. Eine kleine Stadtgeschichte*. Sutton, Erfurt 2007.
Dieter Jauch: *Wilhelma. Der zoologisch-botanische Garten in Stuttgart*. G.Ad.Stehn, Stuttgart-Bad Cannstatt 2014.
Dierk Suhr: *Die Wilhelma. 100 Geschichten und Anekdoten*. Thorbecke, Ostfildern 2005.
Elke Bujok: *Neue Welten in europäischen Sammlungen. Africana und Americana in Kunstkammern bis 1670*. Dietrich Reimer, Berlin 2004.
Finanzministerium Baden-Württemberg（Hrsg.）: *Die Wilhelma. Ihre bauliche Entwicklung bis 1996*. Finanzministerium Baden-Württemberg 1996.

Rose Hajdu, Ulrike Seeger: *Hauptbahnhof Stuttgart. Ein Wahrzeichen in Bildern.* Thorbecke, Ostfildern 2011.

Sabine Haag（Hrsg.）: *Fernsucht. Die Suche nach der Fremde vom 16. bis 19. Jahrhundert.* Kunsthistorisches Museum, Wien 2009.

Timo John: *Die königlichen Gärten in Stuttgart des 19. Jahrhunderts.* Werner, Worms 2000.

10. ランツフート

グリム　桜沢正勝・鍛冶哲郎（訳）　ドイツ伝説集　人文書院　１９８７年

桑木野幸司「アニムス（心）教育の普遍的劇場あるいはコモンプレイスの展覧。ザムエル・クヴィヒェベルク『広壮なる劇場の銘あるいは標題…』（１５６５）における理想のミュージアムと書記情報処理システムの空間化」　日本建築学会『計画系論文集』第５９０号（２００５年）、１９５―２００頁

桑原聡「クンストカマーの思想：ノヴァーリスとザムエル・クヴィッヒェベルクのミュージアム論」　新潟大学人文学部『人文科学研究』１２７巻（２０１０年）、１―35頁

小宮正安　愉悦の蒐集　ヴンダーカンマーの謎　集英社　２００７年

G. ハインツ＝モーア　西洋シンボル事典　八坂書房　１９９４年

Amtlicher Führer: Landshut Burg Trausnitz. Bearbeitet von Herbert Brunner und Elmar D. Schmid. Überarbeitet von Brigitte Langer. 9. überarbeitete und neu gestaltete Auflage. München 2003.

GD Dr. Renate Eikelmann（Hg.）: *Rundgang durch die Kunst- und Wunderkammer.* Bayerisches Nationalmuseum. 2004.

Statistischer Jahresbericht 2012 der Stadt Landshut.（http://www.landshut.de/fileadmin/files_stadt/downloadbereich_aemter/hauptamt/statistik/statistischer_jahresbericht/statistischer_ jahresbericht_2012.pdf）

Gabriele Beßler: *Wunderkammern. Weltmodelle von der Renaissance bis zur Kunst der Gegenwart.* 2. Auflage . Berlin 2012.

Peter und Dorothea Diemer: *Die Münchner herzogliche Kunstkammer des 16. Jahrhunderts.* In: *Akademie Aktuell.* Nr. 27 Heft 4（2008）, S.6-11.

Renate Eikelmann（Hg.）: *Kunst- und Wunderkammer.* Burg Trausnitz. München 2007.

Hans-Michael Körner: *Die Wittelsbacher. Vom Mittelalter bis zur Gegenwart.* München 2009.

Gerhard Tausche, Werner Ebermeier: *Geschichte Landshuts.* München 2003.

Helmut Zäh: *Quicchelberg, Samuel.* In: *Neue Deutsche Biographie* 21（2003）, S. 44-45［Onlinefassung］; URL: http://www.deutsche-biographie.de/pnd119331535.html

あとがき

Wolfgang Adam, Siegrid Westphal（Hrsg.）: *Handbuch kultureller Zentren der Frühen Neuzeit. Städte und Residenzen im alten deutschen Sprachraum.* Bd. 1-3. Walter de Gruyter, Berlin, Boston 2012.

コラム

荒俣宏　大博物学時代　工作舎　1982年

梅棹忠夫、江上波夫（監修）　世界歴史大事典　第9巻　教育出版センター　1985年

ケストナー　丘沢静也（訳）　飛ぶ教室　光文社　2006年

小泉徹　宗教改革とその時代　山川出版社　1996年

ジョージ・C・コーン　鈴木主税（訳）　世界戦争事典　河出書房新社　1998年

下中彌三郎　世界歴史事典　第9巻　平凡社　1955年

世界大百科事典　第13巻　改訂新版　平凡社　2006年

長谷川輝夫、大久保桂子、土肥恒之　世界の歴史17　ヨーロッパ近世の開花　中央公論新社　2009年

ヘッセ　高橋健二（訳）　デミアン　新潮社　1951年

望田幸男、村岡健次　近代ヨーロッパの探求④　エリート教育　ミネルヴァ書房　2001年

【編者・執筆者略歴】

森　貴史（もり・たかし）

1970年、大阪府生まれ。Dr. phil.（ベルリン・フンボルト大学）。関西大学文学部（文化共生学専修）教授。

［主要著書・訳書］„Klassifizierung der Welt. Georg Forsters *Reise um die Welt*.“（単著、Rombach Verlag、2011年）、『ドイツ奇人街道』（共著、関西大学出版部、2014年）、『ビールを〈読む〉――ドイツの文化史と都市史のはざまで』（共著、法政大学出版局、2013年）、『エロスの庭――愛の園の文化史』（ミヒャエル・ニーダーマイヤー著、共訳、三元社、2013年）

北原　博（きたはら・ひろし）

1970年、埼玉県生まれ。博士（文学）。北海学園大学法学部教授。

［主要著書・訳書］『ゲーテの秘密結社――啓蒙と秘教の世紀を読む』（単著、大阪公立大学共同出版会、2005年）、『中世ヨーロッパ放浪芸人の文化史――しいたげられし楽師たち』（マルギット・バッハフィッシャー著、共訳、明石書店、2006年）

濱中　春（はまなか・はる）

1969年、京都府生まれ。博士（文学）。法政大学社会学部准教授。

［主要著書・訳書］『仮面と遊戯――フリードリヒ・シラーの世界』（共著、鳥影社、2001年）、『ダーウィンの珊瑚』（ホルスト・ブレーデカンプ著、翻訳、法政大学出版局、2010年）、『エロスの庭――愛の園の文化史』（ミヒャエル・ニーダーマイヤー著、共訳、三元社、2013年）

浜本隆志（はまもと・たかし）

1944年、香川県生まれ。博士（文学）。関西大学文学部（文化共生学専修）教授。

［主要著書］『海賊党の思想』（単著、白水社、2013年）、『現代ドイツを知

るための62章』（共編著、明石書店、2013年）、『窓の思想史』（単著、筑摩書房、2011年）、『モノが語るドイツ精神』（単著、新潮社、2005年）、『魔女とカルトのドイツ史』（単著、講談社、2004年）

細川裕史（ほそかわ・ひろふみ）

1979年、広島県生まれ。Dr. des.（キール大学）。阪南大学経済学部（経済学科）専任講師。

[主要著書] „Zeitungssprache und Mündlichkeit. Soziopragmatische Untersuchungen zur Sprache in Zeitungen um 1850."（単著、Peter Lang、2014年）、『ドイツ奇人街道』（共著、関西大学出版部、2014年）、『講座ドイツ言語学　第2巻　ドイツ語の歴史論』（共同執筆、ひつじ書房、2013年）、『役割語研究の展開』（共同執筆、くろしお出版、2011年）

溝井裕一（みぞい・ゆういち）

1979年、兵庫県生まれ。博士（文学）。関西大学文学部（文化共生学専修）准教授。

[主要著書]『動物園の文化史――ひとと動物の5000年』（単著、勉誠出版、2014年）、『ファウスト伝説――悪魔と魔法の西洋文化史』（単著、文理閣、2009年）、『グリムと民間伝承――東西民話研究の地平』（編著、麻生出版、2013年）、『ドイツ奇人街道』（共著、関西大学出版部、2014年）

吉田耕太郎（よしだ・こうたろう）

1970年、群馬県生まれ。東京外国語大学博士課程単位取得退学。大阪大学文学部（ドイツ文学専修）准教授。

[主要著書・訳書]『啓蒙の運命』（共著、名古屋大学出版会、2011年）、『西洋文学――理解と観賞』（共著、大阪大学出版会、2011年）、『メタヒストリー』（ヘイドン・ホワイト著、共訳、工作舎、2014年）、『ギャンブラー・モーツァルト』（ギュンター・G・バウアー著、共訳、春秋社、2013年）

人名索引

【さ】

【た】

【な】

【は】

【ま】

【や】

【ら】

ドイツ王侯《おうこう》コレクションの文化史《ぶんかし》
禁断《きんだん》の知《ち》とモノの世界《せかい》

2015年1月16日　初版発行

編　者　森　貴史
発行者　池嶋洋次
発行所　勉誠出版 株式会社
〒101-0051　東京都千代田区神田神保町3-10-2
TEL：(03)5215-9021(代)　FAX：(03)5215-9025
〈出版詳細情報〉http://bensei.jp

印刷・製本　シナノ・パブリッシングプレス
装　　丁　宗利淳一

ISBN978-4-585-22106-7　C0022